华西医学大系

解读"华西现象"

讲述华西故事

展示华西成果

高校附属医院档案管理理论与实践

GAOXIAO FUSHU YIYUAN DANGAN GUANLI LILUN YU SHIJIAN

主 编 赵 欣 白 蓓 郑情愿 李雷雷

四川科学技术出版社
·成都·

图书在版编目（CIP）数据

高校附属医院档案管理理论与实践 / 赵欣等主编.成都：四川科学技术出版社，2025. 5. -- ISBN 978-7-5727-1789-5

Ⅰ. G275.9

中国国家版本馆CIP数据核字第2025FJ6806号

高校附属医院档案管理理论与实践

主　编　赵　欣　白　蓓　郑情愿　李雷雷

出 品 人　程佳月
责任编辑　吴　文
助理编辑　张雨欣
封面设计　经典记忆
责任出版　欧晓春
出版发行　四川科学技术出版社
地　　址　成都市锦江区三色路238号　邮政编码：610023
成品尺寸　156 mm × 236 mm
印　　张　25　字　数　360 千
印　　刷　雅艺云印（成都）科技有限公司
版　　次　2025年5月第 1 版
印　　次　2025年6月第 1 次印刷
定　　价　88.00元
ISBN 978-7-5727-1789-5

《华西医学大系》顾问

《华西医学大系》编委会

本书编委会

主　编　赵　欣　白　蓓　郑情愿　李雷雷

副主编　杜　晨　曾　波　彭智翰　唐晓龙　吴沁怡

编写人员（按姓氏笔画排序）

　　　　　　万月玲　左泽锦　李国言　李国豪　吴　霜

　　　　　　吴彦婷　邹江蓉　汪思韵　胡芷语　夏　珂

　　　　　　程　倩　曾玉香　谢佳希　蔡玺梅

《华西医学大系》总序

由四川大学华西临床医学院/华西医院（简称"华西"）与新华文轩出版传媒股份有限公司（简称"新华文轩"）共同策划、精心打造的《华西医学大系》陆续与读者见面了，这是双方强强联合，共同助力健康中国战略、推动文化大繁荣的重要举措。

百年华西，历经120多年的历史与沉淀，华西人在每一个历史时期均辛勤耕耘，全力奉献。改革开放以来，华西励精图治、奋进创新，坚守"关怀、服务"的理念，遵循"厚德精业、求实创新"的院训，为践行中国特色卫生与健康发展道路，全心全意为人民健康服务做出了积极努力和应有贡献，华西也由此成为全国一流、世界知名的医（学）院。如何继续传承百年华西文化，如何最大化发挥华西优质医疗资源辐射作用？这是处在新时代站位的华西需要积极思考和探索的问题。

新华文轩，作为我国首家"A+H"出版传媒企业、中国出版发行业排头兵，一直都以传承弘扬中华文明、引领产业发展为使命，以坚持导向、服务人民为己任。进入新时代后，新华文轩提出了坚持精准出版、精细出版、精品出版的"三精"出版发展思路，全心全意为推动我国文化发展与繁荣做出了积极努力和应有贡献。如何充分发挥新华文轩的出版和渠道优势，不断满足人民日益增长的美好生活需要？这是新华文轩一直以来积极思考和探索的问题。

基于上述思考，四川大学华西临床医学院/华西医院与新华文轩出版传媒股份有限公司于2018年4月18日共同签署了战略合作协议，启动了《华西医学大系》出版项目并将其作为双方战略合作的重要方面和旗舰项目，共同向承担《华西医学大系》出版工作的四川科学技术出版社授予了"华西医学出版中心"铭牌。

人民健康是民族昌盛和国家富强的重要标志，没有全民健康，就没有全面小康，医疗卫生服务直接关系人民身体健康。医学出版是医药卫生事业发展的重要组成部分，不断总结医学经验，向学界、社会推广医学成果，普及医学知识，对我国医疗水平的整体提高、对国民健康素养的整体提升均具有重要的推动作用。华西与新华文轩作为国内有影响力的大型医学健康机构与大型文化传媒企业，深入贯彻落实健康中国战略、文化强国战略，积极开展跨界合作，联合打造《华西医学大系》，展示了双方共同助力健康中国战略的开阔视野、务实精神和坚定信心。

华西之所以能够成就中国医学界的"华西现象"，既在于党政同心、齐抓共管，又在于华西始终注重临床、教学、科研、管理这四个方面协调发展、齐头并进。教学是基础，科研是动力，医疗是中心，管理是保障，四者有机结合，使华西人才辈出，临床医疗水平不断提高，科研水平不断提升，管理方法不断创新，核心竞争力不断增强。

《华西医学大系》将全面系统深入展示华西医院在学术研究、

临床诊疗、人才建设、管理创新、科学普及、社会贡献等方面的发展成就；是华西医院长期积累的医学知识产权与保护的重大项目，是华西医院品牌建设、文化建设的重大项目，也是讲好"华西故事"、展示"华西人"风采、弘扬"华西精神"的重大项目。

《华西医学大系》主要包括以下子系列。

①《学术精品系列》：总结华西医（学）院取得的学术成果，学术影响力强。②《临床实用技术系列》：主要介绍临床各方面的适宜技术、新技术等，针对性、指导性强。③《医学科普系列》：聚焦百姓最关心的、最迫切需要的医学科普知识，以百姓喜闻乐见的方式呈现。④《医院管理创新系列》：展示华西医（学）院管理改革创新的系列成果，体现华西"厚德精业、求实创新"的院训，探索华西医院管理创新成果的产权保护，推广华西优秀的管理理念。⑤《精准医疗扶贫系列》：包括华西特色智力扶贫的相关内容，旨在提高贫困地区基层医院的临床诊疗水平。⑥《名医名家系列》：展示华西人的医学成就、贡献和风采，弘扬华西精神。⑦《百年华西系列》：聚焦百年华西历史，书写百年华西故事。

我们将以精益求精的精神和持之以恒的毅力精心打造《华西医学大系》，将华西的医学成果转化为出版成果，向西部、全国乃至海外传播，提升我国医疗资源均衡化水平，造福更多的患者，推动我国全民健康事业向更高的层次迈进。

《华西医学大系》编委会

2018年7月

目　录

第一篇　档案学基础理论

第二篇　高校附属医院档案管理理论篇

第三篇　高校附属医院档案管理实践篇

第一篇

档案学基础理论

第一章
档案与档案工作

第一节　档案概述

一、档案

（一）档案的起源

档案是人类社会文明发展到一定阶段的产物，是人类社会实践活动的原始记录。它的起源与文字、文书的产生，与阶级、国家的出现有着密切的关系。档案的产生与发展经历了一个漫长的历史过程。

在文字未产生之前，人们依赖语言和动作来表达思想，依靠大脑记忆来存储信息。口耳相传的方式受到时空的限制，信息传递不远，容易遗忘和失真，无法准确保存以传给后人。为了克服这些缺陷，人类逐步创造了记录信息的工具，产生了历史记录，也就产生了档案。

学术界对档案起源的认识大致可以归纳为以下三种观点：结绳刻契说、文字说和国家说。

1. 结绳刻契说

所谓"结绳"，就是在绳子上打不同样式、不同大小的结子，甚至涂上不同颜色，以表示和反映某一事情。所谓"刻契"，即是在木片、竹片、甲骨上刻画各种符号，记录某一事情。

这种观点强调，档案起源于文字未产生前的"结绳刻契"时代，是人类早期为记录和交流信息而采用的方法。当人们第一次有意识地在绳子上打不同的结，在木头等物品上刻画不同痕迹，并以此来记录不同的信息时，这些打了结的绳子和刻画了痕迹的物品就成为最早的历史记录和档案。这种记事表意的方法在一定程度上记录和反映了人们的某些活动，可起到备忘、信守等作用。

2. 文字说

文字说认为档案与文字同时产生，即当人们第一次用文字来记录和交流信息时，档案也就随之产生了。文字产生后，人们就将文字作为记载各种活动的工具，通过文字记录、传达各种事情。文字的产生是档案产生的重要条件之一。世界上现存最古老的档案是我国商代的甲骨档案和西亚古巴比伦时代的泥板档案，这些古老的档案都是文字、阶级、国家的综合反映，即以文字为记录工具，记载和反映当时国家机构、政务管理、土地征用、户口调查、征收赋税、官员任命等方面的活动。根据我们今天对档案定义的认识，文字说与档案的定义最为接近，因此可以认为，档案起源于文字的产生与使用。

3. 国家说

国家说认为档案起源于国家出现之后，为了进行国家管理，需要比较系统的文书记录和传递各种信息。当国家用以进行阶级统治和国家管理的文件第一次被有意识地保存起来时，档案就出现了。

（二）档案的词源

尽管档案自起源至今已有数千年历史，但"档案"一词的使用历史并不长。中国古代对文书和档案的概念基本不作区分，历代称谓各异，但其内涵基本相同，均具有档案的特征和功能。例如，殷商为"册""典"，西周为"中"，春秋、秦汉及以后为"简""牍""简策""简牍""简书""帛书""簿书""案卷""文牍""案牍"等等。

据史料记载，"档案"一词最早出现在明末清初。例如，顺治十五

年（1658年）浙江巡抚陈应泰揭帖中就出现了"档案"一词。现存清
代档案康熙十九年（1680年）的《起居注》上亦出现"档案"一词，即
"上问马哈喇之父与叔皆没于阵，本身亦有功牌，其罪如何？大学士明
珠奏曰：'马哈喇之父、叔阵没，皆系松山等处事，部中无档案，故控
告时部议不准。'"可见"档案"一词作为书面用语已经在清代出现，
而且还可以看出，当时王朝断案是重视以档案为根据的。

　　"档案"一词的具体含义最早见于清代杨宾的《柳边纪略》。书中
提到，边外文字多书于木，传递者称为"牌子"，存贮年久者称为"档
案"。在《康熙字典》中，"档"字意指横木框档，而"案"指像小桌
子一样的桌几。将两者连用，便指存入档架的文案和案卷。把放置档
案的架子称作档架，把一格称为一档，这些叫法有的一直沿用下来，至
今我们称档案，依然有形象的和内在的意义。

（三）档案的定义

　　人们在长期的社会实践中对档案的认识不断加深，逐步形成了关
于档案的概念。

　　据不完全统计，国内外对档案的定义已有上百种。

　　《中华人民共和国档案法》规定，档案是指"过去和现在的机关、
团体、企业事业单位和其他组织以及个人从事经济、政治、文化、社
会、生态文明、军事、外事、科技等方面活动直接形成的对国家和社会
具有保存价值的各种文字、图表、声像等不同形式的历史记录"。

　　档案行业标准《档案工作基本术语》定义档案的表述是："国家
机构、社会组织或个人在社会活动中直接形成的有价值的各种形式的
历史记录。"进一步明确档案的内涵，可以表述为："档案是社会组
织或个人在社会实践活动中直接形成的具有清晰、确定的原始记录作
用的固化信息。"

　　档案定义的基本含义有以下几个方面：

1. 档案的来源

　　档案源自特定的单位或个人，它们是各类机关、组织以及个人在
社会活动中形成的记录。档案的形成者非常广泛，包括但不限于机关、

团体、部队、企业事业单位，以及个人、家庭和家族。

档案的来源极为广泛，包括社会的各行各业。这些形成档案的单位具有相对的稳定性，只要单位持续存在，相关的档案就会不断形成和积累，显示出档案来源的连续性和稳定性。此外，无论是工作、会议还是科学技术活动，都会产生文字记录，这些多样化的社会活动赋予了档案内容的丰富性和连续性。可以明确指出，档案的来源有两个基本点：首先，档案来源于特定的基本单位；其次，档案来源于形成者参与的特定社会实践活动。

2. 档案的形成条件

在各机关单位和个人的活动中，为了交流和记录事务，会产生并使用众多文件材料，这些也被称作历史记录材料。随着工作的持续、事业的发展，以及传承给后代的需要，人们开始有意识地保存那些将来可能需要查考的材料，这些材料便成为档案。然而，并非所有历史记录都能自然而然地成为档案。档案是由原始记录的文件，在满足一定条件下转化而来的。一般而言，文件转化为档案需要满足以下三个条件：

首先，只有已经办理完毕的文件才能成为档案。那些正在处理中的现行文件并不属于档案的范畴，因为它们还具有现行的效用和功能。

其次，只有那些对日后的实际工作和科学研究等活动具有一定查考利用价值的文件，才会被保存作为档案。在社会实践活动中形成的大量文件，只有部分经过人们的鉴别和挑选后，才得以留存。

最后，只有那些按照一定规律集中保存起来的文件，才能最终成为档案。归档和集中保存不仅是文件转化为档案的必要程序和条件，也是其一般的标志和界限。

3. 档案的形式

在丰富的社会实践中，各个时期和单位根据不同的需求，发展出了各种形式的档案材料。档案的形式主要包括载体形式、文种名称和内容记录方式等。

从载体形式来看，古代的档案载体包括龟甲、兽骨、青铜器、竹木片、金册、铁券、缣帛和纸张等，现代则包括胶片、磁带、磁盘和光盘等。

从文种名称来看，档案包括诏书、谕旨、题本、奏折、咨呈、照会、电报、命令、通知、条约、协议、计划、报表、会议记录、手稿、日记、信函等多种形式。

从内容记录方式来看，档案的记录技术包括刀刻、手写、印刷、晒制、摄影、录像和激光扫描等；表达方式可以是文字、图像或声音；而信息传达的文体则从古代的制、诏、奏折、题本，到近代的令、布告、咨呈，再到现代的指示、通知、报告和总结等。

二、档案的属性

档案的属性反映了档案在社会中的固有特征和特点。这些属性是多方面的，既包括其特有的基本属性——原始记录性，也包括许多文献资料共有的一般属性，如信息性、文化性、知识性和有机联系性等。

（一）原始记录性

档案源自将人们的社会实践活动，转化为记录材料，成为历史的原始见证。它们直接、客观地捕捉了形成者的真实活动，因而具有不可辩驳的原始记录性。学术界普遍认同，"原始记录性"是档案的根本特性，它定义了档案的独特本质，尤其是与其他资料形式的区别。

档案的原始记录性，具体表现在以下几个方面：

1. 形成过程的自然性

档案是在特定的历史条件下，由特定的形成者在当时当地进行某种活动过程中直接形成的。这种自然形成的过程，使得档案能够真实、客观地反映历史事实，避免了人为的篡改和伪造，因此，档案具有其他文献所无法替代的真实性和可信度。

2. 内容的直接性

与经过加工的二次文献不同，档案直接记录了社会实践活动的原始信息，具有直接和明确的特性。这种直接性为档案提供了作为最直接、最真实的历史证据的能力，帮助恢复历史场景，揭示历史真相。

3. 形式的原始性

在形成过程中，档案常常保留了原始标记，例如签名、批示、修改痕迹和印章等。这些标记增强了档案的真实性和可靠性，使其成为极为真实和可信的资料。分析这些原始标记可以深入了解档案的形成背景、历史演变和社会文化环境。

4. 管理的规范性

档案管理工作是一项严格而系统的工程，从收集、整理、鉴定、保管到利用，每个步骤都需要遵循既定的规范和标准。这种规范性保障了档案的完整性和真实性，确保了档案能够长期保存并实现其价值。

综上所述，档案的原始记录性是其最本质的特征，它体现在档案的形成过程、内容、形式以及管理等方面。这种原始记录性确保了档案的真实性和可靠性，为我们了解历史、研究社会、总结经验提供了宝贵的资料。

（二）文化性

档案是社会文明发展到特定阶段的产物，是文明进步的成果。它们记录了国家或民族的历史、地理、风俗习惯、生活方式、文学艺术、行为规范、思维方式和价值观念。从古代的结绳刻契到现代的录音录像，从龟甲兽骨到数字存储，档案在形式和内容上都承载着人类文化的印记。档案不仅是文化发展的成果，也是无法否定的人类社会的宝贵文化财富。

（三）知识性

知识是社会实践经验的总结，档案在社会实践中产生，真实记录了社会活动过程。虽然档案的产生是为了满足工作需求而非传播知识，但其一旦形成，就具备了知识性，成为知识存储的一种形式。

档案作为知识的一种载体和存贮形式，有以下特点：

1. 原始性

档案中的知识是原始且未经加工的，具有高真实性和高可信度，为历史事实和社会现象提供了可靠的知识来源。

2. 多样性

档案中的知识覆盖经济、政治、科学、文化等多个领域，反映了不同历史时期和社会背景下的社会现象和人类活动，为我们提供了全面深入的资料。

3. 传承性

知识具有继承性，档案记录了过去的知识，并通过保存和传承，使这些知识得以延续，为后人提供了历史经验和智慧。

（四）信息性

在现代社会，"信息"这一概念无处不在，它在科学和日常生活中扮演着重要角色。作为一个科学概念，信息有着多种不同的定义和表现形式。在档案领域，信息被理解为包括消息、情报、知识、数据和资料等多种形式的集合。

档案本身就是一种信息形式，它是国家信息资源中不可或缺的一部分。档案的信息性主要体现在以下几个方面：

1. 原始性

档案是直接从社会活动中产生的原始记录，具有极高的原始性。这种原始性赋予了档案作为最可靠、最具权威性的信息来源的地位。

2. 价值性

档案记录了人类社会活动中大量有价值的事实、数据、成果和理论，涵盖了经济、政治、科学、文化等各个领域的知识。档案的原始记录性为其作为证据的功能提供了独特价值。

3. 共享性

数字化处理和管理使得档案能够实现快速检索、存储和传输，极大提升了档案管理的效率和便利性，促进了信息的共享与交流。

4. 多功能性

档案信息不仅储存知识，还传播知识，支持知识的世代传承。此外，档案信息还被广泛应用于科学研究、知识普及等领域，为社会发展提供了强有力的支持。

（五）整体的有机联系性

档案作为人类活动的书面记录，天然带有与人类活动相关的属性。人类活动通常以群体形式连续不断地进行，因此，所形成的档案记录不仅具有内在的联系性，也展现出连续性。这些档案记录与活动主体——即参与活动的人类群体的组织结构和功能结构紧密相关。

我们经常观察到，档案并非孤立存在，而是以集合的形式呈现，例如卷（多份文件的组合）、类（具有相同特征的文件集合）、全宗（来自同一存档单位的文件集合）。在一个组织内部，档案常常按照部门如司、处、科、室，或者院、系、室等单位分类，并根据时间顺序进行整理和积累。这些档案在来源和时间上展现出连续性和稳定性，在内容上彼此紧密相连。如果忽视了档案这一整体的有机联系性，在档案的形成和归档过程中就可能导致档案的不完整，进而影响其功能和效用。

总结来说，档案与其对应的人类活动之间存在着不可分割的联系。这种联系性在档案管理的多个方面体现出来，包括档案的分类、存储、编纂和利用等。档案管理必须考虑档案之间的内在联系，确保档案的完整性和可用性，以充分发挥其在记录历史、支持决策和传承知识中的作用。

三、档案的种类及划分

随着科技的进步和社会文明的发展，档案的内容变得日益丰富，种类也愈发繁多。每种档案都有其独特性，要求我们采取相应的管理策略。对档案种类进行准确划分，不仅有助于我们从多角度理解档案的本质，掌握其特点和形成规律，也便于实施有效的档案管理。档案的常见分类方法主要包括按历史时期、内容性质、形成领域以及载体形式进行划分。

（一）按历史时期划分

借鉴史学界的研究成果，并结合档案的形成特点与保管状况，档案可划分为古代档案、近代档案和现代档案。

古代档案指早期历史时期形成的档案，如历代王朝的档案，这些档案记录了古代社会在政治、经济、文化等方面的历史状况。

近代档案指19世纪中叶至20世纪初形成的档案，这一时期的档案反映了中国社会在政治变革、经济发展和文化转型等方面的情况。

现代档案指20世纪中期以来形成的档案，如中华人民共和国时期的档案。这些档案记录了现代社会的全面面貌，数量最多，内容最丰富，且仍在持续增长。

（二）按内容性质划分

档案还可以根据内容性质的不同，细分为文书档案、科技档案和专门档案。

文书档案指机关、组织、企业和事业单位在社会管理活动中形成的档案，其内容丰富、形式规范，是研究国家和社会历史发展的重要资料。

科技档案指自然科学研究、生产技术和基本建设等活动中形成的档案，记录了人类认识和改造自然的各项成果。

专门档案指在专业性较强的活动，如人事、会计、工商、税务等活动中形成的档案，具有特定的查考、利用和保存价值。

（三）按形成领域划分

档案还可以根据其形成领域，分为公务档案和私人档案。

公务档案指国家机关、团体、企事业单位和其他社会组织在公务活动中形成的档案，通常由档案机构保存。

私人档案指个人在社会活动中形成的档案，如日记、文稿等，通常由个人保管。

（四）按载体形式划分

根据载体形式的不同，档案可以分为纸质档案、非纸质档案、照片档案、音像档案、实物档案等。

档案的载体形式多样，每种形式都有其特定的应用场景和特点。在档案管理中，应根据档案的特性和需求，选择最合适的载体形式，以确保档案的完整性和可用性。

四、档案的作用

档案的作用是档案价值在社会活动中的具体体现，对社会实践的影响主要表现在以下几个方面：

第一，记录历史与凭证作用。档案作为历史的真实记录，承载着丰富的历史信息，记录了个人、组织、国家在不同历史时期的活动和事件。在纠纷和争执中，档案作为客观依据，为依法判决或仲裁提供了基础。

第二，参考借鉴作用。档案含有丰富的信息和经验，为科学研究、生产建设、政策制定等提供了宝贵的第一手资料，帮助我们了解历史、掌握规律、制定策略。

第三，政治工具与宣传作用。档案在政治斗争中是维护正义、揭露真相的重要工具，为政治决策提供支持。档案的历史性和直观性也使其成为宣传教育的有力素材，促进公众对历史的了解和文化的传承。

第四，服务作用。档案在经济建设中发挥着重要作用，参与管理活动，优化资源配置，提高生产效率，促进产业升级。同时，档案也是科研事业的基础，为科研人员提供丰富的原始数据和资料，推动科研发展。

第二节　档案工作概述

一、档案工作的内容

档案工作是指运用科学的原则和方法对档案进行管理，以服务于党和国家的各项工作。它是一项重要的事业，旨在保护原始记录并维护党和国家历史的真实性。

档案工作的内容丰富多样。从狭义上讲，包括档案室、档案馆所开展的收集、整理、鉴定、保管、统计、检索、编研、利用等八个环节的业务工作。这些环节构成了档案工作的基础和利用两个基本部分。档案的收集、整理、鉴定、保管、统计、检索等环节构成了基础工作，为档案的有效利用创造条件；而利用和编研则直接发挥档案的作用，属于利用工作。长期的档案工作实践表明，基础工作和利用工作同等重要，缺一不可。从广义上讲，档案工作还包括档案业务管理、档案行政管理、档案教育、档案科学技术研究、档案宣传、档案国际合作与交流等。

（一）档案业务管理

档案业务管理涵盖档案实体管理、档案信息资源开发和档案信息服务三个方面。

档案实体管理包括档案的收集、整理、鉴定、保管等环节，是档案工作的基础。

档案信息资源开发涉及对档案信息的加工和输出，满足利用者需求，包括编制目录、编辑文献汇编、编写参考资料等。

档案信息服务包括阅览服务、出借服务、复制供应、咨询服务、交流服务、档案证明、档案展览等。

（二）档案行政管理

档案行政管理是以各级国家档案行政机构为主体，以国家各项事业的需要为目标，以档案法律法规为准则，对全国以及地方档案工作进行统筹规划、组织协调、统一制度、监督指导的活动。档案行政管理的目的是不断调节档案事业系统的内部关系和外部关系，促进档案事业的发展，为国民经济和社会发展服务。

档案行政管理的主要内容是：以档案行政部门为组织协调中心，培训和提高档案工作人员的行政能力和水平，依法行政，通过调查研究和加强管理，完成规划制定、统一制度、行政监督、组织协调、业务指导和咨询服务的任务，提高档案行政效率，从而促进档案事业整体水平的提高。

（三）档案教育

档案教育是档案事业的重要组成部分，旨在培养和提高档案工作人员的专业素养和技能。档案事业建设需要发展档案教育，培养档案专业人才。

　　我国档案教育始于 20 世纪 30 年代，经过近一个世纪的发展，目前已基本形成一个多层次、多渠道的全国档案教育网络体系。1934 年，私立武昌文华图书馆专科学校设立档案管理特种教习，标志着我国档案教育的问世。1946 年 3 月，殷钟麒等人在重庆创办私立崇实档案函授学校（后改名为崇实档案学校）。1952 年 11 月，中国人民大学设立档案专修班，标志着新中国档案及教育事业的正式创立。20 世纪 80 年代以来，我国档案教育进入了一个大规模、实质性发展的阶段。

　　从宏观上看，我国档案教育体系一般包括档案高等教育、档案中等教育、档案在职继续教育和档案社会教育四个部分。

　　1. 档案高等教育

　　档案高等教育是我国档案教育的核心部分。我国档案高等教育是培养中、高级档案研究人才、档案管理人才、信息开发人才以及档案事业管理人才的主要途径。我国的档案高等教育包括研究生（含博士学位研究生和硕士学位研究生）、本科生和专科生三个教育层次。

　　截至目前，我国已经建立了完善的本科、硕士、博士档案学专业人才培养体系，开设档案学专业本科教育的高校有 35 所，开设档案学硕士教育的高校有 32 所，开设档案学博士教育的高校有 20 所（含挂靠其他学位点招生）（见表 1-1）。

表 1-1　国内开办档案学专业教育的高校（不含港澳台地区）

序号	院校名称	本科设置年份	硕士设置年份	博士设置年份
1	中国人民大学信息资源管理学院	1955	1982	1993
2	北京联合大学应用文理学院	1978	2018	—
3	郑州航空工业管理学院信息管理学院	1978	2013	—
4	四川大学公共管理学院	1981	1987	2022
5	辽宁大学历史学院	1981	1997	2019
6	天津师范大学管理学院	1981	2002	—
7	浙江大学公共管理学院	1981	1987	2006

续表

序号	院校名称	本科设置年份	硕士设置年份	博士设置年份
8	上海大学图书情报档案系	1982	2003	2021
9	安徽大学管理学院	1983	2001	2014
10	广西民族大学管理学院	1983	2001	—
11	黑龙江大学信息管理学院	1983	2000	2015
12	苏州大学社会学院	1983	1994	—
13	山东大学历史文化学院	1983	2003	2020
14	河北大学管理学院	1983	2006	2018
15	云南大学历史与档案学院	1984	1999	2003
16	武汉大学信息管理学院	1984	1999	2005
17	南昌大学人文学院	1985	2006	2015
18	西北大学公共管理学院	1985	2010	—
19	西藏民族大学管理学院	1985	2013	—
20	南京大学信息管理学院	1986	1998	2011
21	国防大学政治学院	1986	1995	2005
22	吉林大学管理学院	1986	2000	2010
23	中山大学信息管理学院	1986	1995	2012
24	郑州大学信息管理学院	1987	2006	2021
25	湖北大学历史文化学院	1993	2006	2010
26	湘潭大学公共管理学院	1993	2006	2018
27	福建师范大学社会历史学院	1998	2006	—
28	南开大学商学院	2000	2003	2018
29	扬州大学社会发展学院	2000	2019	—
30	上海师范大学人文学院	2002	2011	—

续表

序号	院校名称	本科设置年份	硕士设置年份	博士设置年份
31	辽宁科技学院管理学院	2005	——	——
32	盐城师范学院历史与公共管理学院	2005	——	——
33	贵州师范学院历史与档案学院	2012	——	——
34	呼和浩特民族学院公共管理学院	2013	——	——
35	韩山师范学院历史文化学院	2014	——	——
36	山西大学经济与管理学院	——	2010	——
37	华中师范大学信息管理学院	——	2014	2017

2. 档案中等教育

档案中等教育是培养初级档案管理人员、技术人员的主要途径，它是我国档案教育体系结构中的重要组成部分，它的办学形式主要有中等专业学校和职业学校两种。例如，1986 年成立的四川省档案学校，不仅是全国大中专学校中唯一一所档案学校，也是全国中、高职院校中唯一开设档案管理专业的学校。

3. 档案在职教育

档案在职教育是对已从事档案工作的人员进行档案专业知识的提高性教育。它包括两个方面：一是对受过档案专业教育的人员进行继续教育，以新理论、新技术、新方法的传授作为主要目的；二是对未受过档案专业系统教育的档案人员进行培训，以档案基础理论、基本管理方法的普及作为主要目的。

4. 档案社会教育

档案社会教育，广义上指与学校教育、家庭教育并行的影响个人身心发展的社会教育活动，特别是利用档案资源进行的教育活动。狭义上，它特指通过社会文化教育机构，如档案馆、图书馆等，对青少年和人民群众开展的各种文化和生活知识的教育活动。档案社会教育主要通过档案展览、专题讲座、档案编纂与出版、互联网与社交平台宣传等方式实现。其目标是通过档案资源来传播知识、提高公众的文化素养和历史意识。

（四）档案科学技术研究

档案科学技术研究简称"档案科研"，是通过调查、观察、实验、比较、分析等手段，把档案工作实践的感性材料加以研究、提炼，上升为理性成果的一项创造性工作。在我国档案事业体系中，它是国家档案事业的重要组成部分，也是档案事业建设与发展的重要条件。档案科学技术研究工作的目的是获得有关理论和技术方法的研究成果，促进档案工作在科学的基础上不断进步。

我国档案科研工作，按其研究对象的性质主要包括档案学理论研究和档案管理应用技术研究。理论研究包括档案本质与价值、档案工作基本矛盾和发展规律、档案管理与文献编纂的一般理论、档案工作史和档案学史的研究等，其成果主要是论文、专著和教科书；应用技术研究有档案管理原则与技术、档案文献编纂与公布、档案保护技术、档案工作标准化和管理现代化研究等，其成果主要是法规文件、标准文件、新技术工艺方法、新设计、新材料、新产品和业务技术参考材料。

（五）档案宣传

档案宣传是向人们传播档案、档案工作的有关信息、思想，从而影响人们行为的过程。具体而言，就是向广大档案工作者宣传党和国家有关档案工作的法规与政策，对其进行思想教育，向社会宣传档案和档案工作，以增强社会档案意识的一种舆论引导和监督性质的工作。

档案宣传的目的是通过宣传动员、教育和激励档案工作者，使他们积极投身于档案事业的建设和发展。同时，通过宣传扩大档案工作的社会影响，增强社会的档案意识，使社会各方面均能关心、重视和支持档案事业，使档案事业能与其他社会事业协调发展，并有效地服务于社会主义现代化建设事业。

档案宣传是我国档案事业管理的一项重要内容。可通过口头宣传、大众传播媒介、档案陈列展览、档案专业报刊和档案网站等形式对档案、档案工作、档案人员等内容进行宣传。中华人民共和国国家档案局（简称"国家档案局"）成立伊始就主办了《档案工作》杂志，并多次组织中央级档案馆举办档案展览。1987 年《中华人民共和国档案法》颁布后，国家档案局设立了宣传处，在全国档案宣传工作会议上确定了"立足档案，面向社会，振奋档案人员精神，增强社会档案意识，为发展我国档案事业服务"的方针，推动了全国各级档案部门的宣传工作。

（六）档案国际合作与交流

档案国际合作与交流是我国社会主义档案事业的重要组成部分，对于档案事业的发展具有重要的外部推动作用。它还是国家外事活动的一部分，对于推动国际文化与科技交流具有重要意义。

1. 参加国际档案理事会组织的活动

国际档案理事会是一个非政府性的国际档案专业组织，成立于 1950 年。自 1980 年加入该组织以来，我国一直积极参与其活动。例如，2017 年在我国贵阳顺利举办主题为"共商数字格式文献遗产的选择和保护"的国际学术交流活动。此外，我国还积极响应联合国教科文组织的活动，参与世界档案项目的建设，推动其发展。至今，我国已有 15 份档案入选《世界记忆名录》。2024 年 5 月 8 日，我国申报的"成都老茶馆档案""德格印经院院藏雕版""徽州千年宗姓档案"成功入选《世界记忆亚太地区名录》。

2. 国家间建立双边的档案合作关系

与其他国家建立双边档案合作关系，对于促进中外档案界的友好交流、分享档案工作经验，以及在特定项目上进行合作具有重要意义。这种合作关系有助于系统学习档案工作领域的先进技术，推动我国档案工作的现代化。

我国积极与各国建立双边和多边档案工作合作关系，举办以档案为载体的交流活动。例如，2019 年，国家档案局主办的"丝绸之路历史档案文献展"，展示了我国与"一带一路"国家的商贸和人文交流历史，促进了"一带一路"倡议的实施。此外，我国还开展了档案编研的国际合作，如中俄外交部档案馆联合出版的《中苏关系文献汇编》，以及广西壮族自治区档案馆与越南、老挝合作编辑出版的多部图书。

3. 开展国际档案学术交流活动

开展国际档案学术交流，与国外档案学术团体、高等院校、档案馆等建立联系，对促进我国档案工作与国际接轨、促进经验交流至关重要。2023 年 10 月 9 日至 13 日，主题为"丰富知识社会"的 ICA 阿布扎比国际档案大会在阿联酋阿布扎比国家展览中心举行。大会设有论文演讲、联合实验室会议等环节，吸引了来自超过 135 个国家的 5 000 多名档案专业人士。四十余名中国学者和档案工作者参与了此次大会，向国际档案界展示了"中国声音"。

二、档案工作的性质

档案工作的性质包含了其最基本和最主要的特征，对这些特征在不同的历史时期和不同的观察角度下有着不同的理解。总体来看，档案工作的性质主要包括以下几个方面：

(一) 管理性

档案工作的核心任务是对档案进行有效管理，并提供社会服务。档案管理的对象既包括实体档案，也包括档案信息，其目标是开发档案信息资源以服务社会实践。档案管理的这一特性，使其在众多管理工作中独树一帜。档案管理不仅是一项独立的工作，也是其他社会管理工作的重要组成部分，如人事档案管理是人事管理的一部分，会计档案管理是财务管理的一部分，机关档案管理则是机关行政管理的一部分。

（二）服务性

档案工作的本质目的是为社会提供服务。它不直接生产物质财富，也不直接参与国家管理活动，而是通过提供档案服务来支持社会实践活动的总结、研究和决策。档案工作的存在和发展，是为了服务于社会的政治、经济、科学和文化等方面，通过服务来加强自身的建设和发展。档案是在社会实践中形成的，也是实践活动的依据和必要条件，档案工作正是为了适应并服务于这些实践活动。

（三）科学性

档案工作不仅为科学研究提供条件，其本身也是一项充满科学性的工作。档案工作的科学性体现在档案管理的各个环节都遵循科学的工作原则和方法，并且要求档案工作的组织和管理必须科学化。这包括运用档案学及相关学科的知识、采用现代科技手段进行档案管理，以及依据法规进行规范管理。特别是科技档案工作，要求档案工作者不仅要掌握档案管理的理论和方法，还要具备相应的科技专业理论知识。

（四）政治性

档案工作在维护党和国家历史真实性方面扮演着重要角色，体现了档案工作的政治性。档案是在社会各项实践活动中形成的自然记录，反映了政党、国家机关和社会团体的历史面貌。档案工作的重要任务是妥善保管这些历史活动的原始记录，维护历史的本来面貌，并为社会提供真实的凭证。同时，档案工作中的机要性也体现了其政治性，特别是那些涉及国家机密的档案，需要严格保密。

三、档案工作的基本原则

我国档案工作的基本原则是在丰富的实践经验基础上形成的，并已被纳入《中华人民共和国档案法》，成为全国档案工作必须遵守的法律规范。

档案工作的核心原则是："实行统一领导、分级管理，保障档案的完整性与安全性，便于社会各界的利用。"这一原则包含三个基本思想：

第一，确立了档案工作的组织原则和管理体制——即在统一领导下，分级集中地管理全国档案工作。

第二，提出了档案管理的最基本要求——确保档案的完整与安全。

第三，体现了档案工作的根本目的——便于社会各方面的利用。

（一）实行统一领导、分级管理的原则

统一领导、分级管理是我国档案工作的基本组织原则和管理体

制。这种管理模式能够克服档案分散保存和各自为政的问题，确保档案的完整性与安全性，最大化地发挥档案的作用，便于社会各界的利用。

1. 国家档案按规定分别由各级、各类档案保管机构集中管理

现阶段，我国存在三种档案所有权，即国家所有、集体所有和个人所有。对三种不同所有权的档案，要按照档案法的有关规定，采取不同的管理办法。国家机关、国有企业及事业单位形成的档案，必须按照规定定期向本单位档案机构或者档案工作人员移交，集中统一管理，任何人不得据为己有。同时，党和国家机关、国有企业及事业单位应按照规定定期向有关档案馆移交需要长久保管的档案。中央各机关、团体需长远保存的档案应向中央档案馆移交；地方各级机关、团体需长远保存的档案应向地方各级综合性档案馆移交；一些新型载体档案或专业性较强的档案，按照国家有关规定由有关专业档案馆保管。至于撤销或合并机构的档案管理问题，《中华人民共和国档案法》第十六条规定："机关、团体、企业事业单位和其他组织发生机构变动或者撤销、合并等情形时，应当按照规定向有关单位或者档案馆移交档案"。

2. 全国档案工作，由各级档案主管部门统一、分级、分专业监督和指导

为了有效地实行档案的统一管理，我国不仅把档案分别集中在各机关档案室和各级档案馆，而且也在全国范围内对档案业务工作实行统一管理。

统一管理，是指国家档案主管部门对全国档案工作实行全面规划和统筹安排，制定统一的档案法规和业务标准，提出统一的方针政策，进行业务指导和监督。

分级管理，是指县级以上各级人民政府的档案主管部门主管本行政区域内的档案工作，可按照国家有关档案工作的统一规定和要求，结合本地区的情况，制定本地区的档案工作规划、制度和办法，并对本地区内机关、团体、企业、事业单位和其他组织的档案工作实行指导和监督。

分专业管理，是指中央各专业主管机关在国家档案行政管理机关的指导下，针对本专业系统的特点，制定本专业系统档案工作的规划、制度和办法，对本系统的档案工作进行指导和监督，保证国家有关档

案工作的方针政策在本专业系统的贯彻执行。

3. 实行党、政档案和党、政档案工作的统一管理

在 1959 年以前，我国党和政府的档案工作是分别开展的。1959 年 1 月 7 日，中共中央下发了《关于统一管理党、政档案工作的通知》，把党的档案工作和政府的档案工作统一起来，实行各级党委直接领导的体制。一个机关内共产党、行政、工会和共青团等组织的档案统一集中在一个机构保管；需要长远保存的党政档案，统一集中于各级档案馆；全国党、政系统的档案事业管理机关合并，统一进行档案业务的监督、指导工作。尽管这种领导体制经历了几次变动，但党、政档案和党、政档案工作统一管理的管理体制没有变化。

（二）维护档案的完整与安全

维护档案的完整与安全是档案管理的基本要求，是档案工作物质基础的保障。档案的完整与安全是相辅相成的：只有保证档案的完整，才能确保其安全；反之，只有确保档案的安全，才能实现其完整。

1. 维护档案的完整

档案的完整包含两个方面：材料的全面收集和系统整理。

全面收集指尽可能搜集所有具有保存价值的档案，确保从单位到国家层面的档案完整无缺，以全面反映社会基本活动的历史面貌。

系统整理指根据档案形成规律，将收集的档案有序地组织起来，形成有机联系的整体，科学地展现社会活动主体的行动过程和真实情况。

2. 维护档案的安全

档案安全涵盖实体安全和内容安全。

实体安全指在管理和技术上采取措施，保护档案不受损害，延长其保存期限。

内容安全指对涉密档案和有使用限制的档案进行严格管理，确保机密不外泄，防止档案的超范围传播。

（三）便于社会各方面的利用

便于社会各方面的利用是档案工作的出发点和最终目标。所有档

案机构的建立、工作制度的制定和业务工作的开展，都应服务于这一目标。这包括满足当前和未来社会对档案的需求。

档案工作的三个基本原则（统一领导、分级管理，维护档案的完整与安全，以及便于社会利用）是相互联系、相互依存的辩证统一体。统一领导和分级管理是实现档案完整性、安全性和利用性的核心。这些原则共同指导档案工作，确保档案能发挥其在社会中的效益和价值。

四、档案工作的地位及效益

（一）档案工作的地位

档案工作在社会历史发展中占据着极其重要的位置。1985 年 2 月 8 日，中共中央和国务院在批转的《关于调整我国档案工作领导体制的请示》通知中明确指出："档案工作是维护党和国家历史真实面貌的重要事业，是党和国家各项建设事业必不可少的环节。"这为我们科学地理解档案工作的地位提供了依据。

1. 档案是反映人类社会实践活动的原始记录，是人类文明史的见证

档案是国家和民族文化发展水平的重要标志。我国作为一个历史悠久的国家，积累了大量的档案资源。然而，由于多种因素，这些档案资源尚未能全面反映我国的历史与现状。档案工作面临着实现科学管理和服务全社会的挑战。档案工作者需要认清自己所承担的任务，具备高度的社会责任感和时代紧迫感，将积累文化财富和服务科学研究及国家建设作为工作的重中之重。

2. 档案是重要的信息资源，是实现科学管理的重要资源条件

档案工作在国家建设中发挥着关键作用，特别是在科学预测和科学管理方面。档案是对社会活动的真实记录，档案管理的出发点是维护档案的原始性。这不仅确保了管理活动的全面和真实再现，而且为新的管理决策提供了可靠的依据。档案工作本身是一项科学管理性工作，同时，它也为其他领域的科学管理提供了基础，是提高管理水平的重要保障。

3. 档案作为信息资源的重要组成部分，是一种重要的经济资源

档案是经济发展中不可或缺的资源要素。档案工作对于提升社会

生产水平和促进经济发展具有基础性作用。目前，档案工作应服务于社会主义物质文明和精神文明的建设。长远来看，档案工作应对我国文明史的延续和发展作出贡献。

（二）档案工作的效益

要正确认识和重视档案工作，发展档案事业，就必须在树立全面科学的档案工作效益观基础上，从档案工作的各个方面推进档案工作效益的全面实现。档案工作的效益有区别于其他工作的基本特点，这主要表现在：

1. 档案工作效益的社会性

档案工作是为社会服务的专门性工作，其效益具有明显的社会性。档案工作的投入旨在服务社会，资金来源具有广泛的社会性。档案工作的收益体现在社会的各个方面，尤其是广大利用者当中。实现档案工作效益的关键在于社会各界对档案的有效利用。

2. 档案工作效益的隐蔽性

尽管社会对档案部门的投入和收益可以进行定量比较，但两者在清晰度上存在差异。档案部门的投入是明确的，而其对社会的贡献——即在提供档案服务过程中带来的收益——却是模糊的。档案工作不直接创造价值，其效用依赖于社会利用，具有被动性和依赖性。档案工作的收益主要体现在利用档案的部门或个人中，是一种间接性收益。由于档案价值的扩展性，收益地点广泛且分散。

3. 档案工作效益的滞后性

档案工作效益的滞后性指的是效益周期的时间延迟。档案从收集到开放利用需要时间，从开放到被利用并产生效果也需要时间。这导致社会可能忽视档案工作的效益，影响对档案工作的评价，并可能对档案工作产生消极影响。

为了提升档案工作效益，我们应关注社会发展的趋势和要求，从多角度寻求提高效益的途径，并在档案工作中重视公共关系的协调和效益的宣传，为档案工作的持续健康发展创造良好的社会环境。

第二章
文书学与档案

第一节　文书学

文书学是以文书和文书工作为主要研究对象的一门学科。我国的文书学以清末新政和民国时期的行政效率运动为背景，萌生于20世纪初，形成于20世纪50年代，80年代以后快速发展，积聚起丰硕的研究成果。研究文书学的目的是服务文书工作和档案工作的现实需要。

一、公文概述

（一）公文的定义

目前，我国公文的定义主要有两类：一类是公文法规中的定义，另一类是著作、教材、论文中的学术定义。

1. 法规中的公文

2012年中共中央办公厅、国务院办公厅联合发布的《党政机关公文处理工作条例》中将公文定义为："党政机关公文是党政机关实施领导、履行职能、处理公务的具有特定效力和规范体式的文书，是传达贯彻党和国家方针政策，公布法规和规章，指导、布置和商洽工作，请示和答复问题，报告、通报和交流情况等的重要工具。"

2.著作、教材、论文中的公文

松世勤在《文书学》（1986）中将公文定义为："公务文书通常又叫公务文件，或者简称为公文、文件，是法定机关与组织按照特定的体式，经过一定处理程序制成的书面文字材料，作为传达意图，办理公务与记载工作活动的一种工具。"

李士竹在《文书学》（2006）中将公文定义为："公文是机关、团体、企事业单位及其他社会组织（以下简称机关）在处理公务活动中形成和使用的具有法定效力和规范体式（包括公文的文体和格式）的各种形式和载体的文件材料。它是机关之间、机关与群众之间，以及机关内部用来记述情况、表达意图、联系工作、处理公务的依据，是国家管理政务的一种重要工具。"

赵国俊在《公文写作与处理》（2011）中将公文定义为："公文是国家机构与其他社会组织在公务活动中为行使职权、实施管理而制发的具有法定效用和体式的文件。"

王健在《文书学》（2015）中将公文定义为："公务文件（简称公文）是社会组织在公务活动中形成的具有法定效力和规范体式的凭证性信息记录。"

文书学著作、教材、论文中的定义对象是机关、团体、企事业单位及其他社会组织的公文，其普遍认同公文是以各类组织名义形成、具有法定权威和效力及规范体式，并经过一定处理程序形成的。

（二）公文的特点

公文是公务文书中的一类，以其鲜明的特点区别于其他各种书面材料，归纳起来主要表现在以下四个方面：

1.公文由法定作者制成和发布

公文的法定作者又称公文的作者或公文的责任者，是指依法成立并能以自己的名义行使法定的职能权力和担负一定责任和义务的机关、组织或代表机关、组织的领导人。

从我国的实际情况看，公文的作者主要包括以下几类：

（1）党政机关、企事业单位及其他依法成立的各类社会组织。

（2）代表本机关、组织的领导人。

（3）机关、组织下设的办公厅（室）及其他部门。

（4）部门的内设机构。

在各组织系统中，领导机关与办公厅（室）、职能部门各司其职，可以在其权限内制发公文。一般情况下，全局性、方针政策性工作，以机关的名义发文；有明确规定的业务性工作，以分管该项业务的职能部门的名义发文；具体行政事务性工作，以办公厅（室）的名义发文。

公文最终都是以机关组织的名义发布，参与公文制发环节的相关人员，如公文的起草人、签发人、打印排版和校对人等，均是在履行组织赋予的责任，不是公文的作者。

2. 公文形成于公务活动

公务活动是指国家机关、团体、企事业单位及其他社会组织在其职权范围内所进行的各种事务活动。以党政机关为例，公文主要产生于传达贯彻党和国家方针政策，公布法规和规章，指导、布置和商洽工作，请示和答复工作中的问题，报告、通报和交流工作情况等活动。公文必须形成于公务活动并反映公务，且以本组织职权范围内的公务为限，既不能超出本组织职权范围，也不能打着组织的名义行个人之事。

3. 公文具有法定权威和特定效用

公文具有法定权威，法定是指法律法规所规定。公文的法定权威是指各类依法设立的社会组织在规定的职权范围内行使权力和开展活动所制发的文件，具有不可置否的权威性。使用公文传达贯彻党和国家的路线、方针、政策，指导、布置和商洽工作，请示和答复问题，报告和交流情况，代表组织的意志，是依照有关公文法规和规定规范制作和使用，对受文单位和个人有直接的约束力和强制性影响。

公文具有特定效用，在特定的组织范围内发挥特定的效用。我国各类机关和社会组织都是单独对本系统和组织的公文使用作出规定，不同系统和组织具有不同的职责，公文的效用也各有不同。不同的公文文种具有不同的效用，按照《党政机关公文处理工作条例》，每一个文种都有各自的适用范围，其效用各不相同，不能混用和错用。公文的效用是现行效用，即公文只在一定的时间和空间范围内产生效力影响。各类社会组织制发的公文都是针对现实的工作活动，并且依据公文的内容不同，相应公文产生效力影响的时间范围有长有短，空间范围有大有小。

4. 公文具有规范的体式和办理程序

公文的体式是指公文的文体和格式。公文必须通过规范的体式来保证和显示公文的权威性、合法性、有效性、严肃性和准确性等，在内容上要符合公文的表达和写作规范，外观上要严肃庄重并有清晰的辨识度。2012 年颁布的《党政机关公文格式》（GB/T 9704—2012），对党政机关公文的所有格式要素作出了详细规定，党政机关公文格式排版必须以此为依据。

我国党政机关、企事业单位根据多年的文书工作实践，总结出一套周密有效的发文和收文办理程序，并将之上升为公文法规的重要组成部分。发文办理程序是指发文单位从撰拟、审核、签发直至制作、发出全过程应该完成的工作；收文办理程序则是指收文单位从公文签收直至办理完毕并答复来文单位全过程应该完成的工作。规范的办理程序则是公文质量和文书工作效率的保证。

（三）公文的类别

在不同场合可以见到"行政公文""企业公文""通用公文""专用公文""常用公文""紧急公文""绝密公文""电子公文""纸质公文""上行文""下行文""平行文"等多种不同标谓，这是根据不同的划分标准对公文种类进行分类的结果。

1. 按公文的载体形式划分

在人类文明的历史进程中，我国公文的载体形式经历了甲骨、金石、简牍、缣帛、纸质、电子等形式。目前，我国各类机关组织公文的载体形式主要有两类：一是纸质公文，即以纸张为载体的公文。纸张是公文的传统载体，目前也依然是公文主要的载体形式。二是电子公文，即借助电子计算机和网络系统形成和处理的公文。随着我国电子政务和信息化建设的深入开展，其数量日益增多。

2. 按公文的来源划分

按公文的来源划分，公文可以分为发文和收文。发文是指由本机关制作并发出的公文，其中向本机关以外其他机关和组织发出的公文又称为外发文，向本机关内部各机构发出的公文称为内发文。收文是指本机关收到的各种公文，其中既包括外部其他机关或组织发来的公文，也包括本机关内部各机构发来的公文。

3. 按公文的行文方向划分

按公文的行文方向划分，公文可以分为下行文、上行文和平行文。下行文是指具有领导和指导职能的上级机关或部门向所属下级机关或部门发出的公文。上行文是指下级机关或部门向具有领导和指导职能的上级机关或部门发出的公文。平行文是指同级或不相隶属机关或部门之间互相发送的公文。

4. 按公文的保密等级划分

按中华人民共和国国家标准《文献保密等级代码与标识》（GB/T 7156—2003）规定，文献（记录有知识和信息的一切载体）的保密等级分为五级，这个标准同样适用于公文。

（1）公开级公文，即可以在国内外公开发布的公文。

（2）限制级公文，即内容不涉及国家秘密（国家秘密是指关系国家的安全和利益，依照法定程序确定，在一定时间内只限一定范围内人员知悉的事项），但在一定时间内限制其发布和使用范围的公文。

（3）秘密级公文，即内容涉及一般国家秘密的公文。

（4）机密级公文，即内容涉及重要国家秘密的公文。

（5）绝密级公文，即内容涉及最重要的国家秘密的公文。

5. 按办理时限划分

按办理时限划分，公文可以分为特急件、加急件和平件。特急件是指内容特别重要而且紧急，需要以最快的速度优先办理的公文。加急件是指事情紧急，需要在规定的时限内优先办理的公文。平件是指无特殊要求，可以按照正常办理程序处理的公文，但目前各机关单位为了提高办事效率，也会对这类公文提出办理时限要求。

二、公文的文种及选用原则

（一）公文的文种

党政机关的公文是党政机关实施领导、履行职能、处理公务的具有特定效力和规范体式的文书，是传达贯彻党和国家的方针政策，公布法规和规章，指导、布置和商洽工作，请示和答复问题，报告、通报和交流情况等的重要工具。同时，由于其他各类社会组织都要经常使用公文与党政机关进行各种联系，在使用中要参照党政机关公文的用法。2012 年中共中央办公厅和国务院办公厅联合印发的《党政机关公文处理工作条例》中，规定了 15 个公文种类：

（1）决议。适用于会议讨论通过的重大决策事项。

（2）决定。适用于对重要事项作出决策和部署、奖惩有关单位和人员、变更或者撤销下级机关不适当的决定事项。

（3）命令（令）。适用于公布行政法规和规章、宣布施行重大强制性措施、批准授予和晋升衔级、嘉奖有关单位和人员。

（4）公报。适用于公布重要决定或者重大事项。

（5）公告。适用于向国内外宣布重要事项或者法定事项。

（6）通告。适用于在一定范围内公布应当遵守或者周知的事项。

（7）意见。适用于对重要问题提出见解和处理办法。

（8）通知。适用于发布、传达要求下级机关执行和有关单位周知或者执行的事项，批转、转发公文。

（9）通报。适用于表彰先进、批评错误、传达重要精神和告知重要情况。

（10）报告。适用于向上级机关汇报工作、反映情况，回复上级机关的询问。

（11）请示。适用于向上级机关请求指示、批准。

（12）批复。适用于答复下级机关请示事项。

（13）议案。适用于各级人民政府按照法律程序向同级人民代表大会或者人民代表大会常务委员会提请审议事项。

（14）函。适用于不相隶属机关之间商洽工作、询问和答复问题、请求批准和答复审批事项。

（15）纪要。适用于记载会议主要情况和议定事项。

（二）公文的选用原则

选择合适的公文文种对于表达发文意图、维护公文权威性、保护公文效用以及确保受文单位妥善处理公文至关重要。各单位在制发公文时，应基于实际工作需求，正确选择文种。正确选择公文文种不仅要了解各类公文的性质和适用范围，还需遵循以下原则：

1. 根据相关规定选择公文文种

我国党政机关、企事业单位及其他社会组织为加强公文管理，普遍制定了相关条例和办法。例如，2012 年中共中央办公厅和国务院办公厅联合发布的《党政机关公文处理工作条例》，明确了 15 个公文文种。2017 年，中央军委办公厅根据该条例及其他法规，结合军队实际，制定了《军队机关公文处理条例》，规定了 10 个公文文种。

各单位在拟制公文时，应参照《党政机关公文处理工作条例》及本单位的公文管理规定，选择正确的公文文种。同时，要注意规定的时效性。自 1949 年以来，我国多次更新公文处理办法，每次都可能对公文文种及其适用范围进行调整。因此，选择公文文种时，应依据当前有效的公文处理办法。

2. 根据行文关系选择公文文种

行文关系基于机关间的工作关系。制发公文时，需根据发文机关与受文机关之间的工作关系，选择适当的上行文、下行文或平行文文种。例如，向本机关上级请求指示或批准时，应使用"请示"；而向非隶属机关请求批准或答复审批事项时，则应使用"函"。

3. 根据本单位权限选择公文文种

《党政机关公文处理工作条例》规定的 15 个公文文种中，部分公文文种仅限一定级别或具有相应权限的机关使用。例如，党的机关通常不使用命令（令）、通告和公告；行政机关一般不使用决议；公报只能由党和国家、国家或省（直辖市、自治区）职能部门使用；命令（令）只能由各级人民政府及其法定代表使用。

不同机关根据国家组织管理层级，拥有不同的发文权限。因此，制发公文时，必须在本机关权限范围内选择合适的文种。

第二节 文件生命周期理论

文件生命周期理论诞生于 20 世纪，这一时期文件数量的激增为档案学领域带来了新的挑战和研究方向。该理论最初源于 20 世纪 40—50 年代西方档案学者对文件中心的理论阐释，随后逐渐扩展至对文件整体运动过程及其全面管理的研究，成为现代档案学理论的基石之一。

文件生命周期理论的成熟标志着档案学的进步，它不仅拓宽了档案学的研究视野，将研究对象从历史档案扩展到现代文件，还促进了研究方法的革新，从单一、静态的方法转变为系统、动态的方法。该理论将现行文件到历史档案的发展视为一个连续的动态过程，并致力于研究这一过程的特点和发展规律，以期实现文档管理的全面控制和高效化。

作为现代档案学理论的重要成果，文件生命周期理论指导着从文件形成到最终销毁或永久保存的全过程管理。它研究文件的属性与管理者行为之间的关系，对文件和档案的运动过程进行客观描述和科学抽象总结。

一、文件生命周期理论的形成背景

文件生命周期理论的产生有着特定的专业背景。20 世纪 30 年代以来，文件数量的急剧膨胀使文件管理活动日趋专门化，由此出现一种新型的文件管理机构——文件中心。西方档案学者从思考文件中心的理论基础起步，逐步提出了文件生命周期理论。

（一）文件数量的急剧增长是文件生命周期理论产生的基本因素

20 世纪以来，随着世界人口增长速度的加快，各国政府职能不断扩大，管理活动不断增加，各种管理机构也相应地大量产生。文件是政府机关的管理工具和活动记录，机构的增多及其职责的扩大，导致了文件的大量增加。此外，随着科学技术的迅猛发展，现代化的办公设备、记录工具和复制手段大量应用于文件的制作领域，也使得文件的数量急剧增加。

（二）文件管理的出现及其专门化是文件生命周期理论产生的推动因素

文件管理指的是对进馆前的文件进行管理和控制。美国最早萌生了文件管理的思想，使之上升为一种专门的管理活动，并成为档案管理实践和档案学研究的组成部分。1941 年，美国国家档案馆率先设立了"文件管理项目"，用以监督指导各政府机关现行文件的立卷、归档和移交工作。1950 年颁布的《联邦档案法》成为文件管理的法律保障。从此，文件管理上升为一种专门化的管理活动，目的是帮助机关应对文件的"雪崩"现象，使文件在进入国家档案馆之前就得到有效的控制，从而确保馆藏档案的质量。

（三）文件中心的建立是文件生命周期理论产生的直接因素

文件中心是有别于欧洲一些国家登记室的一种新型文件管理机构，多属档案系统。登记室大多是机关的内部文件管理机构，文件中心往往独立于机关之外。文件中心建立的目的是使机关内大量已不常使用却未到销毁或移交年限的文件得到合理、有效的保管和处置。它一经产生，不仅很快在美国普及，而且成为其他国家效仿的榜样。西方档案学者正是为了挖掘文件中心的理论根源，走上了一条探索文件运动过程及其规律的研究道路，从而直接促成了文件生命周期理论的提出。

二、文件生命周期理论的基本内容

中外档案学者对文件运动过程及其特点变化所作的论述虽然纷繁复杂，但从中提炼出来的核心思想却是基本相同的。这些相同的核心思想就构成了文件生命周期理论的基本内容，主要可概括为三点：

第一，文件从其形成到销毁或永久保存，是一个完整的运动过程。

第二，由于文件价值形态的变化，这一完整过程可划分为若干阶段。

第三，文件在每一阶段因其特定的价值形态而与服务对象、保存场所、管理形式之间存在一种内在的对应关系。

以上共识也可称为文件生命周期理论的三个基本点。

（一）文件从其形成到销毁或永久保存，是一个完整的运动过程

文件运动现象如同生命现象一样，从其最初产生到最终归宿是一个完整的运动过程。文件生命周期理论从运动的角度出发，指出文件的生命过程往往是文件最初由形成者产生、保管和频繁利用，然后由于文件对形成者的偶尔作用或潜在历史价值送到机关内部的档案室或机关外的文件中心保存一定时期，最后当文件的现行业务价值完全丧失后，除将具有档案价值的文件移交到档案馆永久保存外，其他的一概销毁。这一发展过程是连续统一的，所谓现行文件和历史档案只是同一事物的不同运动阶段。

（二）由于文件价值形态的变化，这一完整过程可划分为若干阶段

1.文件的整体运动过程具有阶段性特征

文件生命周期理论认为，文件从形成到销毁或永久保存的整体运动过程并非一成不变的，相反，它呈现出明显的阶段性变化。尽管基于国情和文档管理体制的差异或观察问题的不同角度，中外对文件运动过程进行了略有区别的阶段划分：有的从文件运动形态的角度分为现行、半现行和非现行三个阶段；有的从文件保存场所的角度分为在承办单位存留、在中间档案馆存留和在总档案馆永久保存三个阶段；有的从文件运转流程的角度分为文件的产生办理、现行利用、过渡保存

和历史保管四个阶段；有的从文件管理程序的角度分为文件的形成、使用与维护、鉴定和选择、档案管理四个阶段等等。分法尽管不同，却共同反映出文件运动过程具有阶段性这一客观事实。

2. 文件运动过程的各阶段具有不同特点

如果将文件的运动过程统一划分为现行、半现行和非现行三个阶段，则各阶段各有其特点。现行阶段的特点是文件对机关的现行作用最为突出，机关需要频繁利用，一般保存在机关内部，服务对象以本机关为主。半现行阶段的特点是文件的现行作用开始衰退，利用率也逐渐降低，但服务对象仍以机关为主，此时需有一个场所来检验文件是否具有长远历史价值，过早销毁或向档案馆移交都不太适宜。非现行阶段的特点是文件对机关的作用基本丧失，其中大多数因没有历史价值而被销毁，少数具有长远历史价值的则需要永久保存，此时服务对象由机关扩展到社会各界，保存场所也转移至档案馆。

3. 文件阶段性变化的根本原因是文件价值形态的规律性变化

一般来说，文件的价值就是客体（文件）对主体（利用者，包括形成者和非形成者）需要的满足。美国著名档案学者谢伦伯格阐述的"双重价值"颇具经典性，他认为文件有两种价值：一是具有对形成机关的原始价值，二是具有对其他机关和个人利用者的从属价值，也统称档案价值。这两种价值形态主要是从利用者角度区分的，貌似简单，实质却相当深刻。我国多对应称为第一价值和第二价值。这两种价值形态在文件运动过程中的变化具有规律性，文件从产生起首先具有第一价值，然后才有第二价值，并且第一价值逐步减弱，第二价值逐步显现。

（三）文件在每一阶段因其特定的价值形态而与服务对象、保存场所和管理形式之间存在一种内在的对应关系

文件在每一个阶段的特定价值形态对应于不同的服务对象、保存场所和管理方式。第一价值决定了文件必然以形成机关为首要服务对象，当第一价值旺盛时，为了满足机关频繁的利用需求，文件适宜保存在机关内部，机关也愿意为此花费人、财、物等资源。随着第一价值

逐渐衰减，机关的利用需要逐渐淡化，此时机关便感到自行保管半现行文件的沉重负担，但半现行文件残留的第一价值使机关希望能有一种既能满足自身利用需求，又能检验文件是否具有第二价值的保管机构，国外的文件中心和我国的档案室都是这种过渡性机构。最后，第一价值丧失又没有第二价值的文件就被销毁，而显现出第二价值的文件则会冲破机关的限制，转而为社会各界服务，在更大范围内发挥作用，所以应将其作为档案保存在档案馆。

三、文件与档案的关系

文件与档案的关系属于档案学基础理论研究范畴。20 世纪 30 年代以来，我国近代档案学和现代档案学对此都有研究。20 世纪 80 年代后期，随着国外文件生命周期理论传入我国，档案学界对文件与档案关系的探讨不仅没有达成认识上的统一，反而呈现出多样化、复杂化的特点。

（一）近代档案学对文件与档案关系的认识

20 世纪 30 年代国民政府发起了文书档案改革运动，时任内政部次长兼任行政院效率委员会主任委员甘乃光是该运动的推动者。得益于这一运动的推动，一些以机关文书与档案管理为对象的文书学和档案学的著作得以出版，催生出了我国近代档案学[①]。当时的档案学者就对文件与档案的关系有所研究。

甘乃光认为："文书与档案本不能分，档案原为归档之文书，文书即未归档之档案，二而实一者也。"[②]

《档案管理与整理》一书在我国近代档案学的形成和发展史上占有特别重要的地位。何鲁成认为："实则文书与档案原属一物，所谓文书，所谓档案，仅以表示同一物之不同过程。"[③]

傅振伦认为："盖公文档案，本为一物。收到之公文，正在处

---

① 王茂跃.文件与档案关系的认识误区新探 [J].档案管理，2023（6）：31-36.
② 甘乃光.文书档案连锁办法之试验 [J].行政效率，1934（10）：423-429.
③ 何鲁成.档案管理与整理 [M].北京：中国档案出版社，1987：46.

理，尚未完结而未归档者，为公文；及办案结束归档储存者，方可称
为档案也。"① 龙兆佛认为："文书和档案只是表示一样东西的两个过
程。"②

这一时期，我国近代档案学者普遍认为文件与档案"二而实一者
也""本为一物""一样东西""原属一物"。

（二）20世纪50—60年代档案学界对文件与档案关系的认识

在 1951 年，我国档案界开展了关于档案与资料区分的重要讨论。
当时普遍认为："所有本机关工作的记录都属于档案范畴，不论其形
式是文件、报刊、统计图表还是录音、影片；反之，若非本机关形成或
经办的文件，即便其形式相同，也应视为资料而非档案。"③

随后，通过咨询苏联档案专家谢列兹涅夫，我们对档案与资料的
区分有了更深入的理解。谢列兹涅夫提出："机关收到的所有文件和
信函等都应被视为档案，档案与资料的区分不应基于文件的用途或使
用目的，而应基于档案是机关活动中形成的文件这一事实。"④

基于此，我国达成了共识："档案是机关、团体、企业和个人在工
作中形成的所有文件材料。这包括机关自身产生的文件以及收到的其
他机关的所有文件。"⑤

1962 年，中国人民大学历史档案系档案学教研室出版的《档案管
理学》教材，首次提出文件转化为档案的条件。书中指出，文件转化为
档案通常需要满足三个基本条件："第一，只有处理完毕的文件才可
能成为档案。第二，只有对日后工作和生产活动具有一定查考利用价
值的文件，才有必要保存为档案。第三，只有集中保存的文件才能最
终成为档案。"这表明档案是机关保存的、有价值的部分文件。

---

① 傅振伦，龙兆佛.公文档案管理法 [M].北京：中国档案出版社，1988：95.
② 傅振伦，龙兆佛.公文档案管理法 [M].北京：中国档案出版社，1988：95.
③ 裴桐.档案与资料的划分与整理 [C]// 中国档案馆.裴桐档案工作文集.北京：
中国档案出版社，1995：23-27.
④ 裴桐.档案与资料的划分与整理 [C]// 裴桐档案工作文集.北京：中国档案出
版社，1995：23-27.
⑤ 吴宝康.重新认识档案与资料的区分 [C]// 论档案学与档案事业.南京：南京
大学出版社，1988：7-11.

（三）文件生命周期理论传入后，档案学界对文件与档案关系的认识

20世纪80年代末，西方的文件生命周期理论引入我国。该理论根据文件的作用，将其分为现行文件、半现行文件和非现行文件。尽管国际上对何时将文件视为档案的看法不一，但无论现行文件还是非现行文件，档案都是文件的一部分。

在我国，文件与档案通常被视为两个并列的概念。然而，随着文件生命周期理论的传入，其对文件、现行文件、档案的定义与我国的概念产生了激烈碰撞。

吴宝康教授在1993年的文章中指出："文件与档案本质上属于同一事物，它们是同一事物发展过程中的不同阶段。"这表明吴宝康教授坚持认为文件与档案是同一事物的不同表现形式。[1]

在1993年，乔健教授对文件与档案关系的研究进行了深入总结。乔健教授指出："大多数研究者认为文件与档案处于不同的发展阶段，它们的性质和作用存在差异，因此应被视为两种不同的事物。然而，也有观点认为，鉴于文件和档案在内容和形式上完全相同，它们实质上是同一事物。"乔健教授认同第一种观点，即文件与档案是两种不同的事物。与此同时，陈作明教授则提出："当前档案界多数人认为文件与档案属于同一事物。"

此外，关于文件与档案的关系，学界还有多种不同的观点。

—— 一些观点认为"文件是档案的属概念"。

—— 有的认为"文件与档案实际上是同一概念"。

—— 一些比喻性的描述将文件与档案的关系比作"牛头"与"牛尾"。

—— 有的强调"文件与档案在本质上属性相同"。

—— 一些观点认为"档案主要是由文件转化而来"。

——也有观点指出"文件并非档案的唯一来源"。

---

① 吴宝康."文件生命周期理论"问题引起的若干思考[J].档案学通讯，1993（1）：9–12.

——一些学者认为"并非所有档案都源于文件"。

——有的认为"档案未必直接来自文件"。

——同时，也有观点认为"所有档案都是由文件转化而来"。

——另外，也有论述认为"档案来源于文件，档案实质上是由文件组成的"。

这些观点体现了档案学界对文件与档案关系的复杂性和多样性的认识。

第三章
档案现代化管理

第一节　档案信息化

自 20 世纪末以来，信息技术的飞速发展，特别是数字技术和网络技术的日新月异，正深刻地重塑着信息的收集、组织、管理、存储、传递和利用方式。这一变革广泛渗透至人类生活的方方面面及社会发展的各个领域，极大地推动了社会生产力的提升，为各项事业的发展提供了前所未有的机遇。面对信息化浪潮，我国档案事业需积极应对挑战，抓住机遇，将信息化作为发展的核心战略，旨在推动档案工作的全面现代化。

一、档案信息化概述

（一）信息化的概念

信息化是指社会经济结构从以物质与能源为重心向以信息与知识为重心转变的过程。在此过程中，信息技术和电子信息装备被广泛应用于经济和社会活动中，旨在更有效地开发和利用信息资源，进而推动经济发展和社会进步。信息化的进程是一个持续发展的动态过程，其内涵丰富，包括两个关键支柱、三个主要层面和四个显著特点（如表3-1所示）。

表 3-1　信息化的内涵特征

内涵	内涵特征
"两个支柱"	数字化：将现实世界中的各种模拟信息转变为以二进制代码表示的数字信息，供计算机处理和网络传输的过程
	网络化：信息化的手段，没有网络化，计算机终端就成为"信息孤岛"，难以提升数字信息的价值
"三个层面"	信息技术的开发和应用：这是信息化建设的技术基础。信息技术的开发和应用是信息技术与档案工作有机结合和融合的过程，直接影响档案信息化发展的效率和质量
	信息产品制造业的发展：包括计算机软硬件和网络产品的不断升级，为档案信息化平台建设提供了坚实的物质条件
	信息资源的开发和利用：档案信息资源是档案信息化管理和利用的对象，其本身的规模和质量，以及潜在和显性的价值，决定了档案信息化的效率和效益
"四个特点"	渗透性：信息化渗透并融入人类社会生活的各个领域，深刻地改变了人类的工作、学习、交流、生活等方式
	增值性：信息化实现了信息的增值，使信息转变为信息资源，进而转化为知识，通过网络共享广泛传播，提升了信息资源创造的社会价值和经济价值
	创新性：信息技术的应用带来了管理观念、理论、方法和手段的全面创新，推动了管理水平的提升
	带动性：信息化不仅提升了档案行政管理和业务管理的水平，还带动了整个档案事业的全面发展

（二）档案信息化的概念

档案信息化是指在国家档案行政管理部门的统筹规划和组织下，以档案信息资源建设为核心，以信息人才为依托，以法规、制度、标准为保障，全面应用信息技术生成、管理、开发利用档案的过程。这一过程涵盖了档案信息化工作、档案信息化建设、档案管理信息化、档案工作信息化等多个方面，体现了我国档案信息化的基本经验和规律。档案信息化具有以下内涵：

1. 由档案行政管理部门统筹规划和组织实施

档案信息化是全局性、系统性的工程，必须由各级国家档案主管部门统一规划，并进行宏观管理和监督指导。

2. 以档案信息资源建设为核心

从某种意义上说，档案信息化的核心目标是使档案信息"资源化"，即将档案信息转换为真正意义上的档案信息资源，应用信息技术，使档案信息媒体多元化、内容有序化、配置集成化、质量最优化、价值最大化。

3. 建立高素质的档案信息人才队伍

档案信息化是档案专业、信息专业和计算机专业的结合，属于技术和知识密集型专业。目前，档案部门缺乏档案专业和信息技术专业的复合型跨界人才，特别是中、高级信息技术专业人才，这已经成为制约档案信息化深入发展的瓶颈。

4. 在法规、制度、标准方面建立相应的保障体系

信息技术的应用必然向传统的保障体系提出全面的挑战。只有根据信息技术的特点和应用要求，不断制定和完善档案管理的法规、制度、标准，才能确保档案信息系统的科学建设和有效运行。

5. 全面应用现代信息技术

信息技术具有强大的潜能，只有全面、成功的应用才能真正转化为生产力。所谓全面应用，有三层意思：一是与档案工作有关的各个工作部门和人员都要参与应用，而不是仅靠档案业务人员应用；二是应用于档案全过程管理的各项业务，而不是只应用于单项业务；三是引进、消化、吸收各种先进、适用的信息技术，并不断跟踪和应用新兴的信息技术，使信息技术真正成为档案事业发展的不竭动力。

（三）档案信息化的意义与发展原则

1. 档案信息化的意义

（1）促进档案工作现代化

档案工作现代化指的是通过科学的方法和手段，高效管理档案，以提高工作效率、经济效益和社会效益。信息化建设推动档案管理在理念、资源、模式、技术和人员方面的现代化，全面优化档案工作的各个要素，提升管理水平。

（2）促进管理效率的提高

管理效率的提高意味着用更少的资源和时间完成更多高质量的工作。在信息化过程中，档案管理效率主要通过自动化和简化管理实现。一方面，自动化处理归档、存储、鉴定、统计等过程，减少手工劳动，提高效率。另一方面，数字化保护历史档案，减少对原件的损害，利用者可以查看数字版本，从而保护原件。

（3）促进服务水平的提升

服务水平的提升在于更好地满足用户多样化的信息需求。信息化使档案服务能够实现目录数据的一次输入、多次输出，从多个角度检索档案，满足用户多样化的需求。在网络环境中，档案信息服务更加主动，通过网站提供文字、图像、音频、视频等多种媒体形式，整合数字信息，使用户获取的信息更全面，服务手段和途径更为多样。

（4）促进交流与合作

档案信息化对档案工作者既是机遇也是挑战，要求档案工作者加强与外界的交流与合作。技术应用、系统设计和利用需求不断变化，新问题不断出现，档案界需要借鉴外部经验，交流心得，在理念、制度、方法和手段上寻求支持。

（5）促进人员素质的提高

档案信息化对档案人员的素质提出更高要求，有利于提升档案人员专业素质、信息素质和综合素养。从电子文件管理到数字档案馆建设，从支持业务流程到公共服务，档案工作者们在创新中拓宽视野、提升能力和更新观念。

2. 档案信息化的发展原则

档案信息化的意义深远，任务繁重，要实现其稳健快速的发展，需要坚持注重效益统筹规划、需求导向、保障安全的原则。

（1）注重效益

档案信息化的效益在于合理的投入产出比和成果的可持续性。历史已经出现的经验教训包括因格式选择不当导致电子文件无法阅读、对数字化对象选择不当导致资源闲置、多种档案管理软件互不联通等。因此，在资源有限且外部环境较好的情况下，通过科学规划、监控和审计机制，保证投入有效产出和档案信息化的可持续发展尤为重要。

（2）统筹规划

统筹规划是注重效益原则的必然要求。档案信息化是一个长期发展的系统工程，要素众多，投资不菲，为充分发挥各方面的积极性，避免重复建设和盲目建设，促进信息交换与共享，提高档案信息化的整体水平，需要对各阶段的目标、任务、措施进行总体规划和部署，分步实施，有序推进。

（3）需求导向

需求导向原则也是注重效益原则的要求。只有面向档案管理和开发利用的主要需求，解决工作中存在的实际问题，才能提高信息化项目的实际效果，实现合理的成本效益比，并有助于档案信息化的持续推进。从规划到实施，从法规建设到标准制定，从系统开发到资源构建，都应切实以需求为导向。

（4）保障安全

在电子环境中，档案安全不仅要防止泄密，还需防止数字信息丢失、失真和不可用。由于磁性、光学载体存储密度高，丢失一张光盘可能意味着上千份档案的丢失，因此，信息时代档案安全保护难度增加，需要健全法规、统一标准，强化安全保障工作，正确处理信息开放与保密的关系，全面维护数字档案信息资源的安全。

二、档案信息化建设的主要任务

（一）档案信息化基础设施建设

基础设施是档案信息化建设的物质要件，是档案信息资源开发利用和信息技术应用的前提。档案信息化基础设施的核心是信息技术和网络平台，充分利用信息技术和网络平台构建符合特定要求的档案信息系统，是档案信息化基础设施建设的重要内容。

档案信息化基础设施建设的主要内容有网络基础设施、数字化设备和数据存储介质三个方面。

1. 网络基础设施

在档案信息化建设中，网络基础设施扮演着至关重要的角色，它为档案信息的收集、管理、存储和传输提供了技术平台。网络基础设施有三个核心组成部分：服务器、终端设备和网络设备。

服务器是网络基础设施的核心，负责数据存储、管理和应用系统的运行。档案管理系统通常需要配置数据库服务器或文件服务器来处理庞大的目录和全文数据。对于涉及多媒体档案管理的系统，可能还需配置多媒体数据库服务器以提高性能。终端设备是用户访问服务器和进行档案信息处理的工具，包括输入设备如鼠标、键盘、手写板、麦克风、摄像头、扫描仪等，以及输出设备如显示器、音箱、打印机、传真机等。终端设备的选择应根据业务人员的具体工作要求来确定。网络设备包括用于网络连接、信号传输和转换的各类传输介质、集线器、交换机、路由器、光电转换器等设备。档案信息网络连接的范围应根据档案工作的内容、数据共享范围和密级程度来确定，通常分为内网、专网、外网和物理隔离网四个区域。内网是档案馆内部的局域网，专网用于档案形成单位与档案室、档案馆之间的连接，外网提供对外服务，物理隔离网用于存放和管理保密档案。以太网是档案馆（室）局域网中最常用的技术，它具有建设投资小、性能好、安装简单、互操作性强、数据传输速度快等优点。

2. 数字化设备

数字化设备是档案信息化建设的关键，它们直接影响到档案数字化的质量和效率。正确选择和管理这些设备，不仅能够提高档案工作的效率，还能够确保档案信息的安全和完整。随着技术的不断发展，未来的数字化设备将更加高效、智能，为档案信息化建设提供更强有力的支持，包括纸质档案、录音档案和录像档案的数字化设备。

（1）纸质档案的数字化设备

纸质档案作为档案馆藏的主要组成部分，其数字化是档案信息化的基础工作。纸质档案的数字化主要通过扫描仪完成，扫描仪的选择应基于档案的尺寸、质量和扫描速度的要求。

（2）录音档案的数字化设备

录音档案的数字化同样重要，它涉及将模拟声音信号转换为数字音频文件。这一过程需要使用录音档案的数字化设备，包括传统放音设备和模数转换设备。放音设备如开盘式放音机、盒带录音机等，必须能够输出电平信号。

（3）录像档案的数字化设备

录像档案的数字化是将模拟视频和音频信号转换为数字格式的过程。这需要一套完整的设备系统，包括放像设备、视频采集设备、编辑系统和存储设备。

3. 数据存储设备与数据备份

数据存储设备和数据备份是档案信息化建设中不可或缺的组成部分。正确选择存储介质、合理规划存储技术、制定科学的备份策略、选择适宜的存储格式以及有效实施格式转换，是确保档案数据安全、可靠和长期可用的关键。随着技术的不断进步，档案部门需要不断更新知识和技能，以适应新的存储和备份解决方案，保障档案信息化建设的顺利进行。

（1）数据存储介质

数据存储介质的选择直接关系到档案信息的长期保存和安全。目前主要的数据存储介质包括磁存储介质、光存储介质和电存储介质（如表3-2所示）。

表 3-2　数据存储介质介绍

介质 类型	实例	优缺点	适用范围
磁存储 介质	硬盘、磁带、磁盘阵列和磁带库等	在线存储介质，大容量、传输速度快；磁存储介质对磁场敏感，强磁场可能会导致数据损坏或丢失，磁存储介质的寿命有限，一般在3～5年	常用于数据备份
光存储 介质	CD、DVD和蓝光光盘等	光存储介质对电磁干扰不敏感，数据相对安全，且光盘小巧轻便，易于携带和存放； 与磁存储介质相比，光存储介质的读取速度较慢，尤其是在大数据量的读取操作中，光盘表面容易受到划伤和污染，影响数据读取	存储电子档案
电存储 介质	闪存盘和存储卡	电存储介质没有机械部件，不易受到物理损坏，抗震动能力强； 电存储介质的单位存储成本较高，特别是大容量的固态硬盘	适用于电子文件的快速传输和临时存储

（2）数据存储技术

数据存储技术是档案信息化建设中的关键环节，它关系到档案数据的长期保存、高效管理和安全使用。随着信息技术的快速发展，数据存储技术也在不断地演进和创新。直接存储技术依赖于物理存储介质，如硬盘和光盘，适用于本地数据存储。

① 直接存储技术

直接存储技术是最传统的存储方法，依赖于物理媒介如硬盘、固态硬盘、光盘等。它的优点在于数据的直接访问速度快，适合频繁的数据操作；缺点是扩展性有限，且物理媒介容易受到物理损坏。

② 网络存储技术

网络存储技术包括：直接附加存储，直接连接到服务器，作为服务器的扩展存储，适用于小型或单一服务器环境；网络附加存储，通过网络提供文件级存储，易于部署和管理，适合文件共享和分布式环境；存储区域网络，通过高速网络连接存储设备和服务器，提供块级存储，适用于大型数据中心和高性能计算环境。

③ 云存储技术

云存储技术能够通过互联网提供数据存储服务，具有高度的可扩展性、灵活性和成本效益。云存储可以实现数据的远程访问、自动备份和灾难恢复。

（二）档案信息资源建设

1.档案信息的数字化

档案数字化是指利用现代信息技术，将传统的纸质或其他形式的档案资料转换成数字格式，并进行存储、管理和利用的过程。这一过程不仅包括档案图像的扫描，还涉及档案信息的录入、处理和长期保存等多个环节。

（1）纸质档案数字化加工流程

纸质档案数字化是一个较为复杂的过程，其基本环节主要包括：档案整理、档案扫描、图像处理、图像存储、目录建库、数据挂接、数据备份等。

① 档案整理

在扫描前后，根据档案管理情况，按检查案卷文件及其目录数据质量、拆除装订、区分扫描件和非扫描件、页面修整、档案整理登记、装订等步骤对档案进行适当整理，并按需要做出标识。

② 档案扫描

用扫描仪对档案文件进行扫描是纸质档案数字化的主要环节。扫描技术是随计算机发展而出现的一种图像输入技术，它借助扫描仪将档案图文、照片等以像素组合的方式输入计算机，再由软件进行图像处理，生成数字化图像文件。

③ 图像处理

图像处理是图像扫描的后一道工序。通过图像数据质量检查、纠偏、去污、图像拼接、裁边处理、色彩调整等步骤，纠正档案文件原有的和扫描后的偏差，使扫描后的档案图文更为清晰、规范。

④ 图像存储

档案文件经过扫描和图像处理后必须以一定的方式存储，这一环节的主要任务是合理选择图像文件的存储格式和有效标识存储图像文件。

⑤ 目录建库

第一，数据格式选择。目录建库应选择通用的数据格式，所选定的数据格式应能直接或间接通过 XML 文档进行数据交换。

第二，档案著录。按照《档案著录规则》（DA/T18—2022）的要求进行著录，建立档案目录数据库，并录入档案目录数据。

第三，目录数据质量检查。不管是人工校对还是计算机校对，都要核对著录项目是否完整，著录内容是否规范、准确，发现不合格的数据应进行修改或重录。

⑥ 数据挂接

第一，汇总挂接。档案数字化转换过程中形成的目录数据库与图像文件，通过质检环节确认合格后，通过网络及时加载到数据服务器端汇总。目录数据库与图像文件应避免采用既慢又容易出错的人工挂接，尽量采用计算机批量自动挂接。

第二，数据关联。以纸质档案目录数据库为依据，将每一份纸质档案文件扫描所得的一个或多个图像存储为一份图像文件。

第三，交接登记。认真填写纸质档案数字化转换过程交接登记表，记录数据关联后的页数，核对每一份文件关联后的页数与档案整理、扫描时填写的页数是否一致，不一致时应注明具体原因和处理办法。

⑦ 数据备份

经验收合格的完整数据应及时进行备份。为保证数据安全，备份载体的选择应多样化，可采用在线、离线相结合的方式实现多套备份，并注意异地保存。备份数据也应进行检验，备份数据的检验内容主要包括备份数据能否打开、数据信息是否完整、文件数量是否准确等。数据备份后应在相应的备份介质上做好标签，以便查找和管理。填写纸质档案数字化备份管理登记表单。

（2）照片档案数字化

① 照片档案数字化的对象

照片档案数字化的对象分底片和照片两种。在有底片的情况下，应优先选择底片。因为底片扫描具有以下优越性：一是底片较正片具有更好的原始性和价值性；二是对底片直接进行数字化，工序更简单，操作更简便；三是传统摄影具有色彩还原真实自然、细节层次精致丰富的特点；四是许多具有档案价值的老照片都以底片方式保存；五是有些行业会形成大量底片档案，如医院的 X 光片，将其扫描成数字图像，有利于对底片档案进行计算机存储处理和传输。

② 照片档案的数字化方式

扫描仪扫描输入和数码相机翻拍录入是照片档案数字化所采取的两种主要方式。

扫描仪扫描输入是照片档案数字化最常用的方法，可以采用普通的平板扫描仪，也可以采用专用的照片扫描仪。与数码相机翻拍录入相比，扫描仪扫描照片操作简单，适用于各类照片档案的数字化处理。

数码相机翻拍虽然比较快捷，但要配置辅助照明设施，拍摄过程中对变焦、曝光等参数的要求较高，拍摄难度比想象中大。数码照片翻拍最好采用数码翻拍仪，靠手持数码相机拍摄图像，曝光难以掌握，图像也容易变形。

2. 电子文件归档与电子档案移交

（1）电子文件的概念

电子文件，又称数字文件，是在数字设备及环境中生成，以数码形式存储于磁带、磁盘、光盘等载体，依赖计算机等数字设备阅读、处理，并可在通信网络上传送的文件。电子文件是内容、结构和背景这三个要素的统一体。内容是指文件中所包含的表达作者意图的信息。结构是指文件内容信息的组织表达方式，分为物理结构和逻辑结构。物理结构是指文件信息存储于载体上的位置及分布情况。逻辑结构是指文件信息的内在关系，例如文件中的文字排列、章节构成、页码顺序、插图位置、附件等方面的信息。背景是指能够证明文件形成环境、形成过程、存在状态以及文件之间相互关系的信息，如作者、法人、文件生成的软硬件环境、文件状态改变的说明、相关文件名称及其关系说明等，是说明文件来源、证明其原始性的关键要素。

（2）电子文件的归档方式

电子文件归档按照不同情形可以具有多种归档方式，具体如表 3-3 所示。

表 3-3　电子文件的归档方式

分类依据	归档方式	归档方法	适用范围
归档电子文件的实际存储位置	物理归档	物理归档类似于纸质文件的实体归档，指把电子文件集中下载到可脱机保存的载体上，向档案部门移交的过程	对安全性要求高的电子文件
	逻辑归档	逻辑归档是指在计算机网络上进行，不改变原存储方式和位置而实现的将电子文件的管理权限向档案部门移交的过程	一般电子文件归档，需要档案部门加强安全检查和监督
归档电子文件的移交方式	在线归档	在线归档是指通过计算机网络，将电子文件及其元数据向档案部门移交的过程	必须在网络环境下进行，会受到网络带宽、速度等影响
	离线归档	离线归档是指将电子文件及其元数据存储到可脱机存储的载体上向档案部门移交的过程	当电子文件形成或归档管理机构没有电子文件和档案管理系统时，可采用离线归档方式

（3）电子文件的移交

我国电子文件的移交进馆还没有成为一种普遍的、常规的管理活动，2000 年后全国陆续开展的电子政务试点项目、电子文件中心建设、数字档案馆工程等开始了这方面的尝试，并取得一定的经验。

① 移交方式

电子文件的移交进馆主要有介质移交和网络移交两种，目前以介质移交为主。在政府专网已经建成运转的一些地方，则通过专网向档案馆移交电子文件。

② 移交时间

移交时间分为定期移交和实时移交两种。采取介质移交方式的，一般是定期移交，而通过网络移交电子文件的，则可实时进行。由于文件形成时间尚短，一般未满 10 年至 20 年的进馆时间规定，所以已经进馆的电子文件，其纸质复制件一般仍保存在原单位。

③ 移交要求

移交要求主要集中在格式、载体规格和元数据这三个方面。

格式指电子文件在移交时需要遵循特定的格式标准，以保证文件的兼容性和可读性，包括文件的存储格式、编码格式以及任何特定的元数据格式。

载体规格指电子文件需要存储在合适的物理载体上，以便于长期保存和物理保护。载体的选择应考虑到耐久性、稳定性和存储容量。常见的载体包括光盘、硬盘、固态驱动器等。

元数据是描述电子文件内容、结构和背景信息的关键数据。元数据应包括文件的创建时间、作者、版本、格式、大小等信息，以及任何相关的安全和访问控制信息。

④ 移交手续

移交双方应对移交文件及相关材料的数量、质量进行核对审查，并签字确认。

3. 档案数据库建设

（1）档案目录数据库

档案目录数据库是档案数据库的一种存在形式。档案数据库是将相关档案数据以一定的组织方式存储在一起的集合。档案目录数据库是将档案目录信息以一定的组织方式存储在一起的相关数据的集合。档案目录数据库的数据记录的来源主要是档案管理部门（包括文档中心、档案室、档案馆等）已收藏的档案资源。建立档案目录数据库是实现档案信息化管理的一项重要工作内容，它可以有效提高档案服务人员和档案用户对档案信息资源的检索效率，增强检索效果。档案目录数据库的数据记录由若干个数据字段组成，每个数据字段包括：字段名称、字段名、字段类型及字段长度等项目。

（2）档案全文数据库

档案全文数据库是存储、组织管理数字化档案信息的数据库系统，既包括档号、题名、责任者、正文、形成时间、密级、保管期限、载体、数量、单位、编号等著录信息，也包括档案的内容信息。档案全文数据库所管理信息的对象，不仅包括经数字化处理的传统馆（室）藏档案，而且包括以数字化形式直接生成的电子文件（档案），如各类文本、表格、图形、图像、音频、视频、数据库、网页、程序等。

（三）档案管理信息系统建设

档案信息化的实现需要借助先进、实用的档案管理信息平台，即档案管理信息应用系统。我国档案信息化起步以来，档案部门研制了大量的档案管理信息应用系统。由于各自分开建设，缺乏统一的规范，造成各信息应用系统的功能结构、数据结构、性能结构各异，影响档案信息资源互联共享，增加了系统使用和维护的成本，迫切需要在统一规划、规范的指导下进行系统整合，使档案管理信息系统建设走上集约化、集成化发展的轨道。

档案管理信息系统是指各机关、团体、企事业单位和各级各类档案馆用于对档案信息和档案实体进行辅助管理的各种类型的计算机应用软件系统。

由于档案工作职能包括对档案的宏观管理和微观管理两方面内容，因此，档案管理信息系统也相应分为两大类。一类是档案宏观管理信息系统，用于辅助档案工作者对整个档案工作的管理。档案宏观管理信息系统又称档案行政管理系统，这类系统的建设主体主要是各级档案行政管理部门。另一类是档案微观管理信息系统，又称为档案管理业务系统，用于辅助具体的档案管理业务工作，包括档案的收集、整理、鉴定、保管、统计和利用等，这类系统的建设主体主要是各级各类档案馆（室）。

  档案管理信息系统的开发是在档案信息化规划和规范指导下，按照特定的档案管理需求，应用先进、实用的计算机软硬件和网络技术，研制档案信息管理应用系统的过程，其主要任务是研制档案管理应用软件。《档案管理软件功能要求暂行规定》规定："档案管理软件应具备数据管理整理编目、检索查询、安全保密、系统维护等基本功能，并能辅助实体管理及根据用户特殊需求增加其他相应功能。"其功能结构要求如图 3-1 所示。

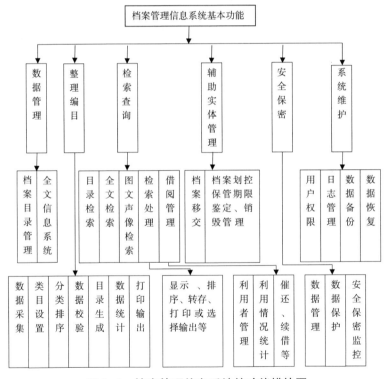

图 3-1　档案管理信息系统的功能模块图

三、档案信息化建设保障体系

  档案信息化是一项开拓创新的事业，需要一系列相互作用、协调配套的支持条件，即档案信息化的保障体系。档案信息化保障体系主要包括宏观管理体系、制度标准体系、安全控制体系、人才队伍体系和信息技术体系。

（一）宏观管理保障体系

宏观管理保障体系是确保档案信息化建设顺利进行的关键因素，它涉及档案信息化的总体规划、组织协调、标准规范制定、信息安全管理等多个方面。

1. 档案信息化规划

作为宏观管理的首要环节，档案信息化规划需要明确发展目标、主要任务、实施步骤和保障措施。规划应具有前瞻性、系统性，并与国家信息化发展战略相协调。

2. 档案信息化组织

强有力的组织结构是实施档案信息化规划的基础。需要建立专门的领导小组或工作机构，负责信息化项目的推进、监督和协调。

3. 标准规范建设

制定和实施统一的标准规范体系，是保证档案信息化工作有序进行的前提。包括档案管理标准、技术标准、数据交换标准等，以确保不同系统和平台之间的兼容性和互操作性。

4. 信息安全保障

信息安全是档案信息化的重中之重。需要建立完善的信息安全管理体系，包括安全策略、安全技术、安全审计和应急响应机制，以保护档案数据不受威胁。

5. 监督和评估

建立有效的监督和评估机制，定期对档案信息化建设的进展、效果进行评估，确保各项任务的顺利完成。

通过宏观管理保障体系的建立和完善，可以为档案信息化建设提供坚实的基础和保障，促进档案事业的持续、健康、快速发展。

（二）标准规范保障体系

标准规范保障体系是档案信息化建设中不可或缺的组成部分，它为档案信息化提供了统一的操作规范和执行标准，确保了档案信息资源的科学管理、有效利用和长期保存。标准规范保障体系包括以下几点主要内容。

1. 管理性标准规范

涉及档案信息化的组织管理和人员管理，确保档案信息化建设工作的有序进行。包括档案工作人员管理标准、软件设计人员管理标准、用户管理标准等，明确各方职责和任务。

2. 业务性标准规范

针对档案信息化及电子档案业务处理的规定，旨在统一业务操作行为，解决业务流程中的不统一问题。涵盖术语标准、信息采集标准、信息管理标准、信息利用标准和信息存储标准等。

3. 技术性标准规范

关注档案信息化及电子档案管理中技术应用的规定，确保技术应用适当，避免质量问题。包括硬件基础设施建设技术标准、软件系统工作平台技术标准、数据存储压缩格式规范、数据长期保存格式规范、数据加密算法规范等。

4. 评价性标准规范

提供对档案信息化及电子档案管理成果和效用进行评判的指标体系，包括档案信息系统的研制、档案信息资源的开发和利用、信息安全、信息技术应用的程度和深度、信息化人才开发、信息化的组织和控制、信息化的效益等评价标准等。

（三）信息安全保障体系

档案信息安全，是指构建动态的档案信息安全保障体系，确保档案信息的真实性、完整性、保密性、可用性、可控性。要保证档案信息的安全，就必须考虑到硬件、软件、数据、人员、物理环境、人文环境等多方面要素。档案信息系统的复杂性、开放性及面临威胁的多样性，决定了其安全防护是一项整体性的、综合性的系统工程。

档案信息安全保障体系由档案信息安全法律法规体系、安全管理体系和安全技术体系三部分组成。

1. 安全法律法规体系

信息安全首先需要建立档案信息安全法律法规体系，做到有法可依。该法律法规分布于档案专业的内部和外部。内部有涉及安全问题的档案法律法规，包括《中华人民共和国档案法》《全国档案信息化建设实施纲要》《电子文件归档与管理规范》等。外部有涵盖档案管理的信息安全法律法规，这些综合性的信息安全法律法规为档案信息安全提供了基本的法律规范，也应列入档案信息安全法律法规知晓和执行的范畴，同时，对制定和完善档案信息化的专门法律法规具有依据和参考价值。

2. 安全管理体系

档案信息安全是基于技术的管理工程。从管理层面上讲，就是要确保档案信息的安全，必须在风险分析的基础上确立档案信息安全的策略、方针和目标，成立相应的管理机构，确立合理的管理机制，制订安全管理计划，分解安全管理职责，执行安全管理制度和管理标准，建立并实施完善的档案信息安全体系。

3. 安全技术体系

目前，档案信息安全的技术方面涉及物理安全技术、网络安全技术、数据安全技术、终端安全技术、内容安全技术，确保档案数据的真实性、完整性、保密性、可用性和可控性。

（1）物理安全技术用于保护档案信息系统的物理设备免受自然灾害和人为破坏。

（2）网络安全技术包括防火墙、入侵检测系统、网络监控等，保护网络不被外部攻击和内部滥用。

（3）数据安全技术包括数据加密、访问控制、数据备份与恢复、数据完整性校验等。

（4）终端安全技术用于保护用户终端设备，防止恶意软件和病毒感染。

（5）内容安全技术用于监控、过滤和控制通过网络传输的内容，防止敏感信息泄露。

（四）人才队伍保障体系

档案信息化建设的人才队伍至少需要以下三种类型的专业人才，特别需要兼备两种以上特质的跨界复合型人才。

1. 研究型人才

档案信息化需要科学的理论指导，没有理论指导的实践是盲目的实践，脱离实践的理论是空洞的理论。研究型人才是理论的探索者和实践的导向者，其主要责任是：研究档案信息系统建设的理论；探索电子文件归档管理和电子档案科学保管、远程利用的方法；研究新技术、新方法在档案领域的应用等。

2. 管理型人才

档案信息化是复杂的系统工程，需要实行严格的目标管理和精细的过程控制。管理型人才的主要责任是：掌握国内外档案信息化建设的现状、经验教训、发展趋势；制定切实可行的档案信息化战略规划和实施方案；制定相关的管理办法和标准；组织、指挥、督促、指导本地区及本单位的档案信息化工作；有效筹集和合理使用信息化建设资金等。

3. 操作型人才

档案信息化涉及的环节多、操作性强，需要一大批既懂档案管理业务，又熟悉计算机操作技能的操作型人才。这类人才的主要责任是：应用计算机网络技术从事档案数据积累、归档、组卷（组件）、分类、编目、扫描、保管、鉴定、检索、数据备份等操作，他们的工作重复、枯燥，容易因疲劳、烦躁而出差错，但这一环节直接关系档案信息资源的安全、质量和价值。

（五）信息技术保障体系

当前时代正面临新一轮信息技术革命的浪潮，为了更好地抓住信息技术革命的先机，紧密跟踪、研究和自觉应用新一代信息技术，需要增强对新技术发展和应用趋势的认识，简要归纳为移动化、融合化、虚拟化、依存化。

1. 移动化

随着移动设备的普及和无线网络技术的发展，信息处理和传播变得更加便捷。移动化不仅改变了人们获取信息的方式，也对档案信息的收集、存储和利用提出了新的要求。

2. 融合化

技术融合是指不同技术领域和应用之间的界限变得模糊，多种技术相互结合，形成新的应用和服务。例如，云计算、物联网、大数据等技术的融合，为档案信息化提供了全新的解决方案。

3. 虚拟化

虚拟化技术通过模拟物理设备和资源，允许更灵活、更高效地管理和使用资源。在档案信息化中，虚拟化可以提高存储效率，降低成本，并支持更复杂的数据处理和分析。

4. 依存化

依存化强调的是信息技术之间的相互依赖性。随着技术的发展，各种新技术之间需要相互配合，共同发挥作用。档案信息化建设需要考虑不同技术之间的协同和集成，以实现最佳的系统性能和服务效果。

第二节　数字档案馆（室）

一、数字档案馆（室）概述

（一）数字档案馆（室）的概念与特征

1. 数字档案馆（室）的概念

2014 年国家档案局发布的《数字档案室建设指南》指出："数字档案室是指机关在履行职能过程中，运用现代信息技术对电子档案和传统载体档案数字副本等数字档案信息进行采集、整理、存储、管理，并通过不同类型网络提供共享利用和有限公共档案信息服务的档案信息集成管理平台。"

数字档案馆（室）不是一种物理存在的实体，而是利用网络技术，将分布于不同档案机构的数字化档案信息资源，以网络化方式加以互相联结，提供及时利用，实现档案信息资源共享。其实质是形成一个有序的信息空间和资源共享的信息环境。

2. 数字档案馆（室）的特点

（1）数字档案信息资源的海量与异构性

作为容量巨大的数据仓库，数字档案馆（室）包括大量不同来源、不同格式、不同技术标准的电子文件和数字档案，其中相当一部分是非结构化数据，因此设计系统时要借助元数据著录标准，实现高效的存储与检索。

（2）档案信息传递的网络化

网络化是数字档案馆（室）的重要特征，数字档案馆（室）可以借助网络向用户提供 24 小时不间断的远程服务，从而降低了档案信息获取的成本，扩大了档案信息资源的利用范围，提高了档案信息资源的利用效率。

（3）数字档案馆（室）之间的互联性

在网络环境中，数字档案馆（室）不局限于一馆资源，还可以与其他数字档案馆（室）与电子文件中心相互连接，形成"数字档案馆（室）"群，实现资源互通共享。

（二）数字档案馆（室）的组成要素

1. 数字档案信息资源

数字档案信息资源是数字档案馆（室）管理的对象，其来源包括电子文件归档、传统载体档案的数字化副本、馆际共享档案信息以及企业、社会机构或个人委托管理的数字档案资源。

2. 计算机信息系统

数字档案馆（室）信息系统是一个包含多个子系统的复杂系统，具体包括档案馆（室）管理子系统、电子公文归档子系统、档案资料管理子系统、决策支持子系统、财务子系统、网站子系统等。其中，档案资料管理子系统又包括数字化扫描子系统、数据库或数据仓库子系统、知识管理子系统、检索子系统、安全子系统、元数据管理子系统、互操作平台子系统、内容管理子系统、客户关系管理子系统等等。

3. 网络基础设施

网络基础设施是数字档案馆（室）得以运行的重要条件。数字档案馆（室）的网络基础设施包括局域网、电子政务内网、电子政务外网以及互联网。档案馆局域网主要用于档案馆（室）内部的行政管理、档案整理与检索利用等。为保证涉密电子文件与数字档案的安全，政务内网与政务外网间物理隔离，在互联网网站上发布的则主要是开放档案的信息内容。

4. 法规与标准

作为新兴的档案管理模式，数字档案馆（室）法规与标准的建设十分重要。各国数字档案馆（室）的发展都是在国家法律法规和政策的推动下得以实现的。标准的制定，对于数字档案馆（室）系统的网络布局、硬件购置、软件开发、资源管理、互联互通与安全保密等有着十分重要的意义。标准化意味着提高不同信息系统之间的匹配能力和互联能力，减少由于标准不统一所带来的技术障碍和管理成本。

5. 人员、资金和办公设施

人员、资金和办公设施是任何一个社会功能单位正常运转必不可少的条件。就数字档案馆（室）系统而言，人员主要包括数字档案馆（室）管理人员和用户。充足的资金投入是保证项目成功实施和顺利运行的基本条件。目前看来，数字档案馆（室）项目的经费来源以政府投入为主，辅之以少量的企业、社会团体或个人捐赠。

（三）数字档案馆（室）的功能

数字档案馆（室）的功能可以分为数字档案管理功能与社会功能两大类。

1. 数字档案馆（室）的档案管理功能

就近些年档案学界研究观点与数字档案馆（室）建设经验而言，可以将数字档案馆（室）的档案管理功能归纳为：

（1）归档电子文件的鉴定与接收；

（2）标准与业务规范的制定，对电子文件形成机构以及电子文件中心进行业务指导；

（3）数字档案的组织管理，包括数字扫描、元数据著录与标引、全文标引、统计管理、开放鉴定等；

（4）数字档案的提供利用，包括机读目录检索、全文检索、网站内容管理、资源共享等；

（5）安全维护，包括资源备份、用户权限管理、信息加密、系统安全防护；

（6）档案数据挖掘与决策支持。

2. 数字档案馆（室）的社会功能

数字档案馆（室）是信息社会档案馆（室）新的存在形式，它的社会功能与传统档案馆（室）没有太大的区别。由于信息网络技术的广泛应用和档案信息资源的空前丰富，它发挥作用的范围更广，效率更高。可以归纳为：

（1）保存信息社会的人类记忆；

（2）保管电子法律凭证；

（3）作为政府信息公开的重要途径；

（4）为科学决策提供数据支持。

二、数字档案馆（室）建设

（一）数字档案馆（室）建设原则

数字档案馆（室）建设应遵照"统筹规划、循序渐进，项目带动、重点突破，需求导向、保证安全，合理适用、稳步实施"的原则，积极推进，务求实效。

1. 统筹规划、循序渐进

应当根据各级政府电子政务建设整体框架和基本要求，及时将数字档案馆（室）建设与区域电子政务和信息化建设相衔接，综合考虑自身信息化发展水平、技术力量、资源规模、基础工作水平、资金投入等因素，确定总体布局和实施步骤。

2. 项目带动、重点突破

实施项目带动战略，支撑和带动数字档案馆（室）整体建设和发展。将数字档案馆（室）建设分成若干子项目，以项目带动数字档案馆（室）建设及推进各项工作的开展，有利于获得政府和有关部门的重视和投入，有利于集中人力物力有针对性地重点解决数字档案馆（室）建设中的核心问题。

3. 需求导向、保证安全

数字档案馆（室）建设应以需求为导向，着眼于党政机关、社会公众在线利用数字档案信息资源的需求，推动档案信息资源的共享。应当按照信息安全等级保护的要求，采取相应的安全保障技术方法，配备必要的软硬件设施，建立健全安全管理制度，完善灾难恢复服务机制，确保数字档案馆（室）建设和运行的安全。

4. 合理适用、稳步实施

要重视前期调研，进行可行性研究，结合本部门业务工作实际，提出创新性高、应用性强的功能需求，以确保系统开发和项目建设的合理性、适用性。在项目实施过程中，档案部门的业务人员应全程参与，及时研究和发现问题，纠正偏差。重大项目应当按照信息系统建设规范要求引入监理机制，对项目质量、进度、投资、安全等方面进行全程监理。

（二）数字档案馆（室）建设内容

数字档案馆（室）建设是一项系统工程，包括应用系统开发和服务平台构建、数字档案资源建设、保障体系建设，需要公共档案馆（室）、信息化部门、业务部门和保密单位共同参与实施。

1. 应用系统开发与服务平台构建

（1）应用系统开发

数字档案馆（室）的应用系统一般指数字档案管理系统软件，其建设往往由软件开发公司实现。应用系统的开发应当遵循整体性、开放性、稳定性等原则，鼓励软件开发公司应用先进技术手段对"收集、管理、保存、利用"功能模块或子系统进行专业深度扩展、创新开发。同时，对于档案部门，鼓励各地区统一开发或购置成熟的数字档案管理系统软件，减少重复开发，降低应用成本。

（2）服务平台建设

数字档案馆（室）网络架构一般应面向不同对象、立足现有不同网络，构建三个服务平台，并提供相应层级的数字档案信息资源利用共享服务。数字档案馆（室）应根据不同服务对象和不同档案开发范围建立相应的服务平台，主要包括：基于局域网面向档案馆工作人员和来馆利用档案人员的馆内档案利用服务平台；利用当地政务网建设的面向本级党政机关各立档单位的电子文件归档和档案信息共享平台；利用公众网建设的面向广大社会公众和进行馆际交流的公共档案信息服务平台。

2. 数字档案资源建设

数字档案资源建设是数字档案馆（室）建设的核心内容，也是一项经常性的业务工作。数字档案资源建设包括电子文件接收、传统载体档案数字化转换、建立各类资源库等内容。

（1）电子文件接收

电子文件接收应当根据档案接收范围，建立电子文件接收进馆制度和机制，配备必要的技术手段，从源头上保证数字档案信息的真实、完整、可用，加强对电子文件形成及其整理、归档、移交的监督指导，包括确定归档范围规范、进行质量检查、开展技术服务等。同时，电子文件的接收与管理需要遵守以下标准规范：《电子文件归档与管理规范》（GB/T 18894—2016）、《公务电子邮件归档管理规则》（DA/T 32—2021）、《文书类电子文件元数据方案》（DA/T 46—2009）。

（2）传统载体档案数字化

传统载体档案数字化是现阶段数字档案资源建设的一个重要途径。数字化加工一般采取自主加工和委托加工两种方式进行。自主加工是档案馆（室）自行配备数字化加工设备，自行组织人力开展数字化加工。这一模式适用于少量重要、核心档案的数字化加工。委托加工是将适应数字化的档案委托专业公司实施加工，这一模式的效率相对较高，投资相对较少，普遍适用于各类档案的数字化加工。档案馆（室）所委托加工的公司必须是具有相关保密资质的专业公司。

（3）建立数字档案资源库

建立数字档案资源库运用计算机及其相关技术设备管理数字档案信息，当前一般采取数据库技术方法进行，一般包括目录数据库或元数据库、内容数据集等。目录数据库是数字档案资源管理的基础，它是将反映数字档案特征的规范数据，依照一定的字段要求存入计算机中，通过系统排序等的处理，形成由计算机检索的目录数据体系。保存数字档案元数据是保证数字档案可靠和可用的一项重要措施，元数据采集方式主要是通过对电子文件或数字档案的背景、结构和管理过程信息进行自动生成和适当人工添加。内容数据集是数字档案资源建设的主体，它是通过数据库、数据仓库等技术方法将档案全文按照一定的分类、排序方式排列形成的集合。

3. 保障体系建设

（1）安全保障体系

安全保障体系建设是数字档案馆（室）建设的基础工作，数字档案馆（室）的安全包括数字档案数据的安全和信息系统及其网络平台的安全。数据安全就是要保证数字档案信息的可靠、可用、不泄密、不被非法更改等，系统及其网络平台安全就是要保持系统软硬件的稳定性、可靠性、可控性。

（2）标准规范建设

严格遵照信息化和档案管理方面的法规和标准是实现数字档案馆（室）各项功能的必要前提。数字档案馆（室）建设要严格遵守国家及行业相关规章制度和技术标准。各地在建设数字档案馆（室）的过程中，具体技术应用或工作流程如果尚无上述相关标准规范，可以向国家档案行政管理部门提出相关标准规范修订建议，或根据本地区实际情况制订相关地方标准或企业标准，并积极上报有关部门，争取上升为行业标准或国家标准。

第二篇

高校附属医院档案管理理论篇

第四章
高校附属医院档案及档案管理工作

第一节　高校附属医院与其档案管理工作概述

高校附属医院是由大学或高等教育机构拥有、管理或合作管理的医疗机构，提供综合性医疗服务、医学教育、科学研究和社会服务等功能。这些医院除提供医疗服务外，通常还承担医学教育和科学研究的任务。高校附属医院按照权属结构划分，可以分为直属型和非直属型两类；按照科室和专业划分，可以分为综合型和专科型。

高校附属医院起源于19世纪末20世纪初的欧美国家，最初是为了培养医学人才而设立的。随着医学科技的不断进步和高等教育的发展，高校附属医院逐渐成为集医疗、教学、科研于一体的综合性医疗机构。在20世纪中期，随着我国高等教育的蓬勃发展，高校附属医院也逐渐兴起。如今，高校附属医院已经成为我国医疗卫生事业的重要组成部分，为社会提供高质量的医疗服务，同时也为医学教育和科研作出了重要贡献。

高校附属医院既是医学教育的重要基地，也是医学科研的重要平台，同时还承担着为社会提供优质医疗服务的重任。因此，高校附属医院在促进医疗卫生事业的发展、推动医学教育和科研的进步等方面发挥着重要的作用。

一、高校附属医院管理模式

目前，国内高校与其附属医院间的关系大致可以分为两种：直属附属医院、非直属附属医院。

（一）直属附属医院

直属附属医院是高校的组成机构，由高校相应的职能部门对直属附属医院的人事、财政、医学教育、科学研究、临床医疗等事务实行垂直管理，医院全面参与学校的临床教学工作。由于体制改革的具体情况不同，高校直属医院在组织构架上可以分为三级管理结构（高校—医学部—附属医院）和二级管理结构（高校—附属医院）。

（二）非直属附属医院

非直属附属医院是我国附属医院在医学教育功能上的重要补充，医院原有隶属关系、管理体制、人员编制、服务对象不变，而医院的教学、科研、人才培养、学科建设、继续教育等工作纳入高校管理体系。非直属附属医院属于既具有直属医院的基本条件和功能，但又没有隶属关系的校外临床教学基地、医学科研中心，以及医学人才培训基地。医院与高校的合作关系是友好协商下签署的新型教学协作关系。

二、高校附属医院档案管理组织架构

在高校附属医院中，档案管理不仅是对医院历史、医疗技术、医学教育、科研成果等信息的记录与保存，更是医院各项业务活动的重要支撑。因此，构建科学、高效、规范的档案管理组织架构对于医院的长期发展至关重要。

从总体上看，高校附属医院档案管理组织架构应体现出系统性、专业性和信息化三个核心特点。系统性体现在档案管理的各个环节之间需要紧密相连，形成完整的管理闭环；专业性则要求档案管理部门具备专业的知识和技能，能够高效、准确地完成档案管理工作；信息化则是利用现代信息技术手段，提高档案管理的效率和水平。

以下是对高校附属医院档案管理组织架构的详细阐述：

1. 管理层

管理层是医院档案工作的最高决策机构，负责全面指导和管理医院的档案工作。管理层负责制定档案管理的总体方针、政策和制度，确保档案管理工作与医院的战略发展相协调。同时，管理层还需对档案管理工作进行监督和检查，确保各项制度和政策的有效执行。在管理层的引领下，档案管理工作能够更好地服务于医院的各项工作，为医院的发展提供有力支持。

2. 档案管理部门

档案管理部门是高校附属医院档案工作的业务主管部门，通常设立综合档案室来承担具体的管理工作。综合档案室作为高校附属医院档案工作的核心机构，需要制定详细的档案管理规章制度，明确各类档案的收集、整理、鉴定、保管和利用等各个环节的具体要求。同时，综合档案室还需要对下属立档单位以及各部、处、室、馆、所、系的档案工作进行业务指导、监督和检查，确保医院档案工作的规范性和一致性。

3. 科室 / 部门

各科室和部门是高校附属医院档案工作的具体执行者。为了确保本科室和部门档案的完整性和规范性，各科室和部门应设立兼职档案员，负责本科室和部门档案的收集、整理和移交工作。兼职档案员需要接受档案管理部门的业务指导和监督，确保档案工作的专业性和规范性。各科室和部门的兼职档案员需要明确自己的职责，及时收集本科室和部门在工作中形成的各类档案，如医疗档案、行政档案、教学档案等，并按照档案管理部门的要求进行整理、分类和移交。

4. 信息化部门

随着信息技术的不断发展，电子档案管理已经成为高校附属医院档案管理的重要组成部分。因此，医院应设立或指定专门的信息技术部门负责档案管理的信息化建设和技术支持工作。该部门负责建立和维护电子档案管理系统，推广电子签名和数字认证技术等信息化手段，提高档案管理的效率和水平。通过信息化手段的应用，医院档案管理工作能够更加便捷、高效地服务于医院的各项工作。

总的来说，高校附属医院档案管理组织架构的完善与合理是保障医院档案工作顺利进行的基础。在管理层的引领下，档案管理部门、各科室和部门以及信息化部门共同努力，形成了一个高效、规范的档案管理体系。这一体系不仅为医院的教学、科研和医疗工作提供了有力的档案支持，还为医院的战略发展提供了有力保障。未来，随着医院各项工作的不断发展，档案管理组织架构也将不断完善和优化，为医院的可持续发展提供更加强有力的支持。

三、高校附属医院档案

高校附属医院的各类档案，是指过去和现在医院和个人从事医疗、教学、科研、财会、外事、党政管理、基建等活动直接形成的对医院和社会有保存价值的各种文字、图表、声像等不同形式的历史记录。它反映医院建立、建设与发展的历史过程，是医院全体医护员工劳动成果和智慧的结晶，对于评估医疗、教学质量，评价科研成果、考核干部和医护员工，衡量管理水平及修史编志具有重要参考作用。

高校附属医院档案的定义具有以下内涵：

1. 档案是高校附属医院组织或个人在其社会实践活动中直接形成的

高校附属医院的"社会实践活动"即从事医疗、教学、科研、财会、外事、党政管理、基建等活动，离开这些实践活动，档案便无法产生。这些社会实践的多样性和"直接形成"的形成特征决定了档案的广泛性、复杂性，档案种类的多样性、丰富性和档案内容的客观真实性。

2. 档案是历史的原始记录

高校附属医院档案最核心的特征之一即原始记录性，是在从事医疗、教学、科研、财会、外事、党政管理、基建等活动中直接产生的第一手资料。

3. 档案信息的记录方式和载体是多样的

档案信息的记录方式和载体是构成档案的两个基本要素。在高校附属医院档案的定义中可见其形式具有多样性，例如文字、图表、声像等。档案信息的记录方式和载体的发展变化与革新，标志着高校附属医院档案和档案工作发展的不同阶段、不同水平。

四、高校附属医院档案管理工作

从广义上看，除开档案主管部门主导的档案行政管理工作，高校附属医院档案工作包括档案业务管理、档案教育、档案科研、档案宣传和档案国际合作与交流工作，但在实际工作中，高校附属医院档案工作主要集中于档案业务管理工作。高校附属医院的档案业务管理工作，是指对医院在医疗、教学、科研、管理等各项活动中形成的具有保存价值的各种形式、载体的历史记录进行收集、整理、鉴定、保管、统计和提供利用的服务工作。这些档案不仅是医院自身运营和发展的宝贵财富，也是医学研究和教育的重要资源。

高校附属医院档案管理工作具体包括以下内容：

1. 收集

档案收集工作是高校附属医院档案工作的重要基础，它直接关系到档案工作的质量和效率。通过系统的档案收集，医院日常运营中产生的各类宝贵信息，如医疗记录、教学资料、科研文档及管理文件等，都能被有效集中并妥善保存。这一流程确保了医院档案的全面性和价值性，为医院的决策制定、管理优化及科研创新等活动提供了坚实的信息支撑。

2. 整理

档案整理工作是确保高校附属医院档案有序、规范、高效管理的关键步骤。在此过程中，收集到的档案将经过严格的分类、编号、立卷、装订、编目等一系列精细化处理，旨在确保档案的有序性、完整性和检索的便捷性，从而支持医院管理、科研及教学等各项工作对准确、及时信息的需求。

3. 鉴定

高校附属医院档案鉴定工作是一项重要而细致的任务，它涉及对医院档案的真实性、完整性、有效性等进行全面的评估和认定。鉴定工作分为归档时期的价值鉴定和到期存毁鉴定。前者主要判定文件是否归档、存档的保管期限，后者则做是否继续保存或销毁的判断。这一流程有助于优化档案存储空间，提高档案管理效率。

4. 保管

高校附属医院档案保管工作至关重要，它负责保管医院在日常运营中形成的各类档案，为其提供安全、稳定的存储环境，确保它们在保存过程中不受损害。这些档案是医院历史的见证，也是医院决策、管理和科研的重要依据。档案保管工作确保档案的完整、真实和可用，为医院的持续发展和学术进步提供了坚实的信息支撑。

5. 统计

高校附属医院档案统计工作致力于对医院档案进行全面、系统的数据整理与分析。通过对档案数量、种类、使用频率等的统计，为医院管理提供数据支持，帮助优化资源配置。这项工作有利于提升档案管理的效率，也为医院管理和决策提供有力的数据支撑，是医院管理科学化、规范化的重要环节。

6. 编研

高校附属医院档案编研工作是对医院历史、医疗技术、科研成果等档案信息进行系统整理、分析和研究的过程。这项工作旨在深入挖掘档案资源的价值，为医院的教学、科研和医疗服务提供有力支撑。通过编研，可以形成一系列具有参考价值的编研成果，如医院年鉴、组织机构沿革和干部任免汇编等专题汇编，为医院的发展提供宝贵的历史借鉴和决策依据。

7. 检索

高校附属医院档案检索工作是高效管理医院档案资源的关键环节，是对医院内各类档案信息进行有序管理和高效查询的过程。通过构建完善的档案数据库和检索系统，能够确保医务人员、研究人员和管理人员迅速、准确地获取所需档案信息。这一工作不仅提高了档案利用效率，也为医院的日常运营和学术研究提供了强有力的支持。

8. 利用

高校附属医院档案利用工作旨在充分发挥档案信息的价值，通过为医院内部员工、外部研究人员和公众提供便捷、精准的档案查询和利用服务，促进医院的教学、科研、管理和临床工作的优化与提升。通过科学的档案管理和高效的利用流程，有助于促进医学知识的传播和应用，推动医学研究和教育的发展。

第二节　高校附属医院档案的种类

按照内容性质、形成领域和载体形式，高校附属医院档案的种类丰富多样。高校附属医院档案的每一类都承载着医院运营、教学、科研和管理的特定信息。

一、医疗档案

医疗档案是指医疗机构在诊断、治疗、护理等医疗活动过程中产生的，与患者健康状况和医疗服务相关的，具有保存价值的各种形式、载体的历史记录。这些档案不仅包括了纸质文档，也涵盖了电子病历、影像资料等多种形式。随着医疗活动的不断增加和医疗技术的进步，医疗档案的数量也在不断增加，种类也日益丰富。除了传统的纸质病历外，电子病历、影像资料等也逐渐成为医疗档案的重要组成部分。

医疗档案的内容主要包括：患者基本信息，如姓名、性别、年龄、联系方式、身份证号码等；诊疗记录，包括就诊日期、科室、主诉、症状、体征、诊断结果、治疗方案、用药情况、手术记录等；检查与检验资料，血液检查、影像检查（如 X 光、CT、MRI 等）的结果和报告；医嘱与护理记录，医生开具的医嘱、护士的护理记录等；费用信息，包括医疗费用明细、支付方式等。

医疗档案是患者就诊过程中的重要证据，可以作为医疗纠纷处理、法律责任判定等的依据。同时也是医疗机构对患者进行医疗管理的主要工具，记录了患者的病史、检查结果、治疗方案等内容，对于患者的后续治疗、康复和健康管理具有重要意义。因此，高校附属医院应设立专门的医疗档案管理部门，负责医疗档案的管理和保密工作，确保医疗档案的准确性、完整性和安全性。

二、医院教学档案

高校附属医院教学档案是指在教学管理和教学实践活动中直接形成的，以文字材料、图表、录音、影像等形式存在，具有保存价值的教学文件材料的总称。它是记载和反映医院教学实践、教学研究、教学管理主要职能活动和基本历史面貌的，并在后续医院教学工作中有一定查考利用价值的文件材料。教学档案是衡量医院教学质量和教学管理水平的重要依据，真实记录了医院的教学改革、教研成果和教学管理工作中的教训，为教学管理部门总结教学经验提供了重要参考依据。完整、准确的教学档案有助于提升医院的教学质量，促进医学人才的培养。

教学档案主要包括：教学计划——包括长期的教学发展规划、年度的教学计划以及针对特定课程或项目的教学安排；教学大纲——详细描述课程的教学内容、教学目标、教学要求和教学进度的文件；教学通知与文件——上级教育部门或医学院校下发的有关教学工作的文件、通知和规章制度；实习与培训资料——实习大纲、实习总结、轮转表、师资名册、教学活动记录等；教学质量评价——各类教学质量评价的资料，如学生评价、同行评价等；授课材料——包括课件、教案、教材等用于教学的具体材料。

三、医院科研档案

高校附属医院科研档案是指在医学科学技术研究过程中形成的，具有保存价值的文字、图表、数据、声像等多种形式载体的文件材料。这些档案是开展医学科研活动的真实记载，是医学科技知识的重要载体。科研档案是医院科研工作的重要基础，通过科研档案可以了解过去和同期国内外同行对某方向的研究情况，从而进行创新和发展。科研档案是提高科研质量的重要保证，任何科技成果的取得都需要研究成果的积累，而完整的科研档案是科技成果转化为生产力的依据。同时，科研档案也是检验医学科研工作质量、评价医学科研成果、考核科研人员、衡量科研管理水平的重要依据。

科研档案具体包括：科研项目档案——包括项目申报书、立项查新报告、伦理审查报告、项目批文、项目合同书（任务书）、项目中期检查材料、项目验收结题材料、成果奖励申报材料等；科研成果档案——如科研论文档案、著作档案和专利档案，通常包括在各级各类刊物上发表的论文、撰写的著作和授权专利；实验记录与数据——详细记录实验过程、实验数据、分析结果等，是科研活动的核心部分；科研管理文件——涉及科研项目的立项、管理、评估、奖励等方面的文件材料。

四、医院管理档案

高校附属医院管理档案是指医院在开展行政管理、财务管理、人事管理、医疗设备管理等各类管理活动中形成的，具有保存价值的各种文字、图表、声像等不同形式的历史记录。医院管理档案是医院运营和管理的重要记录，反映了医院的发展历程、管理水平和运营状况；对于医院的决策科学化、管理现代化、服务优质化具有重要作用。通过分析医院管理档案，可以了解医院的优势和不足，为医院制定发展规划、优化管理策略提供依据。

医院管理档案包括：行政管理档案——记录医院行政事务管理的档案，包括会议记录、决议、规章制度、通知等；财务管理档案——记录医院财务收支、预算、决算、会计凭证、账簿等财务信息的档案，这些档案对于保证医院资金合理利用、加强财务监督、查处财务违规、保护医院财产具有重要作用；人事管理档案——详细记录医院职工个人信息、政治思想、业务能力、工作实绩等的档案，这些档案是医院合理配置人力资源、开展干部工作和人才培养使用管理的重要参考依据；医疗设备管理档案——包括医院各类医疗设备的购置、验收、使用、维修、报废等全过程的档案。

第三节　高校附属医院档案的特征

一、专业性

高校附属医院档案具有显著的专业性特征，这种专业性深刻体现在医疗、教学以及科研等诸多领域。作为高校的附属医院，其与高等学府的紧密联系使得其档案内容不仅局限于常规的医院管理和医疗记录。实际上，这些档案还囊括了丰富的教学和科研活动资料。

具体来说，医疗档案详细记录了患者的诊疗过程、治疗方案及效果评估，体现了医院在临床医学领域的专业水准和实践经验。教学档案则包括了学生的实习记录、教学计划、课程大纲等，反映了医院在医学教育方面的严谨态度和专业教学方法。科研档案更是医院科研实力的直接体现，其中包含了科研项目的设计、实验数据、研究成果等宝贵资料，展示了医院在科研创新上的能力和成果。这些档案资料共同构成了医院在医疗技术、教育方法、科研探索等多个方面的专业性和独特性的生动写照。它们不仅对于医院自身的持续发展具有重要价值，同时也为医学界的进步和学术交流提供了宝贵的资源。因此，高校附属医院档案的专业性，无疑是其最宝贵的财富之一。

二、复杂性

高校附属医院档案的内容极为复杂，其涵盖的范围也异常广泛。这些档案不仅详细记录了患者的病历信息、诊断结果、治疗方案以及治疗效果等核心医疗数据，还全面涉及医院行政事务的各个方面，包括财务收支的明细、人员管理的相关文件等。此外，由于附属医院与高校之间的紧密联系，档案中还包含了大量与教学、科研活动相关的珍贵文件。

这些档案的来源广泛且多样，从医疗科室的日常记录到行政部门的公文往来，从教学课堂的讲义资料到科研实验室的实验数据，无一不体现了附属医院档案种类的繁多与复杂。对于这些档案的管理，必须采取细致入微的分类方法，确保每一份档案都能得到妥善的保存和有效的利用。这不仅需要档案管理人员具备专业的知识和技能，更需要他们具备高度的责任心和职业道德。只有这样，才能确保高校附属医院档案的完整、准确和安全，为医院的持续发展和社会的全面进步提供有力的信息支持。

三、系统性

高校附属医院档案管理具有鲜明的系统性特征，这一特征强调在档案管理的各个环节——分类、整理、存储——都必须构建成套的、科学严谨的体系。

由于附属医院档案涉及医疗、教学、科研等多个专业领域，且内容复杂多样，这就要求档案管理不能仅停留在简单的收集和堆放层面，还需要通过精细化的分类、有序化的整理以及安全高效的存储，来全面反映医院工作的整体脉络和系统架构。构建成套的档案管理体系，不仅有助于提升档案管理的专业性和规范性，更能确保档案信息的完整性和可追溯性。通过这样的体系，每一份档案都能被精准定位、快速检索，大大提高了档案管理的效率和准确性。同时，这也为医院在运营决策、教学评估、科研分析等方面提供了坚实可靠的数据支撑。

四、阶段性

高校附属医院档案具有显著的阶段性特点，这一特性贯穿于档案的收集、整理、归档等核心管理流程中。具体来说，这些环节都需要根据活动的不同阶段来有序进行。

以教学和科研活动为例，随着项目的推进和课题的深入，每个阶段都会产生大量独特的文件和资料。这些资料不仅记录了当时的研究进展和教学成果，更是后续工作的重要参考。因此，按照阶段对这些资料进行细致的整理和归档显得尤为重要。同样，在医疗活动中，患者的病历也呈现出明显的阶段性。从患者初次就诊到治疗结束，每一个治疗阶段都会产生相应的医疗记录和检查结果。为了确保医疗过程的连贯性和可追溯性，这些病历资料也需要严格按照治疗阶段进行归档和管理。这不仅有助于医生全面了解患者的病情发展，也为后续的治疗提供了宝贵的参考依据。因此，高校附属医院档案的阶段性特点要求我们在档案管理过程中，必须注重每一个环节的阶段性操作。通过科学、规范的分阶段管理，可以确保档案的完整性和准确性，进而提升医院整体的管理水平和服务质量。

五、保密性

高校附属医院档案涉及医院运营、患者隐私、教学科研成果等多个敏感领域，这些信息的泄露可能会对医院和患者造成不良影响。因此在管理过程中还需严格遵守相关的法律法规，确保档案的安全性和保密性。

第四节　高校附属医院档案的价值

一、医疗科研价值

高校附属医院档案中包含丰富的医疗科研数据和实验记录，这些资料是科研人员研究疾病发病机理、治疗方法等的重要参考。档案中的科研数据可以为科研人员提供真实、准确的病例信息，帮助他们进行数据分析、对比研究，从而推动医疗科研的创新和发展。

二、医学教育价值

高校附属医院档案中的医学教育资料，如教学计划、教学大纲、实习记录等，对医学教育的发展和完善具有重要意义。这些资料为医学院校提供了宝贵的教学资源，有助于培养学生的临床思维和实践能力。同时，通过学习和研究这些资料，医学院校可以不断优化教学内容和方法，提高医学教育的质量和水平。

三、医院管理价值

高校附属医院档案详细记录了医院的运营和管理过程，包括行政事务、财务管理、人事管理等方面的信息。这些信息对于医院管理者来说具有重要的参考价值。通过对档案的分析和利用，医院管理者可以深入了解医院的运营状况和管理问题，从而优化管理流程，提高管理效率。例如，在财务管理方面，档案中的财务数据可以帮助管理者进行财务分析，为医院的预算管理、资金决策提供有力支持。

四、文化传承价值

高校附属医院档案不仅记录了医院的运营和管理过程，还承载了医院的文化传承和历史记忆。通过对档案的整理和挖掘，可以展示医院的发展历程、文化特色和精神风貌，为医院的文化建设提供有力支持。这些档案可以作为医院文化教育和宣传的重要素材，增强医院员工的凝聚力和归属感，促进医院文化的传承和发展。

第五章
档案收集

第一节　档案收集概述

一、档案收集的意义

档案收集是整个档案工作中极为重要的一个环节，是档案工作的首要环节。与档案工作中其他各项工作比较起来，它处于一种特殊的地位，做好档案收集对整个档案工作都具有重要意义。

第一，收集工作是档案部门积累档案的手段，它为档案工作提供了物质对象。因此它是档案工作的起点及第一个环节。

第二，收集工作是档案集中统一管理的重要内容和一项首要的具体措施。

第三，收集工作质量的高低直接影响到档案的整理、鉴定和利用等工作。

第四，收集工作是档案部门和社会各方面发生联系的重要环节之一，因此它要求的政策性强，工作方法灵活多样。

二、档案收集的要求

1. 丰富和优化馆（室）藏

一个档案馆（室）的收藏是否丰富、档案是否完整，是衡量档案馆（室）工作做得好坏的一个重要标志，也是开展利用工作，特别是档案馆（室）开放历史档案、开展编辑研究、出版档案史料的一个前提条件。档案馆（室）收藏的档案越丰富、越珍贵，年代越久远，就越有可能为社会作出更大贡献，也就越会得到社会的重视。丰富馆藏的主要标准和要求应该是数量充分，质量优化，成分充实，结构合理。

要把档案馆（室）建成一个永久保存档案的基地和研究利用档案的中心，就必须收集和贮藏足够数量的档案和资料。档案收集，不能满足于按制度机械地接收档案，交多少就收多少，交什么就收什么。应该采取各种有效措施，积极主动地拓宽档案收集渠道，把凡是应由本馆本室管理的各种档案资料，广泛地持续地收集起来。

档案收集要坚持数量与质量统一的要求，重视数量丰富的同时，还应注重内容的丰富。只顾大量收罗，而不求质量，材料再多，也谈不上真正的丰富。因此，在强调丰富馆藏的同时，要强调优选，将具有重要价值的档案收入馆（室）内，达到馆藏档案的优质化。如果不注重质量，不加以筛选，将来会发生档案膨胀现象。

在丰富馆藏实行优选的同时，还要求成分充实，结构合理。在档案的种类方面，既要收集反映党政机关活动的普通档案，也要收集科技档案等各种专门档案。在档案形成单位方面，既要收集有关领导机关的档案，也要收集各种类型的机关以及有代表性的基层单位的档案。既要收集机关的档案，也要收集著名人士的私人档案，如手稿、信件、家谱、地契等。在档案的内容方面，要全面地收集经济、政治、科学、文化等各方面的宏观材料和微观材料。在档案文件的载体方面，既应包括纸质文件，也应包括各种特殊载体的材料，诸如照片、磁带等现代形式以及简牍、简帛等古老形式的档案。同时，还应收集一些有关的其他资料，如地方志、传记、年鉴、回忆录等有关史实和考证的材料，以及政策法令汇编、有关的书报杂志等，使之与档案相辅相成，互相补充。总之，收集保管历史记录，必须与构成社会历史的各个领域相适应，合理地配置档案馆（室）的馆藏结构。同时，不同层次和类别的档案室和档案馆，还应保持本机关、本系统或本地区的特点，如县档案馆的馆藏应体现地方馆和综合馆的特色。

2. 加强档案馆（室）外的调查和指导

把档案材料从原始的分散状态变为集中状态，不仅要求档案馆（室）做好自己的接收工作，还要求做好档案馆（室）外的调查研究和指导管理工作。

调查研究，加强指导。收集工作必须做好档案馆（室）外调查，掌握应收入档案馆（室）的档案分散、流动、管理和使用等有关方面的信息。档案馆（室）应该进行全宗调查，了解有关机关的历史、建档情况，保存档案的数量及整理、保管等情况，以便统筹安排哪些全宗或哪些部分、何时、有多少档案应该进馆。即使在正常工作的情况下，加强档案馆（室）外调查对做好档案收集和各项档案管理工作以至整个档案事业的预测、规划和决策，都具有重大意义。在加强调查研究的基础上，要协助与指导档案移交部门做好移交准备工作，使之符合接收的要求，从而提高档案的收集工作水平和馆藏文件的质量。

把握全局，统筹兼顾。在档案收集中，要注重研究和掌握档案形成规律和档案发挥作用的规律性，根据档案分散的情况和档案馆（室）的条件，从全局出发，统筹安排，认真处理好从文件形成到归档、从档案室到档案馆的档案流程周期，既要防止把机关尚在经常使用的档案过早地集中起来，又要防止忽视整体的需要，把需要集中的档案当作某单位的"小家底"，"据为己有"不愿移交，或者"拒之门外"不愿接收，任其分散甚至遭受损失。应该从全局出发，全面考虑档案的第一价值、第二价值和档案在保管、使用方面的现状以及客观规律，使各机关具有第一价值和第二价值的档案都有科学合理的归宿，使档案局部和整体、当前和长远的利用有机地结合起来，从而有利于维护党和国家历史文化遗产的安全，便于提供利用。

3. 实现入馆（室）档案的标准化、现代化管理

档案工作的标准化，就是对档案工作中的一些管理原则和技术方法，按照规范化的要求统一起来。在国际范围内，已成为包括图书、情报资料和档案在内的文献工作标准化的必然趋势。档案工作的标准化，不仅可为将来实行电子计算机管理创造条件，而且有助于提高手工管理的水平。实行档案工作的标准化，应该从收集工作中开始推行，逐步着手。

档案工作的标准化，是档案管理现代化的基础和前提。档案管理的现代化是提高档案工作水平的有效途径和发展方向。没有标准的档案工作作为基础，档案管理现代化也只能是手段和形式的现代化，必将会限制档案管理的现代化进程。

4. 保持全宗和全宗群的整体性

全宗是一个机关档案的整体。因为一个机关内部，各项活动之间是相互交错、相互联系的，而不是相互孤立的，所以一个机关所形成的档案材料之间存在着固有的内在联系，它们是一个有机整体。

保持全宗的整体性，是档案管理的一个基本指导思想，贯穿于档案管理工作始终。在档案收集中执行这一基本原则，是保证以后各个环节实行全宗管理的先决条件。如何在收集档案时执行全宗不可分散原则，保持全宗和全宗群的整体性？

首先，要把一个机关的档案作为一个全宗集中在一个档案室或档案馆内，而不允许人为地分割一个全宗的档案。某些单位由于一时需要而把某些档案从全宗中抽走另行集中，这种做法是不科学的。如果确实需要集中一些档案原件使用或存案，应以复制本代替。

其次，要注意各个全宗之间的相互关系。因为，在一定的时间、地点和条件下活动的各个机关，它们的工作活动都不是孤立的，而是相互依存的，反映在它们各自形成的档案上，各个全宗之间就有着密切的联系。这种在历史上形成的有着密切联系的若干全宗，称为"全宗群"。全宗群作为若干个全宗的集合体是自然形成的，不能人为地加以分割，而要集中收集在一个档案馆里，这才有利于反映历史上一定时间和一定地区工作活动的全貌。

三、档案收集的特点

（一）预见性与计划性

作为人类各种社会活动的伴生物，档案的形成具有很强的分散性，即档案是散布于社会各个方面的。档案室和档案馆进行档案收集，要对其进行认真调查，科学地分析和预测档案形成、使用、管理的规律和特点，这样才有助于从分散的档案中做好收集工作。

同时，档案馆和档案室在进行档案收集时，还必须充分、全面地了解和把握本馆（室）主要档案用户的利用动向、特点和规律，以便结合档案用户的长远需要收集能为他们所用的档案，真正发挥档案收集的作用。这意味着档案馆（室）需要提前做好档案收集的计划，以便有计划、主动地开展档案收集。

（二）完整性与系统性

档案收集的一个重要要求就是收集到的档案必须在种类、内容方面符合齐全、完整的要求，同类档案之间也应能构成一个有机整体，这就使档案收集表现出完整性和系统性的特点。档案收集的完整性和系统性要求档案收集人员在收集档案时，必须考虑档案当前以及未来在生产、生活中能起到的积极作用，以便真正发挥档案收集信息参考的价值。

（三）针对性与及时性

档案收集必须根据各级各类档案馆（室）收集档案的范围来进行，不能违反国家规定，擅自收集不属于本馆（室）收集工作范围的档案，以保证收集工作能够有目的、有重点地进行。档案收集还具有及时性的特点。它要求档案人员必须具有明确的时间意识，将应当接收或征集的档案及时收集进馆（室）。档案部门应当尽最大的努力，避免拖延迟误，在掌握有关信息线索的前提下，采取相应的方式，尽快将档案收集起来。

四、档案收集范围

档案收集，是按照国家法律法规的规定，通过例行的接收制度和专门的征集办法，把分散在各组织、个人和散失在社会中的档案，分别集中到各级各类档案保管机构。

档案收集包括档案接收和档案征集。档案接收，是指档案馆（室）收存档案的活动过程。它是整个档案收集的中心内容，是档案部门取得和积累档案的主渠道。档案征集，是指档案馆（室）按照国家规定征收散存在社会上的档案和有关文献的活动，它是档案馆（室）取得和积累档案史料的必要补充渠道。

档案收集的具体内容主要包括三个方面：

一是对本单位需要归档文件的接收工作。

二是对各现行机关和撤销机关具有长久保存价值的档案的集中和接收工作。

三是对历史档案的接收和征集工作。现行的各项法律法规都对档案收集的范围有详细描述。

（一）《中华人民共和国档案法》中的归档范围

（1）反映机关、团体组织沿革和主要职能活动的；

（2）反映国有企业事业单位主要研发、建设、生产、经营和服务活动，以及维护国有企业事业单位权益和职工权益的；

（3）反映基层群众性自治组织城乡社区治理、服务活动的；

（4）反映历史上各时期国家治理活动、经济科技发展、社会历史面貌、文化习俗、生态环境的；

（5）法律、行政法规规定应当归档的。

（二）《机关档案管理规定》中的归档范围

（1）文书、科技（科研、基建、设备）、人事、会计档案；

（2）机关履行行业特有职责形成的专业档案；

（3）照片、录音、录像等音像档案；

（4）业务数据、公务电子邮件、网页信息、社交媒体档案；

（5）印章、题词、奖牌、奖章、证书、公务礼品等实物档案；

（6）其他档案。

1～3项包含传统载体档案和电子档案两种形式。电子档案与传统载体档案具有同等效力。

（三）《机关文件材料归档范围和文书档案保管期限规定》中的归档范围

（1）反映本机关主要职能活动和基本历史面貌的，对本机关工作、国家建设和历史研究具有利用价值的文件材料；

（2）机关工作活动中形成的在维护国家、集体和公民权益等方面具有凭证价值的文件材料；

（3）本机关需要贯彻执行的上级机关、同级机关的文件材料和下级机关报送的重要文件材料；

（4）其他对本机关工作具有查考价值的文件材料。

（四）《企业文件材料归档范围和档案保管期限规定》中的归档范围

（1）反映本企业在研发、生产、服务、经营、管理等各项活动和基本历史面貌的，对本企业各项活动、国家建设、社会发展和历史研究具有利用价值的文件材料；

（2）本企业在各项活动中形成的对维护国家、企业和职工权益具有凭证价值的文件材料；

（3）本企业需要贯彻执行的有关机关和上级单位的文件材料，非隶属关系单位发来的需要执行或查考的文件材料；社会中介机构出具的与本企业有关的文件材料；所属和控股企业报送的重要文件材料；

（4）有关法律法规规定应归档保存的文件材料和其他对本企业各项活动具有查考价值的文件材料。

第二节 归档整理

一、归档制度

档案收集的主要途径是建立和健全单位内文件的归档工作制度。各单位在工作活动中不断产生的文件，处理完毕以后，经由文书部门或文件工作人员整理，定期移交给档案室集中保存，称为"归档"。在我国，这是党和国家规定的一项制度，即通常所说的"归档制度"。

《中华人民共和国档案法》规定："对国家规定的应当立卷归档的材料，必须按照规定，定期向本单位档案机构或者档案工作人员移交，集中管理，任何个人不得据为已有。"《机关档案工作条例》《国家行政机关公文处理办法》《党政机关公文处理工作条例》等文件，均对文件立卷归档作了具体规定。文件归档属于文书部门的任务，它是文书工作的最后一个环节，又是档案工作开始的一个环节，可以说归档是文书工作和档案工作的"结合部"，即两者交接的一个环节。单位内文件的归档是档案室档案的主要来源，也是档案室收集工作的经常任务。所以，建立和健全归档制度是非常重要的，它是单位档案室工作的重点之一，也是为国家积累档案财富的重要保证。因此，档案室要做好档案的收集工作，应该以主要力量组织好单位内文件的归档。

归档制度的内容主要包括三个方面：归档范围、归档时间和归档质量。

（一）归档范围

归档范围是指已办理完毕的文件材料应归档及不应归档的范围。原则上说，凡是反映本机关工作活动，具有保存价值的文件材料均属归档范围。根据 2006 年 12 月 18 日国家档案局发布的第 8 号令《机关文件材料归档范围和文书档案保管期限规定》，机关文件材料是指机关在其工作活动过程中形成的各种门类和载体的历史记录。一个机关应归档的文件材料，主要由四个部分组成：

（1）反映本机关主要职能活动和基本历史面貌的，对本机关工作、国家建设和历史研究具有利用价值的文件材料；

（2）机关工作活动中形成的在维护国家、集体和公民权益等方面具有凭证价值的文件材料；

（3）本机关需要贯彻执行的上级机关、同级机关的文件材料；下级机关报送的重要文件材料；

（4）其他对本机关工作具有查考价值的文件材料。

机关文件材料不归档的范围包括：

（1）上级机关的文件材料中，普发性不需本机关办理的文件材料，任免、奖惩非本机关工作人员的文件材料，供工作参考的抄件等；

（2）本机关文件材料中的重份文件，无查考利用价值的事务性、临时性文件，一般性文件的历次修改稿、各次校对稿，无特殊保存价值的信封，不需办理的一般性人民来信、电话记录，机关内部互相抄送的文件材料，本机关负责人兼任外单位职务形成的与本机关无关的文件材料，有关工作参考的文件材料；

（3）同级机关的文件材料中，不需贯彻执行的文件材料，不需办理的抄送文件材料；

（4）下级机关的文件材料中，供参阅的简报、情况反映，抄报或越级抄报的文件材料。

凡属机关归档范围的文件材料，必须按有关规定向本机关负责档案工作的部门移交，实行集中统一管理，任何个人不得据为己有或拒绝归档。

各机关应根据上述规定，结合本机关职能和各部门工作实际，编制本机关的文件材料归档范围和文书档案保管期限表，经同级档案行政管理部门审查同意后执行。有垂直领导关系的中央、国家机关应依据本规定，结合本系统工作实际，编制本系统的文件材料归档范围和文书档案保管期限表，并经国家档案局审查同意后执行。

机关在确定归档范围时还应注意以下几点：

（1）机关对应归档电子文件的元数据、背景信息等要进行相应归档；

（2）机关应归档的纸质文件材料中，有文件发文稿纸、文件处理单的，应与文件正本、定稿一并归档；

（3）机关联合召开会议、联合行文所形成的文件材料原件由主办机关归档，其他机关将相应的复制件或其他形式的副本归档；

（4）有关刊物、简报、图书等一般性参考资料原则上不立卷归档，而应单独保存；

（5）一个部门的文书档案和科技档案应分别归档。

（二）归档时间

归档时间是指文书处理部门或业务部门将需要归档的文件材料向档案室移交的时间。按照 1983 年 4 月中共中央办公厅和国务院办公厅发布的《机关档案工作条例》："机关文书部门或业务部门一般应在第二年上半年向档案部门移交档案，交接双方根据移交目录清点核对，并履行签字手续。"对于某些专业性文件、特殊载体的文件、机密性强的文件或驻地分散的单位文件，为了便于实际工作的查考利用，也可适当延长归档时间。电子文件的归档时间较为灵活，如果采用逻辑归档方式，应实时进行，如果采用物理归档方式，则可以按照纸质文件的归档时间定期完成。

因此，归档时间的确定，应以各种文件材料的形成特点及规律为依据。正确规定归档时间，对维护档案完整及业务部门和档案室工作的顺利进行具有重要的意义。归档时间过短会影响文件在机关日常工作中的使用及档案室其他工作的开展；反之，归档时间过长容易导致文件散失和损坏，会增加业务部门的负担。

（三）归档质量

根据《机关档案工作条例》《归档文件整理规则》等有关文件的规定，档案室一般不接收未经整理的零散文件材料。对归档案卷或文件的总的质量要求是：遵循文件材料的形成规律和特点，保持文件之间的有机联系，区别不同价值，便于保管和利用。具体应做到以下几点：

　　1.归档文件必须齐全、完整

　　凡是在职能活动中形成的对今后有查考利用价值的文件材料，均应收集归档。归档文件的种类、份数及每份文件，均应齐全完整。

　　2.遵循文件的形成规律和特点，层次分明

　　在立卷时应当将每份文件的正件与附件、印件与定稿、请示与批复、转发文件与原件、多种文字形成的同一文件分别组在一起，不得分开；一个项目的材料，要把项目从立项到结束形成的材料组在一起，准确地反映企业生产、科研、基建和经营管理等各项活动的真实内容和过程，尽量做到一事一卷。

　　3.区分不同价值的文件，分别组卷

　　在组卷过程中尽量根据归档文件不同的保管期限分别组卷，以便初步划定保管期限，日后向档案馆移交，防止拆卷重组问题的产生。

　　4.卷内文件材料应保持彼此之间的有机联系，系统排列

　　密不可分的文件材料应依序排列在一起，如批复在前，请示在后，正件在前，附件在后；会议记录按照时间排列，会议文件按文件的重要程度排列；一般工作形成的材料，结论性的文件在前，依据性的文件在后；产品销售合同应按销售产品种类组卷，再按供货时间依序排列；上级政策性规定的普发文件按问题单独组卷，卷内文件依其重要程度排列。科技文件的排列按照国家标准《科学技术档案案卷构成的一般要求》（GB/T 11822—2008）执行。

　　5.对于跨年度文件材料的组卷和排列

　　除产品、项目、设备、仪表、基建项目档案外，不同年度的文件不能放在一起立卷。跨年度的请示与批复，放在批复年度立卷；没有批复的放在请示年度立卷；跨年度的规划放在针对的第一年立卷；跨年度的总结放在针对的最后一年立卷；跨年度的会议放在会议开幕年度立卷。

　　6.归档案卷在技术加工方面要求：卷内文件材料按排列顺序，依次编号，并填写卷内文件目录和卷末备考表

　　案卷标题应简明确切地反映卷内文件内容，并注明每个案卷的保

管期限。长期保存的案卷，卷内文件若有圆珠笔和铅笔字迹，要用蓝黑墨水笔或碳素墨水笔重抄或复印，连同原件一同归档。已破损的文件应予修整，字迹模糊或易褪变的文件应予复制。整理归档文件所使用的书写材料、纸张、装订材料等应符合档案保护要求。向档案室移交的所有案卷都要按一定次序进行系统排列，并编定案卷顺序号和数份案卷目录。

二、归档要求

（一）正确把握档案保存价值标准，避免"有文必档"和归档遗漏

文件归档，既不能"有文必档"，把一切文件都立为有保存价值的案卷，也不能只重视重点文件和具有永久保存价值的文件，而忽视其他文件。尤其对容易忽视或不易收全的下列各种文件材料应予以特别注意：如除了公文的正件外，还应包括它的附件，如条例、会议纪要、图表、计划、总结、登记表、名单等；除了经过登记的文件外，党政军应包括未经收发文登记的各种文件材料，如会议文件、调查报告、访问记录、合同契约、工作人员从其他机关带回的文件材料等；本机关的会议记录、规章制度、各种统计报表、重要文件的历次修正稿以及本机关领导人进行重要活动的照片等。当然并非一切文件都有归档的价值，所以在归档工作中也不能"有文必档"。

对于其他机关送来的、未经本机关具体办理的或参考性的文件材料，是否需要归档，应视具体情况而定。如收到内部刊物、工作简报，一般是不需要归档的。但有些上级领导机关出版的内部刊物、工作简报上往往刊载一些不另行文的指导性文件，有的机关把这种内部刊物、工作简报加以归档，也是可以的；又如条例、办法、调查报告、工程图样等一般是要归档的，但也有些送来参考或作为情报资料交流的就不应该归档。又如报纸、新闻照片，在一般机关里是不需要归档的，但反映本机关工作活动情况的报纸、照片，收集起来归档也是必

要的。由于这类材料多是复制品,在一般情况下,不必集中到档案馆保存。因此,各机关根据本单位的工作需要和所产生档案的实际价值,自行决定是否需要归档,做到既有利于机关工作,也不会妨碍国家档案的积累。

(二)加强协助、督促、检查,做好立卷归档前的准备工作

要建立、健全各种必要的制度,保证档案文件的完整。档案工作人员不仅要通过归档工作,力求把已形成的文件收录完整,而且要关心文件的形成和办理过程中的有关情况。机关内往往有些工作做了,但没有记录下来形成文件,或者记录不全,都能影响形成完整的档案,因此,档案工作人员有责任对文书处理工作制度、文件的格式和书写材料等方面存在的问题,向有关领导和业务部门反映并提出意见,求得改善。

协助文书部门正确选择立卷环节(或叫立卷地点、立卷单位),即确定立卷工作放在机关内哪一级机构,由谁负责立卷,这是组织好立卷工作的关键问题之一。立卷环节通常应与文书工作的组织形式相适应。也就是说,小机关和一些中等机关,多采用中等办法组织文书处理工作,立卷环节多设在机关的办公室或秘书室;一些中等机关和大机关,往往有较多的以至基层内部机构,文书处理工作多采取分散与集中相结合的办法,分设立卷环节,由办公厅(室)和各组织单位分工立卷。

要划定机关内单位与单位之间,以及机关与机关之间分工立卷的范围,避免重复立卷和遗漏立卷。一个机关内各部门、各单位处理的文件,在立卷归档时应有明确的分工,机关的文书、档案工作制度对此应有明确规定。一定范围内有关机关之间在立卷归档方面也应有所分工。各机关经常收到和发往上级、同级和下级机关一些相同的文件,由于各机关的工作职能不同,因而在同一地区同级或有关机关之间(如省直各机关、县直各机关之间)也需要划定分工立卷归档范围。各级档案行政管理部门要根据本地区的具体情况作出相应的规定。对一个机关来说,要注意以反映本机关职能活动和基本情况的文件为立卷归

档的重点。

要协助有关部门编制立卷类目，督促做好平时归卷工作。立卷类目是事先编制出的立卷计划，由类和条款组成，每一项条款也就是即将形成的一组文件材料（也就是一个或数个案卷的标题）。立卷类目通常由文件立卷人员和机关档案室、文件承办人员、秘书部门等共同研究拟制。一般应在当年初或上年末，根据机关当年的工作计划，参照上年的案卷目录编制新的立卷类目。文书工作人员根据立卷类目的条款，准备一定数量的卷夹，将办理完毕的文件随时归入相应的卷夹内。这样，既有利于机关日常工作的查用和安全保密，又为年终整理案卷打下了基础，更好地发挥文书部门立卷的优势。

（三）坚持执行归档制度，实行集中立卷归档

文件材料由文书部门或业务部门集中立卷归档，可以发挥文书部门或业务部门熟悉有关业务和文件处理过程的优势，提高案卷的质量。改变承办人员分散保存文件的现象，也有利于保守国家机密。实践证明，档案室指导和协助文书部门推行这一制度，就能为归档工作以至整个档案室工作打好基础。

（四）加强临时性的文件收集工作

档案收集中，往往有些文件不能按照归档要求及时归全，因此，档案室往往需要采取某些临时性的收集措施，以补充归档制度的不足。例如结合保密检查，节日前清理文件，机构调整和人员调动以及临时性的工作活动，把应归档的文件收集起来。

（五）加强归档的宣传和档案的日常管理

为了推动归档制度的顺利实施，要加强宣传中央和国务院及其有关部门的规定，说明文件归档制度不仅便于机关工作和工作人员利用，而且有利于保密和国家积累档案。同时，也要不断地改进归档制度，而且要做好归档后文件的整理、保管，特别是提供利用等各项工

作，以扩大实际影响，这是最有效的宣传。经验证明，档案室的工作要做到：文件能够"收得来，查得到"；"进得来，借得出"；"收进的是原始文件，借出的是经过整理的材料"，使人感到"交出的少，得到的多"，这样才有利于档案收集工作。

第六章
档案整理

第一节　档案整理概述

档案整理即建立档案实体的管理秩序，将处于零乱的和需要进一步条理化的档案，进行基本的分类、组合、排列和编目，使所保存的档案有序化、条理化，它是档案管理工作的核心部分。档案整理，是指建立档案实体的管理秩序，主要是指档案文件本身的整理，而不是档案内容的整理。

一、档案整理的原则

档案整理是档案工作的重要基础环节，对于充分发挥档案的作用，实现档案的有效利用具有重要意义，有利于档案管理水平的提升。档案整理有一定的标准和依据，应按照一定的原则进行。档案整理的原则是：遵循文件的形成规律，保持文件之间的有机联系，充分利用原有基础，区分不同价值，便于档案的保管和利用。

（一）档案的整理应该遵循文件的形成规律

根据形成文件的内容特点与规律整理文件，才能对档案进行恰当地分类与合理地组织。文件材料是在文书处理中形成的，体现出文书格式、语言文风、行文关系、载体材料和技术环境的特征。依照文件形成的形式特点与规律整理，才能正确处理档案材料的特殊问题。正确认识和理解文件材料内容和形式上形成的特点与规律，在整理工作中将两者有机结合，就能客观地反映一定时期单位各项活动的历史真实面貌，使档案的分类、组合工作有效进行。

（二）档案的整理必须保持文件之间有机的历史联系

文件材料是在工作活动中有规律形成的，彼此之间具有来源、时间、内容和形式方面的联系。整理档案时，要注意保持它们之间的有机联系。由于档案是历史文件的积累物，所以，其内在联系在档案管理中被着重表述为"文件之间有机的历史联系"。整理档案，必须按照文件之间的历史联系进行基本的分门别类。文件之间的历史联系主要体现在文件的来源、时间、内容和形式四个方面。

文件在来源方面的联系，是指产生和处理这些文件的内部机构、组织和个人的相互关系。文件不是凭空产生的，而是以一定的机关及其内部组织机构或一定的个人为单位，有机形成的。形成文件的这些单位，使文件构成了来源方面不可分割的历史联系。整理档案要保持文件来源方面的固有联系，把同一来源的文件集中，完整、全面地反映该组织或个人的职权、职责和工作活动情况。

文件在时间方面的联系，是指文件的产生和处理在时间范畴上的相互关系，表现为自然的先后顺序和一定的起止过程或阶段。形成档案的机关和个人所进行的具体活动都是在一定的时空范围内进行的，都有一定的过程和阶段性，因而使文件之间具有自然的时间联系。文件在产生和处理过程中，必然形成自然的时间联系。整理档案必须保持文件的时间联系，按其形成的先后顺序分类排列，反映单位工作活动的发展运动过程，以便于按过程、分阶段管理和利用档案。

　　文件在内容方面的联系，是指文件产生和处理过程中所反映和涉及的工作、活动、问题、事务、事件、人物方面的相互关系。文件是机关或个人在履行一定职责的各种活动中，为了解决一定问题而产生的。它的形成者的特定活动使文件之间在内容上具有密切联系。整理档案必须保持文件的内容联系，使人们履行职责、解决问题中形成的同一内容的文件集中，反映机构或个人在某项职责、某方面工作活动的基本面貌，便于按内容集中管理和利用档案。

　　文件在形式方面的联系，是指文件在制作材料、记录表达方式、种类名称等方面的相互关系。文件的内容必然通过一定的形式表现出来。文件的形式包括种类、名称和载体、记录方式等，包括内部形式和外部形式两方面，这也构成了文件之间的一定联系。整理档案必须保持文件材料形式方面的联系，把相同载体、同一记录表达方式和同一种类的文件集中，便于按形式上的特征管理和利用档案。

（三）档案的整理应该充分利用原有基础

　　充分利用原有的整理基础，以确定档案整理的任务和要求，不要轻易打乱重整。既可以保持文件材料之间原有的有机联系，维护单位的历史真实面貌，又可以节省人力、财力、物力和时间，保证整理质量，降低整理成本，提高工作效率。

　　只要是已经整理而又有规可循、有目可查的，就应力求保持其原有的整理体系，做必要的加工整理，或者通过其他环节进行补救。在整理过程中，应该充分研究和利用原来整理的成果，不要轻易破坏以往整理和保存的历史状况。也就是说，要认真分析原有的整理基础哪些是合理的、哪些是不合理的。对于其中合理的应该保留，对于不合理的或者错误的，也要经过仔细研究、掌握情况后，有计划地进行调整。整理档案要尽量在原有整理基础上进行，充分尊重和利用档案原有的整理成果，不轻易打乱已有的整理体系。原有整理结果基本能用的，可以维持原有状态；局部不合理、不可用的，进行局部调整，纠正其中整理不当和整理有误的地方；原有整理基础混乱的，不能达到有效管理目的的，重新整理，做必要的加工。

（四）档案的整理应该区分不同价值

区分不同价值是指分析文件的保存价值，划定保管期限，原则上对于不同保管期限的档案文件分别集中，区别对待，体现了档案分级保管的思想。档案整理过程中，区分档案的不同价值、划分保管期限是一个关键的环节。它有利于减轻日益增多的档案给保管场所和设备带来的压力，集中人力、物力妥善保管价值较大的档案。通过判定档案的价值，档案人员能够进一步掌握档案的内容和效用，针对实际情况提出开发利用的具体建议，指导档案的利用工作，充分发挥档案的作用。例如：《归档文件整理规则》（DA/T 22—2015）（以下简称《规则》）将保管期限作为归档文件的分类标准之一，充分体现了区分文件不同价值，分别集中文件的管理方式。此外《规则》规定，短期保存的归档文件可以不拆订，允许在最低一级类内直接按文件的形成时间或文号排列。区分不同价值管理归档文件，意味着对价值大、保管期限长的档案文件重点整理和保管，而对于价值小、保管期限短的档案文件可以根据实际情况，采取适当的管理措施。这样既有利于节约文书人员和档案人员的劳动付出和有限的资源，也有利于提高具有长久保存价值的档案的整理质量，为其创造更好的管理和保管条件。

（五）档案的整理必须便于档案的保管与利用

收集起来的文件材料，内容复杂，数量庞大，价值各异，要经过整理、鉴定，区分不同价值，达到科学化、系统化，便于保管和利用。档案整理是档案基础工作的组成部分，在档案业务实践中具有举足轻重的作用。便于档案的保管和利用是档案整理的根本目的和任务，是检验和衡量档案整理质量的基本标准。档案的保管和利用要以档案整理有序为基础，而具体的保管和利用档案活动又能集中反映档案整理状况和整理工作的水平。全宗、类别、一个案卷或一份档案，既是档案的整理单位，也是档案的保管单位和利用单位。在整理档案时，必须依次做好区分全宗、全宗内档案的分类、档案的组合排列以及目录编制等工作，遵守简洁、便利、有效的基本要求，为便于保管和利用提供前提与条件。

为了方便文件的保管和利用，不能孤立地追求保管和利用的方便性，其前提依旧是保持文件之间的有机联系，区分不同的价值。如不少单位完全按文件的形成时间或文号对文件进行排列，编制大流水号，不强调事由原则，利用计算机进行关键词检索。这样确实能够节约各方面成本的投入，能够暂时满足一定的现实利用需要。但若干年以后，当档案文件移交后，这种做法的短板就会显现：同一事由的文件被分散，关键词检索并不能保证百分之百的查全率和查准率。因此，在整理文件和档案时应尽量保持档案文件之间固有的联系，不宜随意分散文件，割裂这种联系，以便档案的保管与利用。

二、档案整理的意义

档案整理是档案实体管理的基础整理，是实现档案有序化的基本手段。数量浩繁的档案，如果缺乏科学的整理，就只能处于杂乱无章的状态，查找起来就如"大海捞针"一样困难。此外，整理也是实现档案价值的基本手段。文件形成的特殊性在于，零散文件之间具有特定的有机联系。如果不把这些联系揭示并系统组合起来，就有可能影响档案价值的实现甚至导致档案价值的丧失。可见，档案的系统整理，是构建档案实体秩序状态的基本手段，是档案实体管理的基础。

档案整理是统领档案管理诸环节的核心，对档案管理的良性运行和协调发展起着关键性作用。档案整理是检验档案收集质量的基本手段，通过系统化整理很容易看出收集环节中的问题或不足，促使改善和提高收集质量。档案整理也是为鉴定、检索、保管和利用提供基本单位和完整体系的基本手段，因为这些后续环节都是在获得系统整理和编目后的档案基础上开展的。特别是档案保管、档案检索和档案利用，面对零乱无序的档案，只能是一筹莫展。可见，档案整理对档案管理的总体优化具有决定性的作用和影响。

（一）档案整理利于档案价值的科学鉴定

档案的科学管理，有利于档案价值的科学鉴定。鉴定档案价值，需要对档案进行全面的和有联系的分析和考察，经过对照和比较，才能正确地判定档案的不同保管价值，确定适当的保管期限。只有经过系统整理的档案，才能做到这一点。未经整理、相互间的联系被分割，并且"玉""石"相混的档案，是很难一份一份地确定其价值、划定保管期限的。长此以往，档案的价值无法被发现，也就无法被进一步挖掘，档案的开发利用也将成为无稽之谈。

（二）档案整理是妥善管理档案的前提条件

档案的系统管理，是妥善管理档案的前提条件。只有把档案分类整理好，用编目的方式将档案的保管单位和分类排列顺序固定下来，才有条件实现档案的科学管理。零散杂乱的档案文件，没有一定的规律和顺序，难以进行编目，必然会给管理工作造成混乱。不妨将档案管理工作提前，在档案还是文件时，就制定相应规章制度，让档案的保管单位、部门做好分类工作。档案的系统整理，是进行档案统计工作的基础。只有分类整理后的档案，才有可能精确地统计出全宗数、案卷数和其他方面的数字。未经整理的杂乱的档案，人们无法统计出精确的数量。

（三）档案整理促进档案收集

档案整理，可以促进档案收集。通过档案的系统整理，分清了档案的形成单位，又按照组织机构、年代等分类，就可以具体地掌握各个部门档案的完整情况，明确哪一部分档案已经比较齐全，还缺少哪一部分，从而明确还需要收集哪些全宗的档案以及全宗内哪一部分档案，使收集工作有具体的目标和对象，避免盲目性，从而把档案的收集工作做得更有成效。

档案整理是档案馆（室）一项重要的基础工作。做好档案的整理工作是管理好档案、发挥档案作用的重要环节。档案工作者必须重视整理工作，切实做好整理工作。如果忽视和放松档案整理，使所保存的档案杂乱无章，必然会给档案馆（室）的其他工作带来困难和不便，造成工作上的被动。

三、档案整理的程序

（一）系统排列和编目

在正常条件下，档案室所接收的是文书部门和业务部门按照归档要求立好的案卷；档案馆接收的是由机关档案室根据入馆要求整理移交的案卷。在这种情况下，档案馆和档案室的档案整理，主要是对接收的这些档案，在更大的范围内，即按整个档案室和档案馆对档案存放和各种管理的要求，进一步地系统整理。如全宗和案卷的排列、案卷目录的某些加工等。

（二）局部调整

档案室和档案馆对已经整理入馆保存的档案，经过管理实践的考验或专门的质量检查，对显然不符合整理要求、影响保管和利用的案卷，需要进行一定的加工，以提高其质量；同时，随着时间的推移，档案材料本身以及档案整理体系可能发生某些变化，也需进行必要的调整。

（三）全过程整理

档案馆（室）在接收和征集档案过程中，由于种种原因，其中有些档案没有经过系统整理，处于凌乱状态，这就必须进行从全宗划分、组合、排列和编目的全过程整理工作。

无论是档案馆，还是机关档案室，都需要按照一定的原则和要求，采取比较科学的方法，对档案进行分门别类的整理，使之眉目清晰、并然有序。只有经过这样整理的档案，才能方便管理，容易查找利用；否则，众多复杂的档案杂乱堆放一起，不能系统地、有条理地显现出来，人们要想从中寻找出所需要的某一机关、某一年代、某一问题的档案来，如同大海捞针，不仅会花费很多的时间，而且有可能找不出来，从而影响或失去它的利用价值。所以，档案整理是档案收集来以后，使之进一步能够发挥作用的前提，是整个档案工作的重要基础。做好档案的整理工作，对于充分发挥相关档案的作用，有着重要的意义。

第二节　档案整理的内容

档案整理包括一系列的具体内容，一般说来，有如下几个方面：区分全宗、全宗内档案分类、立卷／立件、案卷的排列编号和案卷目录的编制。

（1）全宗：一个独立的机关或著名人物所形成的全部档案。按全宗整理档案是档案整理的一个重要原则。就是说，一个全宗的档案不容许分散，不同全宗的档案不得混杂。因此，档案馆（室）在整理档案时，都需要做区分档案所属全宗的工作。

（2）全宗内档案分类：一个全宗内有很多档案，这就需要按照一定的方法对全宗内的档案进行系统的分类。因此，全宗内档案分类是档案整理的一个中心环节，是整理工作一项十分重要的内容。

（3）立卷／立件：档案馆（室）都难免会收集或接收到一些零散的档案文件，这就需要由档案馆（室）来进行立卷工作。将零散的档案文件组成案卷，既可以保持档案之间的固有联系，又可以大大减少档案管理的头绪，为档案的查找利用提供有利条件。因此，可以说立卷是档案整理中一项最基础的工作，也是最为繁重复杂的工作。

（4）案卷的排列、编号和案卷目录的编制：档案经过分类、组卷后，需要进行系统的排列，并按照排列的顺序编案卷号（在档案馆，还需要编全宗号），以固定案卷的位置，便于保管、统计和查找利用。同时，要编制案卷目录。

一、区分全宗

全宗就是一个独立的机关、团体、企业事业单位及著名人物形成的全部档案。一个机关的活动，体现着一定的职能，执行一定的任务。某一机关或著名人物形成的全部档案，反映了这个机关或人物活动或成长的发展变化过程，互相之间有着密切的历史联系，是一个不可分割的整体。如果说国家档案全宗反映国家的历史发展过程，那么一个全宗则反映这一过程的某一部分，全宗是组成国家档案全宗的基本单位。因此，档案必须按全宗来整理：同一全宗的档案不能分散，不同全宗的档案不能混杂。按全宗整理档案，才能科学地保持文件之间的历史联系，全面地反映机关活动的历史面貌，便于档案的保管和利用。

档案构成全宗是有条件的，并不是任何单位形成的档案都能构成全宗，只有独立的机关形成的档案才能构成全宗。机关内部的组织机构，是机关的一个组成部分，不是一个独立的机关，它不能称为立档单位，因而它所形成的档案，就不能构成一个单独的全宗。即一个单位形成的档案能否构成全宗，主要看形成档案的单位是否有独立性。

工作独立性：一个独立的机关都能独立地行使自己的职权、从事工作或生产等各项活动，主要以自己的名义对外机关行文、联系工作、协商问题、决定职权范围内的重要事项。

组织独立性：一个独立的机关大都有独立的人员编制，有专门管理人事的机构或人员，有一定的人事任免权。

财务独立性：一个独立的机关大都有自己独立的预算和决算，有单独管理财务的机构或会计人员。

二、全宗内档案分类

全宗内档案分类，就是把立档单位所形成的档案，按其来源、时间、内容和形式的异同，分成若干层次和类别，构成有机的体系，使其进一步条理化、秩序化。这是在档案管理过程中形成的行之有效的方法。档案分类是档案整理的重要一步，是指在整理过程中，将档案按照来源、时间、内容等特征划分为若干类别。科学的分类可以体现档案之间的有机联系，方便后续查找和使用，符合档案常常反复调用、查看的现实基础。关于档案的分类工作具体如下：

1. 明确分类原则

（1）分类标准统一

在同一级类目分类标准要一致，确保该层次类目划分符合逻辑关系。

（2）分类彻底

应囊括所有作为分类对象的全部档案，如果有些实在无类可归，可以将其归入其他类。

（3）便于保管和利用

分类要具有可操作性，分类层次不要过多、过于烦琐，使用起来要方便。

2. 选定分类方法

档案的分类标准有很多，根据不同标准形成的分类方法也各有不同，根据档案的特性，需要找寻合适的分类方法。

档案常用的分类方法主要有以下四种：

（1）年度分类法

年度分类法就是按照档案文件形成的自然年度或专业年度进行分类，每一年度内的档案文件为一个类别。这种方法是档案分类中最常用的方法，而且年代分类法的运用范围很广泛，特别是现行机关档案，几乎每个全宗的档案都有条件采用年代分类法来进行分类。

（2）组织机构分类法

组织机构分类法就是按照立档单位的内部组织结构设置对档案进行分类，每一个具体的内部组织机构就是一个具体的类别。它适用于机关内部设有组织机构且组织机构比较稳定的情况。

（3）问题分类法

问题分类法就是按照文件内容所说明和反映的问题进行分类，每一问题为一类别。

（4）保管期限分类法

保管期限分类法就是根据划定的不同保管期限对档案文件进行分类。使用这种方法，可将不同价值的文件从实体上区分开来，从而有针对性地采取保护措施，为库房管理、档案移交进馆和到期鉴定提供便利条件。

以上四种分类法都存在一定的局限性，年度分类法太笼统，组织机构分类法太活，问题分类法太难，保管期限分类法太简单。因此，在实际工作中，单纯采用一种分类法不利于档案管理工作的开展，单独使用其中一种方法的情况是比较少见的。在实际操作中通常是选用几个级次，将几种分类法结合起来使用，这种划分方法就叫作复式分类法。

（5）复式分类法

根据上述年度、组织机构、问题、保管期限这四种分类方法，可以组合成七种复式分类法，依次为：年度—组织机构—保管期限分类法；保管期限—年度—组织机构分类法；年度—问题—保管期限分类法；保管期限—年度—问题分类法；问题—年度—保管期限分类法；年度—保管期限分类法；保管期限—年度分类法。

常用的复式分类法主要有：

①年度—组织机构—保管期限分类法。这种方法是将归档文件按年度分类，每个年度下按组织机构分类，再在组织机构下面按保管期限分类。这种分类方法适用于内部机构虽有变化但不复杂的立档单位。

②年度—问题—保管期限分类法。这种方法是先将归档文件按年度分类，每个年度下按问题分类，再在问题下面按保管期限分类。这种分类方法多用于内部机构复杂，或由于机构之间分工不明确、文书工作不正规等原因难以区分文件所属机构，以及没有内部机构或内部机构非常简单等情况。

③保管期限—年度—组织机构分类法。这种方法是指先按保管期限进行分类，然后在每个保管期限下按年度分类，再在年度下面按机构进行分类。这种方法适用于内部机构虽有变化但不复杂的立档单位，现行机关常采用这种分类法。使用这种方法，在档案管理时，不同保管期限的档案分别排架，便于档案移交进馆，但每个保管期限应预留柜架，以备以后档案的陆续上架。

④保管期限—年度—问题分类法。这种方法是指先按保管期限分类，然后在每个保管期限下面按年度分类，再在年度下面按问题分类。这种方法适用于不宜按机构分类的机关。

三、立卷/立件

档案馆（室）都难免会收集或接收到一些零散的档案文件，需要由档案馆（室）来进行立卷工作。将零散的档案文件组成案卷，既可以保持档案之间的固有联系，又可以大大减少档案管理的头绪，为档案的查找利用提供有利条件。因此，可以说立卷是档案整理中一项最基础的工作，也是最为繁重复杂的工作。

国家档案局于2000年12月6日颁布《归档文件整理规则》（DA/T 22—2000），这个规则取消以"卷"立档的做法，实行文件级管理，免除了烦琐、复杂的组卷过程。分类方案固定为年度、机构（问题）、保管期限三项，归档文件直接装盒，无需编页号等。这种改革对简化档案管理程序、提高工作效率具有积极的现实意义。以"件"为保管单位进行档案管理是一种创新做法，不仅突破了传统档案学理论，而且符合档案工作发展趋势。2015年10月25日，国家档案局颁布档案行业标准《归档文件整理规则》（DA/T 22—2015）（代替DA/T 22—2000）。本标准与原标准相比，调整了归档文件分类方法，增加了归档文件组件和纸质归档文件修整、装订、编页、排架要求，增加了归档文件档号结构和编制要求。

"卷"是在一个全宗内，由相互联系的若干文件组合成的放入卷夹、卷皮内的基本保管单位。"卷"的特征揭示了卷内文件某一共性，它是由卷内若干文件、卷内文件目录和备考表组成的以卷（或盒、袋、册）构成的保管单位。该保管单位应具有案卷标题、案卷编号、案卷分类号、作者、时间、保管期限、卷内文件份数等若干标识，形成一个完整的案卷概念，这些标识相当于多卷书或丛书的总题名。"件"是归档文件的整理单位。一般以每份文件为一件，文件正本与定稿为一件，正文与附件为一件，原件与复制件为一件，转文与被转文为一件，报表、名册、图册等一册（本）为一件，来文与复文可为一件，"件"的各项标识相当于多卷书或丛书中的分卷或分册题名。

任何事物都有其两面性，传统立卷优点是能使同一问题形成的文件保持文件之间的历史联系，方便手工查找，具有较高的档案价值利用；其缺点是立卷方法烦琐费事，且不适于通过计算机管理。立件保管的优点是文件归档工作能得到最大程度的简化，不仅可以取消立卷时一系列烦琐的脑力劳动和手工操作，而且文件排列时也不需要考虑任何特征，适用于计算机管理条件；其缺点是计算机一旦出现故障或人为丢失、损坏、更改等现象，使散插排列的同一问题文件不集中，会造成利用查找档案的困难。鉴于此，文书立卷改革应取长补短，即按问题为主进行立"件"的排列方法。

四、案卷的排列编号

案卷是根据文件的来源、时间、内容和外形上的异同点和联系组成的。案卷的排列方法主要有五种。

1. 按重要程度排列

这是排列案卷时最常用的一种方法。用这种方法排列案卷比较简便，排好的案卷也便于查找利用。

2. 按形成时间排列

按照案卷起止时间的先后排列案卷。先形成的在前，后形成的在后。当按时间上的顺序排列案卷时，必须注意案卷的准确日期。有些案卷并没有准确的日期，在这种情况下，首先排列有年、月、日的案卷，其次排列有年月无日的，再排列有年而无月日的，最后排列那些接近准确日期的案卷。

3. 按内容联系排列

按照案卷内文件记述和反映的不同问题进行排列。把有关同一个问题的案卷集中排放在一起，以便人们从问题的角度来查找利用档案。

4. 按保管期限排列

按照永久、长期、短期不同的保管期限分别排列，将同一保管期限的档案排在一起。

5. 按作者、收发文机关和文件内容所涉及的地区排列

关于同一问题的档案，先排上级来文，再排本单位形成的文件，最后排同级和下级的文件。

五、案卷目录的编制

案卷包括案卷封面、卷内文件目录、卷内文件、卷内备考表等几部分。案卷封面包括：全宗名称、类目名称、案卷题名、卷内文件起止日期、保管期限、件（页）数、归档号、档号。案卷的排列，就是根据一定的方法，确定每类内案卷的前后次序和安放的位置，把已经装订成册的案卷加以排列，保持案卷与案卷之间的联系。

案卷目录是对经过系统排列的案卷进行逐一编号登记后而形成的案卷名册。案卷目录用目录的形式固定案卷的分类排列顺序，反映和巩固档案整理的工作成果；揭示和介绍全宗内档案的内容，是一个基础的检索工具，因此可为编制专门性检索工具或计算机检索提供便利条件；案卷的清册和总账，是统计和安全保管档案的依据。

案卷目录的构成要素包括：

1. 封面和扉页

案卷目录应该用封面和扉页装订起来，其项目内容包括：全宗号、目录号、目录名称、编制单位、编制时间、密级、保管期限等。

2. 目次

目次即根据全宗内案卷的分类排列情况，分别写明各案卷分类类目名称及其起止页码（也可包括案卷顺序号）。

3. 序言（或说明）

序言（或说明）一般置于首页，简要叙述使用案卷目录本身和利用档案时所需要了解的情况。如目录的结构、编制的方法、立档单位和全宗的简史，尤其要说明全宗内档案的完整程度。至于是否必须为每一个案卷目录编写序言、序言的繁简程度如何，还需要根据案卷目录的内容和实际使用情况来决定。

4. 简称表

简称表根据需要将案卷目录中使用的名词简称，与其全称列为对照表，以便查对。在形式上，可以单独编制，也可以写在序言内。

5. 案卷目录表

案卷目录表是案卷目录的主体部分，它以表格形式直接登记案卷封面上的各项内容。主要项目包括：案卷号、案卷题名、年度、保管期限、件数、页数和备注等项。

6. 备考表

备考表在整个案卷目录的后面，它总结性地记载了案卷目录的基本情况：用大写数字和阿拉伯数字表明本目录所登记的案卷数量和案卷目录的张数、编成日期以及其他必要的说明。最后，由编制者签名或盖章。案卷目录编成以后，如有案卷移出、销毁、损坏等变化情况，也须记载在备考表上，并由记载者签名或盖章。

第三节　档案整理的规则和方法

一、档案装订

档案装订是指对零乱且必须进一步条理化的档案完成基础归类、组合、排序，编写文件目录、创建全宗等，构成有序管理体系的流程。以文书档案为例，需要为已经打印好的文书档案以件为单位装入准备好的档案夹。文书档案的装袋顺序通常为：正文—附件—收发文办阅单顺序；文书正文—定稿顺序；文书转发—文书被转发顺序；批复—请示；复函—来函顺序；等等。

（一）档案装订的要求

档案装订的基本要求为：装订美观牢固；不影响信息读取；便于

反复调取、查看、使用；确保不同档案得到分别处理，便于存储。

关于档案的装订，在进行工作时需要尽可能延长档案的寿命，需要做到以下四点：

（1）档案需要装订时，应遵循原装订形式，尽可能保留原材料；原装订形式或材料破损等不利于档案长期保存时，可调整装订形式，更换装订材料或不再进行装订；原本未装订的档案非必要不再进行装订，压平、整理后放入无酸档案盒内保存。

（2）需要拆除文件材料上的金属物，不应使用酸性纸、易锈蚀金属钉、释放有害气体的塑料封套等不利于档案长期保存的材料进行装订。

（3）装订要求牢固，做到文件不损页、不倒页、不压字，装订后需要保证纸质平整。关于有破损的文件，需要注意——对破损的文件材料要进行托裱，字迹模糊或不符合用笔规定的文件材料要重抄并与原件放在一起作为主卷。

（4）档案的装订材料以丝线、棉线为宜。装订线一般选择原色或白色，也可根据需要选择对档案无害的材料适当染色。

（二）档案装订的方法

装订方法根据文件自身厚度，共有两种：

1. 直角装订

直角装订自归档文件上边、侧边各 2 cm 处入针，在上方环绕后再在侧面环绕（或在侧方环绕再在上方环绕），再在上方（或侧方）绕半圈后与入针线头打结。打结可以选择在上方（侧方），也可以选择在入针处。缝线与归档文件结合紧密的，也可以不打结，但入针、出针处应保留 1.5 cm 左右的线头。直角装订应选取较细的缝纫针，以双线为宜，以便缝得紧实。拉紧打结处后的缝线形成直角，与上方、侧方边缘形成正方形。

2. 三孔一线装订

三孔一线装订是用锥子或三孔一线打孔机在文件左侧打孔后再穿线、打结的装订方式。三孔一线装订采取挤压式打孔，以免对文件造成过多损害。打孔前先用夹子固定文件右侧,确定孔距后用锥子或三孔一线打孔机打孔。三孔之间的距离,竖版文件以 8 ~ 10 cm 为宜,横版文件以 6 ~ 8 cm 为宜。三孔与左侧距离不低于 1.5 cm。穿线时,先将装订绳对折,将两个绳头并齐后从文件背面穿入中间孔,再将绳头分别向下穿入两边的孔中,并从由装订绳形成的圈中交叉穿过。用力拉紧两个绳头,使装订绳紧缚文件,再将两个绳头在中间孔处打结。三孔一线装订在打结后应保留 1.5 cm 左右的绳头,并在打结处用力压实。

二、档案分类与立卷/立件

高校附属医院档案室负责主管全院的档案工作及档案的接收、保管和利用,并对全院各部门的档案实行监督和指导。各部门必须有专人负责监管各种档案材料的收集、整理和归档工作。

(一)档案分类

关于档案的分类,考虑到各个部门、科室之间存在复杂的合作关系,以部门为分类标准较困难,建议采用复式分类法中的年度—问题—保管期限分类法。可将档案分为文书档案、科研档案、财会档案、基建档案和仪器设备档案、特种载体档案等类型,各种档案实行集中统一管理。

(二)档案立卷

一个机构涉及的档案种类繁多,统一采用以案卷为单位整理或以件为单位整理都有不可避免的短板,因此需要灵活统筹使用这两种整理方式。以案卷为单位整理就是立卷,即按照文件材料在形成和处理过程中的联系将其组合成案卷。所谓案卷,就是一组有密切联系的文件的组合体。立卷是一个分类、组合、编目的过程。以案卷为整理的档案,其基本保管单位是"卷",其最大的特征是形成的档案具有案卷封面、卷内目录和备考表。

针对立卷,建议以年度—问题整理归卷,并结合文件材料保存价值，把具有相同特征、相同保管期限、联系密切的文件材料组合在一起，具体立卷规则如下：

（1）各科室归档的文件材料中，应将每份文件的正文与附件、印件与定稿、请示与批复、计划和总结、多种文字形成的同一文件，分别立在一起，不得分开；文件应合一立卷。同一人物、同一事件、同一项工作、同一个会议、同一项活动等形成的文件材料应组合在一起；上级机关颁发的指导性、依据性文件与本院贯彻、执行该文件所形成的文件材料应组合在一起；同一事件涉及上级、下级、院外有关承办单位的来往文件材料应集合在一起。

（2）不同年度的文件一般不得放在一起立卷。按教学年度形成的文件，放在当年年末立卷；跨年度的请示与批复，放在复文年立卷；没有复文的请示，放在请示年立卷；跨年度规划、计划，放在针对事项的第一年立卷；跨年度的总结、报告，放在针对事项的最后一年立卷；跨年度的会议文件，放在会议开幕年立卷；跨年度的非诉讼案件材料，放在结案年立卷。

（3）专题性、成套性文件材料（如科研、基建、设备档案文件材料），按项目、阶段、部件结构等分别组卷。

（4）卷内文件排列，按文件之间的内在联系及时间的先后次序进行排列。上级指导性文件在前，本院贯彻执行的文件材料在后；批复在前，请示在后；正件在前，附件在后；印件在前，定稿在后；计划在前，总结在后；非诉讼性案件结论、决定、判决性材料在前，依据性材料等在后；文字材料在前，图样在后。组成的案卷应避免过厚，一般不超过200页；也不宜过薄，案卷厚度应大于1 cm。

（5）当同一问题的文件材料过多时，可分成若干卷；当问题单一，文件材料过少，且不便归类时可组成薄卷。针对立件的档案，可参考立卷整理档案的方法。

（三）档案组件

以件为单位整理就是按照文件材料形成和处理的基本单位进行整理，其基本保管单位是"件"。一般来讲，一份文件、一张图纸或照片、一盘录音带或录像带、一本表册或证书、一面锦旗、一个奖杯等均为一件。

《归档文件整理规则》（DA/T 22—2015）规定组件规则如下：

（1）正文、附件为一件；

（2）文件正本与定稿（包括法律法规等重要文件的历次修改稿）为一件；

（3）转发文与被转发文为一件；

（4）原件与复制件为一件；

（5）正本与翻译本为一件；

（6）中文本与外文本为一件；

（7）报表、名册、图册等一册（本）为一件（作为文件附件时除外）；

（8）简报、周报等材料一期为一件；

（9）会议纪要、会议记录一般一次会议为一件，会议记录一年一本的，一本为一件；

（10）来文与复文（请示与批复、报告与批示、函与复函等）一般独立成件，也可为一件。

有文件处理单或发文稿纸的，文件处理单或发文稿纸与相关文件为一件。

三、档案编号

（一）档号的构成元素

档案的编号即"档号"，是以字符形式赋予档案的一组唯一代码，用于反映、固定和识别档案排列顺序。

档号的构成元素包括：

（1）全宗号；

（2）类别号，构成元素包括一级类别号（档案门类代码）、二级及三级类别号、项目号、目录号、年度、保管期限代码、机构／问题代码；

　（3）案卷号 / 组号 / 册号；

　（4）件号 / 页号。

（二）档号的结构

　　按卷整理的档号结构应为：全宗号 – 类别号 – 案卷号 / 组号 / 册号 – 件号 / 页号，即 ×××–×××–×××–×××（见图 6-1），例如 X032–KJ·JJ·02–005–054，其中 X032 为全宗号，KJ 为档案门类代码（科技档案），JJ 为二级类别号（基建档案），02 为项目号，005 为案卷号，054 为页号。

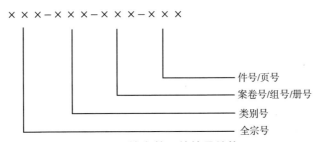

图 6-1　按卷整理的档号结构

　　按件整理的档号结构应为：全宗号 – 类别号 – 件号，即 ×××–×××–×××（见图 6-2）。例如 Z109–WS·2024·Y·办公–0001，Z109 为全宗号，WS 为档案门类代码（文书），2024 为年度，Y 为保管期限代码，办公室为机构代码，0001 为件号。

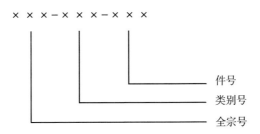

图 6-2　按件整理的档号结构

（三）档号各元素的编制规则

1. 全宗号

全宗号的编制一般采用 4 位代码标识，其中第 1 位用大写汉语拼音字母标识全宗属性，后 3 位用阿拉伯数字标识顺序号；在同一个档案馆（室）内，全宗属性代码不应重复；在同一个全宗属性内按排列次序流水编制全宗顺序号，不应有重号。如某省档案馆藏新民主主义革命历史档案第 13 号全宗，标识为"X013"；某市档案馆藏旧政权档案第 4 号全宗，标识为"J004"。

2. 档案门类代码

档案门类代码采用 2 位大写汉语拼音字母标识，例如机关档案门类代码标识为：文书"WS"、科技"KJ"、人事"RS"、录音"LY"、录像"LX"、实物"SW"；在同一个档案馆（室）内或一个全宗内，不应有重复的档案门类代码；二级及三级类别号的设置应科学、简洁，根据实际情况，可扩展至四级；采用大写汉语拼音字母、阿拉伯数字或二者的组合编制二级及三级类别号，不应有重号，例如行政许可档案中登记注册档案中的注册类档案，标识为"XK·ZC·01"。

3. 项目号

项目号的编制采用项目、课题、设备仪器等的代号或型号标识。年度的编制方法采用 4 位阿拉伯数字标识文件（档案）的形成年度。

4. 保管期限代码

保管期限代码采用大写汉语拼音字母或大写汉语拼音字母与阿拉伯数字的组合标识，以代码"Y"标识永久；以代码"D"＋年限标识定期，例如保管期限为定期 30 年的标识为"D30"。

5. 机构／问题代码

机构／问题代码采用大写汉语拼音字母、阿拉伯数字或汉字标识。如采用汉字"办公室"标识办公室，采用代码"003"标识党务类。

6. 案卷号／组号／册号

案卷号／组号／册号采用阿拉伯数字标识，档案馆（室）应按照实

际数量确定案卷号 / 组号 / 册号的位数；应在案卷号 / 组号 / 册号前最低一级档号构成元素下按照排列次序流水编制案卷号 / 组号 / 册号，不应有重号。

7. 件号

件号的编制采用阿拉伯数字标识，档案馆（室）应按照实际数量确定件号的位数；应在件号前最低一级档号构成元素下按照排列次序流水编制件号，不应有重号。

8. 页号

页号的编制采用阿拉伯数字标识，档案馆（室）应按照实际数量确定页号的位数；应从卷内首页档案开始按排列次序流水编制页号，不应有重号，空白页不编制页号。

（四）档号编制原则

本着一件档案一个编号的基本原则，每一件档案的编号应符合文件的形成规律和特点，且选择编号的方式应保持一定稳定性，需要严格遵循唯一性原则，档号应指代单一。

档号编制原则如下：

（1）不同编号对象应赋予不同代码，一个代码只表示一个编号对象；

（2）需要严格遵循一致性原则，档号结构应与馆（室）藏档案的整理分类体系保持一致；

（3）需要严格遵循稳定性原则，档号一经确定，不应随意改变；

（4）需要严格遵循扩充性原则，档号应预留递增容量，以便适应馆（室）藏档案扩充的需要；

（5）需要严格遵循简单性原则，档号力求简短明了、减少代码差错，以提高处理效率；

（6）需要严格遵循适用性原则，档号的编制宜适应不同的技术环境。

档案经过分类、排列等环节，已经形成了基本的秩序。接下来就是用编写档号的方式将顺序固定下来，经过编号的档案查找起来更加方便快捷，也便于排架、归位。编号方法是在各类别下按照形成时间顺序进行流水编号，可以通过在每件首页右上角粘贴标签和加盖归档章两种方式进行编号。

四、档案编目

编目就是编制卷内文件目录。卷内文件目录是指装入该案卷中的文件的目录，其编制目的是便于管理和查找利用。该目录的编制要根据已排好的顺序逐一录入相关信息。卷内文件目录是各类型档案的明细表，通过它可以一览档案的整体面貌。

（一）档案编目规则

（1）填写卷内文件目录必须按规定格式逐一填写，文件题名不得随意更改和简化；

（2）没有责任者、年、月、日的文件材料要考证清楚后填入有关项目；

（3）会议纪要应拟写每次会议的时间和概要；

（4）没有题名的文件要自拟题名，用"[]"标识；

（5）卷内文件目录放在案卷首页。

（二）档案编目的内容

档案材料目录的项目可以包括：件号、责任者、文号、题名、日期、页数、保管期限等。档案的编目包含案卷目录和卷内文件目录两部分。案卷目录中的序号、档号、案卷题名、总页数为必录项。

目录可以分放在档案盒里，也可以装订在一起供查阅。同时应当在计算机中输入电子目录，作为后期的检索使用。卷内文件目录、案卷目录一律用钢笔、碳素墨水或毛笔填写，字迹工整，有条件的部门可用计算机打印。

（1）件号就是按照排好的顺序编写一个流水号。

（2）责任者是指档案材料的形成者，有些是就诊患者，有些是科室或者单位内部组织（如单位发的任职、晋升文件等）。

（3）题名是档案材料的标题，反映该档案的主要内容，一般照实直录即可。拟写案卷题名应简明确切，体式一致，一般由负责者、事由、文种构成，文字不得超过五十个汉字。对于过长的题名可以简化，但务求反映其真实主题。对于没有题名的可根据材料内容另行拟写。题名包括责任者（前一栏已登记的可缺省）、内容和种类等。

（4）日期是指该文件的形成日期，如果是使用说明书的话可写成出厂日期或者购买日期，用 8 位阿拉伯数字表示即可，如 20240528。

（5）页数是指一件档案的总页数，只计算有图文的页数，空白页不计。

（6）保管期限是指高校附属医院档案保存的时间界限，可以分为永久、30 年和 10 年。

（7）备注填写档案材料缺损、被修改、补充、移出或者销毁等变动情况。

（8）卷内文件材料情况说明，应填在备考表内。必须填写立卷人，检查人的姓名和检查时间，检查人应是立卷部门负责人。

五、档案排序、编页

（一）档案排序

档案在最低一级类目下可以按照时间顺序结合重要程度进行排序：

（1）形成时间早的排在前，晚的排在后，这样可以体现档案与档案之间在时间上的联系。

（2）同一事由（事件或者项目）的材料也可以根据重要程度将重要的放在前面，次要的放在后面。例如某个科室获得的荣誉，有世界级、国家级、省级之分，可以依次排列，将最出色的放在前面。

（3）不可将存在有机联系的材料人为分开排列或者保存。

档案盒按照之前确定的分类方案顺序进行摆放，同类档案集中在一起。

（二）档案编页

顺序固定后，着手用铅笔编写页码。

编写页码的方法为，在档案正面右下角或背面左下角的空白位置编写页码；页码从"1"开始由低向高依次编写。卷内文件材料要按排列顺序依次编写页号或件号。装订的案卷，应统一在有文字的每页材料正面的右下角、背面左下角填写页号；不装订的案卷，应在案卷内每份文件材料的右下角加盖档号章，并逐件编写件号；图表、图样材料应在材料背面左下角编写页号。

六、档案装盒

档案装盒是指将归档文件按顺序装入档案盒，并填写档案盒封面、盒脊及备考表。将归档文件装入档案盒时，应严格按档号顺序装入，与归档文件目录中相应条目的排列顺序相一致。档案利用完毕后也必须准确归位。

需要注意的是：不同类目的归档文件不应放入同一档案盒，如不同年度的归档文件不应同盒，不同保管期限的归档文件不应同盒。同一事由的归档文件，不要求必须同盒，只需按排列的先后顺序依次装盒，装满一盒，再顺次装入下一盒。鉴于保管利用的方便，一般区分载体进行装盒，因此包括纸质档案、照片档案、声像档案、机读档案的装盒等。另外，档案盒内的文件数量应尽量做到厚度适宜，装盒饱满，避免长期放置造成纸张弯曲受损。

目前市面上有多种纸质档案盒，专用的档案盒是长 310 mm、宽 220 mm 的长方体，有 20 mm、30 mm、40 mm 等不同的厚度可供选择，主要根据档案的数量、厚度选择大小合适的档案盒，尽量使盒中的档案直立时不弯折，这样有利于档案的保护。在胶条上填写类别和起止件号等信息，然后将胶条粘在盒脊上。

在填写档案盒封面、盒脊时需要注意的是，档案盒封面应使用全称或通用简称标明全宗名称，盒脊处应填写全宗号、年度、保管期限、起止件号和盒号。起止件号填写盒内排列最前和排列最后的归档文件的件号，起件号填写在上格，止件号填写在下格。例如某科室病患就诊病历类档案材料共有两盒，第一盒有 8 件，则第一盒的起止件号就是 1~8；第二盒有 10 件，第二盒的起止件号就是 9~18。盒号一般填写档案盒上架排列后的顺序号，移交进馆前可先用铅笔编写盒号，进馆时再按进馆要求进行修改。

档案盒内应放置备考表，置于每盒内的所有归档文件之后。备考表是放置于卷末，对本案卷需要说明的问题、情况进行补充说明的文字，要注明立卷人和立卷日期。填写备考表的项目包括盒内文件情况说明、整理人、整理日期、检查人、检查日期。

七、档案排架

排架，即排列上架，一般指将整理规范的档案移交档案库房后，库房工作人员有计划、有规律地将档案排列到档案柜或档案架上。归档文件整理完毕并装盒后，可以进行上架排列工作。

上架排列方法应与档案分类方案保持一致，排架方法应保持稳定，避免频繁倒架。档案排架遵循自上而下，从左到右，到顶头后按 S 型转弯的顺序，排架要求整齐划一。排架过松则浪费空间，不利于柜架的有效利用；过紧则导致档案之间的摩擦，不利于档案保护；不经常取用的档案可采取平放的存放方式，有利于档案保护，经常取用的档案采取竖放的方式，方便拿取。

一般常用的排架方法是流水法，分为大流水排架法和小流水排架法。大流水排架法是按照档案形成、整理的时间先后上架排列的方法。这种方法操作简单，不用预留位置，也不用"倒架"（为后来的档案腾出位置，需要把原来此位置的档案转移到其他位置）。小流水排架法是指对档案分类后，然后在各类别内进行流水排列，排列可以视具体情况而定。这种方法需要预留空位，必要时要"倒架"，优点是排列科学、整体感强。

八、电子文件管理

（一）电子文件特点

电子文件是能被电子计算机识别、处理，按一定格式存储在磁盘或光盘等介质上，并可以在网络上传送的数字代码序列。

电子文件的特点较多，主要表现为：

（1）电子文件采用的数字式代码是人工不可识读的，只有借助计算机解码，才能转换成文字、声音、图形、图像等人们可识读的记录。

（2）电子文件的形成与利用均依赖于电子环境和电子技术，必须借助一定的设备和技术才能识别和利用。

（3）当生成电子文件的软件、运行该软件的操作系统和硬件更新换代与原系统不兼容时，要保存老的系统，进行适应新系统的转换、迁移工作，确保电子文件的可读性。

（4）电子文件的信息是以数字编码记录在载体上的，其信息内容与形式相对独立，使人们对信息的增删更改十分方便；动态文档中的数据不断被自动更新或补充。电子文件的信息内容可以在不同载体上同时存在或相互交换，可以根据需要随时改变或扩展、缩小存储空间，可以通过网络传给异地的计算机终端。

（5）电子文件的信息可以不受时间和空间限制，通过网络传播和交流，随时随地进行查阅和利用，实现信息资源的共享。

（6）使用多媒体计算机，可以将图文信息、音频信息、视频图像等不同媒体形式的信息记录在同一份电子文件上，使其声像并茂，真实再现当时的情况。

（二）电子文件整理

在混合文档管理模式下，电子文件的整理一般包括划分保管期限、分类、排序、命名、存储等方面的内容。要做好电子文件的整理工作，通常应按下述要求进行。

第一，应在电子文件拟制、办理或收集过程中完成划分保管限、分类、排序、命名、存储等整理活动，并同步完成会议记录、涉密文件等纸质文件的整理。

第二，应以件为管理单位整理电子文件，也可以根据实际需要以卷为管理单位进行整理。整理活动应保持电子文件内在的有机联系，建立电子文件与元数据的关联。

第三，应基于业务系统完成电子文件（包括纸质文件）的整理；声像类电子文件的整理，由电子文件形成部门基于电子档案管理系统或手工完成。归档电子文件的保管期限可划分为永久和定期两种，其中定期的可划分为 30 年、10 年等。

电子文件的分类应按电子档案分类方案执行。各单位在编制电子档案分类方案时，可以根据自身的实际情况，参照国家、行业、地方的档案业务标准来进行。例如，文书类电子文件的分类整理可参照《归档文件整理规则》（DA/T 22—2015）执行；科技类电子文件的分类整理可参照《科学技术档案案卷构成的一般要求》（GB/T 11822—2008）、《建设项目档案管理规范》（DA/T 28—2018）、《企业文件材料归档范围和档案保管期限规定》（国家档案局令第 10 号）及相关部门制定的推荐标准执行；专业、邮件、网页、社交媒体等类电子文件的分类整理可参照《归档文件整理规则》（DA/T 22—2015）等推荐标准执行，但有其他专门规定的，从其规定；声像类电子文件可按照年度、业务活动等分类标准进行分类。

第四，应在整理过程中基于业务系统电子文件元数据库，建立纸质文件目录数据；涉密纸质文件目录数据的录入，应符合国家保密法律法规、标准规范的要求，目录数据项的选择和确定可参照《电子文件归档与电子档案管理规范》（GB/T 18894—2016）中第 6.2.2 条款的规定执行。

第五，在混合文档管理模式下，应在分类方案下根据业务活动、形成时间等关键字，对电子文件元数据、纸质文件目录数据库进行同步排序。排序结果应保持电子文件、纸质文件之间的有机联系。

第六，电子文件的命名应按规则进行。电子文件的命名规则应能保持电子文件及其组件的内在有机联系与排列顺序，能通过计算机文件名元数据建立电子文件与相应元数据的关联。具体要求包括：应由业务系统按内置规则自动、有序地为电子文件及其组件命名；在单台计算机中经办公、绘图等类应用软件形成的电子文件，应采用完整、准确的电子文件题名命名；声像类电子文件可采用数字摄录设备自动赋予的计算机文件名。

第七，可参照分类方案在计算机存储器中建立文件夹，集中存储电子文件及其组件，完成电子文件的整理工作。

第七章
档案保管

　　档案保管工作是为解决档案长远利用与档案损毁之间的矛盾而产生和存在的，通常指根据档案的成分和状况，采用一定的手段和方法，对档案实行科学管理和安全防护，这也是档案部门业务工作的组成部分之一。

　　社会对档案的利用是长期的，这就要求档案的内容齐备完好，系统性强，尤其是对那些有重要意义的档案，更要求其尽量保持原貌。但是，由于各种社会和自然的原因，档案的载体和系统性难免遭到破坏，影响人们对档案的利用，这就需要档案工作者对档案实行有效的保管，延长档案的寿命，从而充分满足日常档案利用的需要。

　　档案保管工作具体包括四个方面的内容：一是档案馆（室）的选址设计，依据国家标准合理选择档案馆（室）的位置，并按要求装修和设计；二是档案库房管理，从排架、温湿度调节和库房防护等方面对库房进行标准控制；三是档案安全控制，即根据档案的成分和状态采取相应的存放保管和安全措施；四是档案安全应急管理，做好应急准备和应急响应。

　　档案保管工作是整个档案业务工作的有机组成部分，它与档案的业务工作之间有着必然的联系，不可能完全脱离档案的收集、整理、利用等工作孤立地进行。同时，档案保管工作又是一个相对独立的环节，忽视或抹杀保管工作的独立性，都有碍档案的科学管理。

第一节　档案馆（室）的选址设计

一、档案馆的选址设计

档案馆是指集中管理特定范围档案的专门机构，是独立的档案建筑，其选址与设计应参照中华人民共和国行业标准《档案馆建筑设计规范》（JGJ 25—2010）进行。

（一）档案馆的选址

档案馆的选址要符合城市规划的总体要求，并围绕档案建筑的基本功能属性——收集、保管、利用等进行，重点考虑档案的安全性、开放性、社会性和文化性。档案保管的安全性主要包括基地的地质条件、地势、与其他建筑物的间距、远离危险源和污染源等。应选择地质条件良好的地点，尽量远离山河湖海，远离易燃易爆的危险源。此外，档案存放应便于档案利用，交通方便、公共设施完善可大大提高公众对档案的利用率。同时，应为档案利用者提供一个安静、舒适的场所，提高其文化性，避免和减少噪声的干扰，尽量远离噪声较大的厂房、影剧院、商场、体育馆等建筑物。

（二）档案馆的设计

在档案馆总体设计上，由于库房承重、层高、空调系统、灭火系统等功能的特殊性，档案馆应独立建造。对于一些规模较小的档案馆来说，在满足档案安全保管、便于利用等功能要求的前提下，可以与博物馆、图书馆等文化项目合建，但应有独立的管理区域。总平面的道路布置应考虑便于大量档案的运送装卸以及消防应急使用。室外用地也应统筹安排，档案建筑区域内的道路、停车设施及建筑物应符合无障碍设计要求，充分考虑到残疾人及行动不便者等特殊人群的特殊要求。

在档案馆内部空间的设计上，档案馆应根据其等级、规模和功能等属性设置各类用房，并宜由档案库、对外服务用房、档案业务和技术用房、办公用房和附属用房组成。同时，档案建筑布局应按照功能分区布置各类用房，并达到功能合理、流程便捷、内外相互联系又有所分隔的要求，避免交叉。此外，为了工作人员调卷方便，库房与阅览等业务用房不能距离太远，交通应便捷。为保护档案原件，各类用房之间进行档案传送时，不应通过露天通道。有温湿度要求的房间尽量集中或分区集中布置，便于统一进行温湿度控制。

档案的馆藏量是逐年增长的。修建时需要考虑一定年限内的档案增长量，年限数确定得过短，库容量很快就会饱和，确定得过长，则又增大一次性投资，并长时间保持空库，也不够经济、合理。为此，要结合具体情况，在设计上考虑和保留各种扩建的可能性。一般扩建做法有，在总平面布置上预留水平方向的扩建用地，以便增建新的建筑。此外，设计时考虑建筑物垂直方向的扩建，在基础及结构设计中，保留增加层数的需要。

二、档案室的选址设计

档案室，是指一个单位内部职能部门，承担收集和保管各门类、不同载体档案，为本单位提供利用服务的综合档案室。相比档案馆，其规模较小、职能较为单一，是我国档案工作的最基层组织，是档案馆工作的前提和基础。

（一）档案室的选址

档案室的选址要重点考虑以下几个方面的要求：

（1）档案室用房应设立在办公区域附近，方便档案的取放。

（2）不要靠近水源（如卫生间、洗漱间、热水房）、火源（如厨房、食堂），远离易燃、易爆物品和有害气体源等。

（3）无特别防护，一般不宜设置在地下或顶层。若因条件限制只能设置在地下时，必须采取防潮、防水措施，并设置机械通风或恒温恒湿设备；设置在顶层时，屋顶应采取保温隔热措施，并做好防水处理。

（4）平房被用作档案室时，其位置应高于周围地势。

（二）档案室的设计

在新建办公楼时，档案室要纳入建设计划，向设计部门提出档案用房的建筑要求。布置各类用房时，要按照功能区分原则，力求达到功能合理，流程便捷。

（1）档案库房、档案业务工作室和阅档室分开，力求达到安全保密、布局合理、方便实用，实现内外相互联系与分隔。

（2）在办公条件允许的情况下，还可专门设立档案接收、整理、裱糊、消毒、复印、数字化、缩微、安全监控以及陈列室等用房。

（3）档案库房要符合档案防护要求，即防火、防潮、防水、防高温、防强光、防尘和防污染、防盗、防有害生物（霉、虫、鼠）、抗震。

（4）档案库房楼层地面应满足档案及其装具的承重要求，即档案库房楼面均布活荷载标值不应小于 5 kN/m²，安装密集架时不应小于 12 kN/m²。若办公室改建为档案库房的，特别是安装密集架时，必须加固使楼面均布活荷载达到以上要求。

（5）档案库房门应具防火防盗功能，密封性能好，且宜采用金属防盗门，库房门与地面的缝隙不应大于 5 mm；窗应为双层窗，开启窗应有密闭措施；当采用高窗时，墙的下部应增设通风口，通风口设金属网。档案库房外门、外窗均应安装铁栏杆或防盗网等安全防护措施。

（6）档案库房地面应光洁、平整、耐磨，不易生尘，应有防潮措施。

（7）档案库房墙体应具有隔热、防潮、防尘、防火功能，档案库净高不应低于 2.60 m，墙体厚度不小于 24 cm。为不影响办公楼整体外观，有大开窗的档案库房应在外墙窗洞内侧筑一道内墙以减少窗洞面积。

（8）档案库内严禁设置明火设施，库房的电源开关应设于库房外，并应设有防止漏电的安全保护设施，控制导线和供电导线应用铜芯导线。配电线路宜采用穿金属管暗敷方式。空调设施和电热装置应单独设置配电线路，并采用穿金属管保护；给排水管道不应穿越库区；上下水立管不应安装在与档案库相邻的内墙上。

（9）档案库房面积应满足档案工作发展的需要。一般应预留未来

20 年的档案存储空间。

（10）档案业务工作室和阅档室应邻近库房，环境安静。选址应考虑工作人员监管和取放档案方便，纸质档案、缩微胶片、电子档案阅览的需求以及复印、打印、拍照等不同方式的利用，为阅览人员提供舒适的环境。

第二节 档案库房管理

库房管理是档案保管工作的主要内容，包括实体档案库房管理和电子文件档案库房管理。

一、库房管理基本要求

档案保管的原则是以防为主、防治结合，具体要求有：

（1）库房由档案管理人员管理，实行岗位责任制。

（2）档案室应配备使用电池的照明器以备停电时使用，严禁明火照明。

（3）库房钥匙统一由档案管理人员在指定地方保管。

（4）原则上只有档案管理人员方可进入库房，严格控制无关人员进入库房。内部人员因工作需要可在档案管理人员的陪同下进入库房；外来人员参观或进入库房，要填写《外来人员进入库房登记表》，报分管领导批准。进入库房人员必须换上工衣、专用鞋或鞋套，外来人员进入库房须由档案管理人员陪同，手提包不准带入库房。

（5）档案管理人员负责每天开启、关闭库房设备，检查电源、设备及灭火器材，并做好检查记录。

（6）建立库房管理台账。档案进出库房，须认真登记、清点、核对、履行签收手续。利用完毕的档案应及时入库放回原处；每天登记入库人员情况；及时发现问题并向上级领导汇报处理。

（7）电子文件档案库房的设计应符合现行国家标准《电子信息系统机房设计规范》（GB 50174—2008）的规定。

二、全宗卷的管理

全宗卷是档案室在管理本单位档案过程中形成的，以全宗为单位，由说明全宗历史情况的有关材料组成的专门案卷。全宗卷是一个案卷，案卷内材料是随着全宗管理活动过程产生的原始记录性文件，呈动态增加。它不是全宗内的档案，而是在管理全宗内档案的过程所形成的档案。

（一）全宗卷的管理流程

（1）档案收集。每次档案移交和接收全宗的文据，包括移交目录、接收征集记录、档案来源和价值说明等。

（2）档案整理。包括全宗整理工作方案、分类方案、归档文件整理说明、案卷目录说明、整理工作小结等。

（3）档案鉴定。包括鉴定小组名单、档案保管期限表、鉴定档案分析报告，销毁档案的请示、批复、清册等。

（4）档案保管。包括档案安全检查记录、库房温湿度记录、档案的抢救与修复情况、重点档案的特殊保护措施等。

（5）档案统计。包括档案收进、移出登记、档案基本情况统计、利用统计等。

（6）档案利用。包括全宗指南、大事记、开放利用和控制使用范围说明、档案汇编、典型事例等。

（7）档案管理新技术的应用。包括缩微、复制、数字化情况等。

（二）全宗卷的排序与移交

全宗卷应放置在档案排架的首位，按"问题—时间"进行排序，实行动态管理。档案管理人员平时应注意积累其管理过程的原始文件，及时补齐，数量较多的可分卷。需向档案馆移交的立档单位，全宗卷按到期移交年份，按属类分别把每卷文件材料加上封面、封底和卷内目录进行装订，移交时与档案一并移交。

三、实体档案库房排架

实体档案库房排架具体包括档案柜架排列与编号、编制档案存放的位置标签、编制档案代卷卡等工作。

（一）档案柜架排列与编号

统一编号。为便于迅速提取档案，应将所有档案柜（架）统一编号。编号方法为：从门口开始依次按照档案类目的顺序从左边（或正对）第一排箱柜算起，自上而下、从左至右、"之"字形走势，并按字母或阿拉伯数字顺序排列。

柜（架）不能贴靠墙壁，柜（架）背部与墙壁之间的距离应有 0.10 m 以上；柜（架）端部与墙壁之间的距离不小于 0.60 m；主要通道应正对库房门，净宽不小于 1.20 m；非密集架的排列，两行间净宽不小于 0.8 m。

档案排架应根据实际情况参考年度、保管期限、载体类型三种存放方式，按照柜架的顺序，设定档案上架排列存放顺序。

（二）编制档案存放位置标签

编制档案存放位置标签时，应能反映该档案顺序号、柜号和盒号以方便、快速、有效地调出实体档案。在库房入口处悬挂或张贴库房平面示意图；档案柜、密集架端面放置反映档案存放内容的指引卡。

（三）编制档案代卷卡

档案室向利用者提供档案利用时，需将库房已上架的档案暂时移出库房，为便于档案人员掌握档案流动情况和进行安全检查，应制作档案代卷卡，放在被移出案卷的位置上。

四、电子档案库房管理

（一）脱机保管

档案室应配置必要的计算机及软、硬件系统，实现电子档案在线管理和集成管理，并将电子档案的转存和迁移相结合，定期将在线电子档案转存为一套脱机保管的电子档案，保障档案载体的物理安全。脱机电子档案（载体）应在符合保管条件的环境中存放，一式三套，一套封存保管，一套异地保存，一套提供利用。

归档电子文件的保管除按纸质档案的要求外，还应符合以下条件：

（1）归档载体应作防写入处理；不得擦、划、触摸记录涂层。

（2）环境温度为 17 ～ 20℃；相对湿度为 35% ～ 45%。

（3）存放时远离热源、酸碱等有害气体和强磁场。

（4）存放时载体应装盒、竖放，且避免挤压。

（5）电子档案装具。电子文件归档的载体主要有光盘、硬盘、磁带（软盘不能用于归档），保管这些存储介质的温湿度有不同于实体档案的规定，故在经费允许的条件下，应独立设置电子档案库房或购置电子档案柜保管电子档案。

（二）排列上架

档案入库排架、编制档案存放位置索引可参考实体档案管理做法，但档案存放应根据载体排列上架。

（三）档案实体自动化管理

随着社会和科技进步，档案库房管理中越来越多地应用了新的自动化管理技术，大大提高了档案库房管理的效率。具体如下：

1. 条形码技术

条形码技术是指把计算机所需的数据用一种条形码来表示，然后通过扫描设备将条形码数据转变为能被计算机识别的二进制和十进制数据。条形码是条码技术的核心，是指将宽度不等的多个黑条和空白，按照一定的编码规则排列，用以表达一组信息的图形标识符。常见的条形码是由反射率相差很大的黑条（简称条）和白条（简称空）排成的平行线图案。

条形码技术具有输入速度快、准确性高、安全性好、适应性强、成本低、制作简单、操作简便等优点，随着科技进步和档案管理现代化的需要，已逐渐在各级档案部门的档案库房中得到应用。目前将条形码技术应用到档案实体管理中时，通常按照一定的编码规范，通过条形码管理系统生成条形码，打印后粘贴在档案封面或卷脊上，应用于借阅管理或库房管理。

将条形码技术应用于档案的出入库登记、借阅管理以及库房管理有以下优点：规范档案实体的出入库管理、库房清查管理，保证档案的安全；节省档案借出归还登记时间，节省人力，减少差错率；便于实体档案与计算机之间的快速连接，实现档案实体的信息化管理。但是，使用条形码技术进行档案实体管理，目前还存在缺乏条形码统一编码方式、档案机构间无法通用等缺点。

2. 无线射频识别技术

射频识别技术（radio frequency identification，RFID）是一种非接触式的自动识别技术，它通过射频信号自动识别目标对象，并获取相关数据。通常，RFID 系统由射频电子标签、读写器或阅读器以及天线三部分构成。

RFID 技术具有非接触式数据采集；可快速扫描，一次性数据处理量大；标签信息容量大，可重复使用；标签的数据存取具有密码保护，安全性高；抗污染性和耐久性强；体积小型化、形状多样化；穿透性和无屏障阅读等优点。标签具有 EAS 防盗功能，配合门形通道天线，可实现非法位移的报警功能。

在实际应用中，读写器将特定格式的数据（档案元数据信息项或库房位置信息项）写入 RFID 标签，将标签粘贴在档案盒或档案文件的表面，通过安装的阅读器和天线，可无接触地读取并识别电子标签中所保存的电子数据，从而实现对档案信息的远距离无接触式采集、无线传输等功能，并通过信息系统进行档案实体管理。

RFID 技术在提高档案盘点效率、查找档案和排架纠错、简化借还手续、防盗、利用统计等方面具有较强的优越性，但同时也存在信号干扰导致无法识别、标签使用年限有限等缺点。

五、库房温湿度调节

（一）调节方法

（1）经费有保障、库房条件比较好的档案室可对库房实施封闭，配置恒温恒湿全自动监控调节系统，使库房温湿度实时达到国家规定的温湿度标准。

（2）经费保障较差的档案室可采取库房密闭、定期通风、空调设备调节、自然蒸发或加湿去湿等方法调节库房温湿度，但此类方法很难达到恒温恒湿库房的理想温湿度要求。

（二）温湿度仪器

（1）档案库房要配备适当的温湿度仪器。常用的温湿度测量仪器有：水银温度计、酒精温度计、双金属自记温度计、普通干湿球温湿度计、旋转式干湿球温度计、自记式毛发湿度计、自记式电子温湿度计、日记（周记）式温湿度记录仪、智能温湿度记录仪、温湿度自动监控管理系统等。温湿度测量点应在距地板 1.5 m 处左右。选用温湿度计时，应综合考虑包括价格、使用寿命、维护、校验成本、使用的便捷性等因素。

（2）常用温湿度控制调节设备有空调、去湿机、加湿机、恒温恒湿一体机等。

（3）去湿机去湿量有 2 kg/h、3 kg/h、6kg/h 等规格。去湿机的选择要考虑库房密封程度、面积、空气潮湿程度等。

（三）温湿度记录

处于手工管理阶段的档案库房，管理人员应定时测量记录库房温湿度，一般一日 3 次。所记录的材料是掌握库房内外温湿度的重要资料，须每年放入全宗卷。

六、库房防护工作

档案库房要符合档案防护要求，即防火、防潮、防水、防高温、防强光、防尘和防污染、防盗、防有害生物（霉、虫、鼠）、抗震。

（一）防火

档案室、档案库房是本单位重点防火部门，防火级别为最高等级。

1. 防火要求

指定专人为防火责任人或负责防火安全工作。档案室、档案库房严禁烟火，要在明显处标识"严禁烟火"警示牌。

专人负责定期检查、保养报警、灭火装置、电源，如发现手动灭火器表压低于绿色区域时，必须补充或置换。灭火器定点放置，不得随意移动或做他用。

库房无人应切断电源，下班前彻底切断总电源。

人员应熟悉灭火装置使用和消防应急措施，并定期进行消防演练，发现异常应及时处理和报告。

2. 防火设计

档案建筑防火设计，应符合现行国家标准《建筑设计防火规范》（GB 50016—2014）和《建筑内部装修设计防火规范》（GB 50222—2017）的有关规定。

（1）档案库区中同一防火分区内的库房之间的间隔均应采用耐火极限不低于 3 小时的防火墙，防火分区间及库区与其他部分之间的墙应采用耐火极限不低于 4 小时的防火墙，其他内部隔墙可采用耐火极限不低于 2 小时的不燃烧体。档案库中楼板的耐火极限不低于 1.5 小时。

（2）供垂直运输档案、资料的电梯应邻近档案库，并应设在防火门外；电梯井应封闭，其围护结构应为耐火极限不低于 2 小时的不燃烧体。

（3）特藏库宜单独设置防火分区。库房应设置火灾自动感应器与报警系统。

（4）库房应设室外消防给水系统。档案库房可采用洁净气体灭火系统或细水雾灭火系统。

（5）档案装具宜采用不燃烧材料或难燃烧材料。

（6）档案库区建筑及每个防火分区的安全出口应不少于2个。

（7）档案库区缓冲间及档案库的门均应向疏散方向开启，并应为甲级防火门（即其耐火极限为1.2小时）。

（8）库区内设置楼梯时，应采用封闭楼梯间，门应采用不低于乙级的防火门（其耐火极限为0.9小时）。

（9）档案建筑应配置灭火器，并应符合现行国家标准《建筑灭火器配置设计规范》（GB 50140—2005）的规定。档案室要配备手电筒，以备停电时使用。

3. 档案库房灭火设备使用

档案室的档案以纸质为主，在选用灭火剂时，应考虑尽量减少对纸质档案的损害，减少灭火后档案上的残留物，因此，泡沫灭火和干粉灭火设备一般不予考虑。我国比较适合用于档案灭火的设备有：IG541气体灭火系统、细水雾灭火系统、七氟丙烷（HFC-227ea）灭火系统等。

IG541气体灭火系统的灭火药剂是自然界的三种稀有气体组成的混合物，其中氮气含量52%、氩气含量40%、二氧化碳含量8%。灭火原理为：当IG541气体按规定的设计灭火浓度喷放于防护区域中时，在1分钟之内将区域内的氧气浓度由21%迅速降至12.5%，同时，将保护区域中的二氧化碳浓度从自然状态下的低于1%提高到4%，使其不能维持燃烧条件而达到灭火的目的。应用方式为全淹没灭火，且灭火时不影响在场人员的安全。

细水雾灭火系统特点是对水施加一定的压力并在特殊的喷嘴作用下，产生雾粒直径在0～400μm范围内的水微粒，具有良好的雾化效果。细水雾灭火系统的优点是系统工作压力低，安装及二次灌装方便；应用范围广泛，对人体无害；灭火用水量小，灭火效能、工程造价、释放后二次灾害等方面均较为优越；在具有灭火功效的同时，还具有快速冷却、降尘等效果。

七氟丙烷灭火系统是一种高效能的灭火设备，其灭火剂HFC-ea是一种无色、无味、低毒性、绝缘性好、无二次污染的气体，对大气臭氧层的耗损潜能值（ODP）为零。七氟丙烷灭火不会对档案造成污损，是目前卤代烷 1211、1301 的替代品之一。

（二）防潮和防水

（1）档案库房内不应设置除消防以外的给水点，给排水管道不应穿越库区，消防栓不应设在档案室内，而应设在明显而又易于取用的走廊内或楼梯间附近。

（2）档案库区应排水通畅，防止积水。

（3）无地下室的首层库房和地下库房由于受到地下水的影响，地下防水等级为Ⅰ级，地面必须有防潮、防水措施。

（4）库房屋面防水等级应为Ⅰ级，应设置机械通风或空调和加湿除湿设备控制库房湿度。库房湿度的具体要求应根据不同载体档案保管的湿度要求确定，并尽量保持恒定。

（5）采用架空地面是一种有效的防潮、防水措施，架空层净高不应小于 0.45 m，架空层下部的地面宜用简易防水地面，并高出室外地面不小于 0.15 m，做不小于 1% 的排水坡度。架空层上部的地面宜采取适当的隔潮措施。架空层的外墙应做通风孔，风口处装金属网及可开启的小门。

（三）防高温

库房高温会促进空气中的有害气体、灰尘及各种有害的化学物质对档案材料的破坏，助长档案有害生物的生长繁殖，因此，档案库房必须做好高温防护。

档案库屋顶的形式、结构、用材、颜色均应考虑隔热效果，墙体应加厚并采取保温、隔热措施。平屋顶上采用架空层时，架空层应通风流畅，其高度不应小于 0.3 m。库房内应根据需要设置空调设备，调节库房温度符合各类不同载体档案保管的温湿度要求，并尽量保持恒温。

（四）防强光

强光主要指的是日光直射和紫外线照射。强光对档案制成材料耐久性的影响有三方面：一是光辐射热，二是光氧化，三是光能的破坏。通过影响材料耐久性进而降低档案载体的纤维素含量，使纸张发黄、发脆，数据载体发生化学变化，缩短档案寿命，故应采取以下措施确保延长档案寿命。

（1）采用密闭库房设计，防止日光直接射入。如无法实现，则应配置遮光性强的窗帘布、毛玻璃，在窗玻璃上涂刷紫外线吸收剂等，不得随意打开库房门窗，减少紫外线的透过量和避免阳光直接射入库房。

（2）库房照明应选用紫外线含量低的人工光源，40 W 或 60 W 白炽灯为宜，且照度不超过 100 lx。如确实需要采用普通日光灯时，应在日光灯表面涂刷紫外线吸收剂并加装防爆罩。

（3）档案柜摆放应与窗户垂直。

（4）尽量减少档案原件复制次数。

（5）库房照明应人走灯关。

（6）不得在阳光下存放、整理、鉴定、利用档案；不得在阳光下暴晒档案；搬运档案应采取遮光措施。

（7）原则上展览、陈列不得用档案原件，宜用仿真复制件。

（五）防尘和防污染

灰尘一般能吸收空气中的酸碱性，是霉菌孢子的传播者，降落在档案上会对档案产生摩擦、污染等破坏；有害气体会影响档案制成材料的耐久性及使字迹产生氧化褪色。防尘和防污染应采取以下措施。

（1）正确选择档案库房的地址是预防有害气体与灰尘的根本办法（从源头上杜绝灰尘进入档案库房）。好的库区选址，周围应绿化良好，有很好的防尘、净化空气、降温、防噪声等效果。

（2）定期打扫库内卫生，重点是档案柜架、库房四壁、天花板、地面清洗防尘网和空调等设备；档案库房地面应光洁、平整、耐磨；其他内部装修、装具和固定家具等设计应表面平整、构造简洁，并应选用环保材料。

（3）库房门、窗的密封性要好，可使用橡皮条、空心胶条贴在门、窗的周边，加强其密封性，以有效降低外部环境对库房内部的污染；门窗宜设置纱门、纱窗，外窗应具有较好的防尘功能。

（4）档案入库前应除尘，库房管理人员穿鞋套进出库房。

（5）尽量少打开库房门窗或者打开时间尽可能短，以减少库外灰尘等进入库内。

（六）防盗

档案室应就以下方面加强检查，消除档案信息和载体发生被盗窃的可能性：

（1）档案室（含库房）的外门及首层外窗均应有可靠的安全防护设施。应安装防盗窗、防盗门、防盗报警装置或者视频监控设备。

（2）实行双钥匙管理库房。有条件的档案室可安装门禁，控制人员出入的区域，保证档案库房的安全。

（3）节假日和夜间应加强安全监测或巡查；下班时关好门窗，上班时检查档案库房门窗、铁网、铁柜、档案是否完好。

（4）做好档案查借阅出入库前后档案完整性检查登记。发现异常及时向有关领导报告并依规进行处理。

（5）档案室的重要电子档案保管和利用场所应满足电磁安全屏蔽要求。

（七）防有害生物（霉、虫、鼠）

1. 防霉

霉菌是一类丝状真菌的总称，是真菌的重要组成部分，在各类微生物中数量最多、分布最广。档案霉菌是指在库房内及档案制成材料中滋生并对档案及有关设备造成危害的霉菌。如档案发霉，肉眼所见的是很多菌丝体组成的菌落，菌丝体一般为白色或浅色。菌丝形成后，由于在菌丝顶端逐渐长出各种颜色的孢子，使菌落具有一定的颜色，如：绿色、青色、棕褐色、橘红色、粉红色等。

霉菌能够在档案库内一般条件下生存，以档案制成材料为养料，并分泌出能够分解档案的酶，使档案制成材料失去原有的物理和化学性质，给档案造成很大的损坏。霉菌对档案的危害主要有污染文件、破坏纸张、使纸张粘结。

霉菌在库房中生长、发育的主要条件就是充足的养料、适宜的温湿度以及空气。档案制成材料本身就是霉菌生长的营养物，这一点尚无法改变，但可以通过控制库房的温湿度等措施来防止霉菌的生长。

档案入库前应进行消毒除霉，消毒除霉可使用低温冷冻或真空冲氮消毒机等方法杀死损害档案的有害生物；保持库房恒温恒湿，每天检查库房温湿度变化并进行登记、分析、调整，使库房温度变化保持在 14 ~ 24℃，相对湿度 45% ~ 60%；保持库房的清洁，灰尘是霉菌传播的重要媒介，库房保持清洁也是减少霉菌滋生的重要举措；严禁把有害气体、物品带进库内；使用合适的防霉剂，并注意按防霉剂的有效期定期更换。

档案发霉时通过物理方法除霉，如通过温度、辐射、声波、渗透压等物理措施除霉。当发现档案或卷皮发霉时，要把发霉的档案与没发霉的档案隔离，并判断是表浅发霉还是发霉程度严重。如是表浅发霉可用干布将霉点擦掉，如发霉程度严重则应采用甲醛熏蒸、物理冷冻（用塑料袋套住档案放入冰箱冷冻室中）等方法处理。

2. 防虫

档案害虫是指直接或间接危害档案的昆虫，它们大多以淀粉或含糖的物质为食物，而在各种载体类型的档案中均不同程度地含有这些成分，所以档案害虫是破坏档案材料的大敌。其破坏形式主要是啃咬档案，使档案残破，另外，害虫的粪便及其他排泄物还会污染档案，使档案粘在一起。危害档案的害虫主要有烟草甲、档案窃蠹、黑皮蠹、蟑螂、书虱、白蚁、蠹鱼等。

预防档案害虫的措施有：档案入库前消毒、杀虫；库房门与地面的缝隙不应大于 5 mm 且宜采用金属门或下缘包铁皮的木门；档案库外窗的开启扇应设纱窗；档案室禁止存放食物，库房内不要堆放与档案无关的杂物；建立清洁卫生制度，并认真贯彻执行，档案库房要保持清洁卫生；严格出入库房制度，工作人员进入库房要穿工作服和鞋套；墙壁或楼、地面处应使用不燃材料填塞密实，其他墙身孔洞也应采取防护措施，底层地面应采用坚实地坪；按《档案馆建筑设计规范》（JGJ 25—2010）要求控制温湿度；控制档案库房温湿度抑制档案害虫的生长；放置驱虫剂，如香草、樟脑、长效防霉驱虫灵等；对档案进行定期检查。

虫害发生后，可以通过以下方法来消灭虫害。

（1）低温杀虫灭菌：–40～–10℃是昆虫的死亡温区。一般 –4℃以下可使档案害虫细胞结构破坏而死亡，–20℃以下档案害虫会因体液发生结晶变化而致死。温度越低，死亡时间越短，–16～–5℃需24～72小时，–25～–16℃需10～72小时，并能杀死档案害虫的各虫态和大部分霉菌。冷冻杀虫对档案的纸张和字迹无不良影响，无毒，不污染环境，操作简单方便，不需要特殊防护等。冷冻杀虫应将档案材料用塑料袋装好密封，以免冷冻后档案取出时低于"露点"而使档案受潮。

（2）气调杀虫灭菌：在密闭的容器内充入大量的氮气或二氧化碳气体，改变空气的结构，使害虫窒息而死。目前档案部门较普遍使用的是真空充氮杀虫灭菌装置，不用任何药剂，可杀灭档案内所有的虫害和大部分霉菌。气调杀虫灭菌占地面积小，操作简便，比较适合档案部门日常使用。

（3）化学杀虫：如胃毒法，用杀虫药物让害虫吃了以后通过消化道吸收而中毒死亡；触杀法，用杀虫药物与害虫接触，药物通过害虫的表皮进入虫体使其中毒致死；熏蒸法，用易挥发、易扩散、有钻透性的杀虫药物通过害虫呼吸道进入虫体内使害虫中毒死亡。

3. 防鼠

首先，库房墙体应密闭无孔隙，地面应采用坚实的不易生尘地坪。其次，库房门与地面的缝隙不应大于 5 mm，且宜采用气密、水密及保温性能好的金属门，档案库房不允许有食品和水存在。一旦发现档案库房内有老鼠，立即捕杀或用毒鼠药毒杀。

（八）抗震

随着自然灾害频率的增加，档案室建筑应具有一定的抗震设计，符合《建筑工程抗震设防分类标准》（GB 50223—2008）要求，达到相应的实际抗震效果。位于地震基本烈度七度及以上地区的乙级档案馆（室）应按基本烈度设防。

第三节　档案安全控制

《中华人民共和国档案法》第四条规定要求"维护档案完整与安全，便于社会各方面的利用。"这是我国档案工作最基本的原则和对档案工作最基本的要求。安全控制就是根据档案的成分和状态所采取的存放保管和安全防护措施。

一、档案安全控制的措施

档案安全控制的任务是防止档案损坏、延长档案寿命、维护档案安全。防止因为保管不当或环境、条件恶劣而发生丢窃、泄密或档案损毁等情况。具体应做到以下几点：

（一）档案安全检查

档案人员平时要掌握档案室库房及空调、照明等重要设备的安全情况，要定期进行安全检查并做好记录，在节假日前，组织本单位的安检人员对档案室进行安全检查，发现问题和隐患时及时整改。

1. 安全检查的内容
（1）检查档案实物与目录是否相符。
（2）检查被毁坏、遗失、损坏文件的数量、情况。
（3）检查库房的设备安全情况。
（4）检查借阅与归还的登记、注销情况。

2. 安全检查的方式

（1）定期检查

档案的定期检查，其间隔时间应根据档案室的具体情况而定。一般说来，1 年一次为宜。档案特别多的档案室，也可以 2 年或 3 年进行一次。对于工作头绪多、库房设备比较分散简陋和安全条件较差的档案室，定期检查周期不宜太长，应勤做检查，一般应一个季度或半年检查一次。

（2）不定期检查

档案的不定期检查，应在下列情况下进行：档案库房发生水灾、火灾之后；发现档案被遗失或失窃后；发现档案有虫蛀、鼠咬、霉烂等现象时，对某些档案是否遗失发生怀疑；档案保管人员调换工作时。

（3）专项督查

专项督查一般以档案室自查和档案行政管理部门督查组抽查相结合的形式开展。督查如下内容：是否有库房安全管理制度；是否做到办公、档案利用、库房三分开，库房面积是否满足现存和今后 20 年档案增量需求；档案库房是否有安全、门禁、消防系统；各门类档案实体是否实行集中统一管理；是否建立有档案利用制度以及制度执行情况。

为保证安全检查工作的顺利进行，应成立检查小组并选定检查形式，对确定检查的档案进行逐项逐卷检查核对，并做好记录，检查小组成员要在记录上签字。检查结束后写出报告，并对发现的问题提出切实可行的整改意见。

（二）档案迁移

档案移交、接收或档案室搬家、库房调整、档案利用借阅等，都会涉及档案搬运过程中档案的安全问题。档案工作者必须保持高度的政治责任感和工作责任心，认真做好以下几点：

（1）档案搬迁前一定要制订搬迁档案工作计划或方案。

（2）采取将档案入盒或入箱搬运措施，避免档案的损伤和污染。

（3）搬运时轻拿轻放，防止挤压、揉塞、撕损档案等情况发生。

（4）档案借阅利用时，档案必须时刻处于档案工作人员的监控之下，确保档案完好，利用完毕及时归库。

（5）接收的档案经过去污、除尘、消毒杀虫后方能入库；受损的档案应及时修复或补救。对于易损的支撑材料和字迹，应该采取复制手段加以保护；及时做好消毒杀虫、档案修复保护情况登记。

（6）档案如必须临时存放，应保持存放地点干净、整洁，并具备防火、防潮、防污染和防光、防盗、防虫、防霉、防鼠等防护功能。控制好温湿度，理想环境是低温干燥、空气清洁、避光保管。

（三）盘点与核对

档案室工作人员应定期对库藏档案进行盘点核对，特别是在档案人员工作岗位变动时必须进行一次清点核对，要做到登记台账与档案实体相符。

（四）档案安全风险防范

针对可能出现的各类档案安全风险做好防范措施，日常工作中要对残损档案及时进行抢救修复，对重要、珍贵和利用率较高的档案要建立特藏室（柜）和数字化加工存储备份；同时要对重要档案及电子文件实行异地备份，对重要的电子文件还要实行异质备份；加强对室藏档案的编研和信息开发利用，从而确保档案信息资源的绝对安全。

二、档案安全控制的方法

档案安全控制工作方法就是为延长档案寿命在档案存放中所采取的各种专门技术以及档案流动过程中的安全措施。档案存放应依据档案载体选择档案柜架并选择相适应的档案存放方式。不同载体材质的档案应分类存放、规范保存。

（一）纸质档案

纸质档案库的温湿度要求应符合相关规定，即温度在 14～24℃，相对湿度在 45%～60%，纸质档案的存放的方法有竖放、平放、卷放和折叠四种。

1. 竖放

竖放保管是目前采用比较广泛的一种方式，其优点是检取和存放档案比较方便。装订成卷（册）、盒装档案和照片档案一般应采用竖放方式。对于照片册放置不下的大幅照片，应将照片固定在专用的纸板上，再放入专用的档案袋或档案盒中，按照片号顺序排列。照片档案是由感光材料制成的，保管时比纸质档案的保管有着更严格、更特殊的要求：

（1）照片与底片分开存放。照片与底片是不同载体的感光材料，按要求分别存放，把底片放入专门的底片袋内；接触底片应戴手套或用镊子，以免污染底片，影响底片的寿命。

（2）照片档案册应竖放，避免重压，防止造成照片粘连。

（3）妥善存放。保管照片、底片的卷册、盒应选用优质材料，如中性纸、纸板或聚酯、醋酸纤维制品，照片档案放在金属柜内保存，缩微母片和拷贝片应分别贮存。

2. 平放

（1）平放保管对存取来说不大方便，但对保护档案有利，适用于珍贵档案和不宜竖放的档案，如底图、录音录像带、磁盘、光盘等。

（2）底图，经油蜡等物浸透过，经过晒图机的高温影响，其机械强度和耐久性均有所下降，容易脆裂破碎。为延长其寿命和在绘制蓝图时准确、清晰，应采取平放或卷放（特大幅）的存放方法，底图严禁折叠。

（3）若一定要平放照片，堆放高度不宜超过 5cm。

3. 卷放

卷放保管就是将档案以张（件）或套（卷）为单位，按照分类排列次序，卷成圆筒，放进特制的纸质、金属筒或柜箱中，卷放适用于较大幅面的领导题词、字面、底图等。

4. 折叠

折叠保管就是将一些纸质较好、机械强度较高、幅面较宽的图纸档案按 A4 图纸幅面大小为标准折叠（装订或不装订），放进卷盒、夹内或柜中。如蓝图，一般采用优质纸张，机械强度较好，可以折叠保管。

蓝图折叠一般要以 A4 图纸幅面大小为标准，左边留出装订线，向图纸正面叠成手风琴式。折叠后的图标标题栏要放在右下角，以便查阅。由于图纸折叠的关系，每个卷的右边较厚，左边较薄，装订时要加进一些厚纸板，以保持案卷的平整美观，规格一致。如果案卷不装订，折叠时不必留装订线，图纸折叠后便可直接放进卷盒或夹内。

（二）磁性档案

磁性档案库的温度应在 14 ～ 24℃，相对湿度在 40% ～ 60%，且在 24 小时内温度变化不得超过 2℃，相对湿度变化不超过 5%。磁性载体主要有录音带、录像带和计算机磁盘等。

（1）磁性档案应存入防磁柜，并且库房应远离磁场。

（2）录音带、录像带等磁性材料档案，要检查磁带缠绕是否规整、边缘有无损坏、有无生霉等；要保证录放设备正常、可用；磁带每隔 4 年须进行一次倒带或迁移，倒带速度要慢。

（3）库房清洁无尘，通风良好，防光、防尘。

（4）定期检查，定期复制。每隔一定时间要进行检查，同时要定期复制。

（三）胶片档案

胶片一般分为拷贝片和母片，二者性质不同，相应的温湿度存储环境要求也不同。拷贝片库的温度应在 14 ～ 24℃，相对湿度在 40% ～ 60%，母片库的温度应在 13 ～ 15℃，相对湿度在 35% ～ 45%。

保存胶片前，应该合理地将其进行包装。首先，不同类型的胶片应该分开包装，并在包装上标明其种类和曝光日期。其次，胶片包装要选用防潮、防紫外线的材料，如金属盒或亚克力盒等，并在包装中放置防潮剂和防霉剂，以最大限度地保护胶片。

（四）实物档案

各类荣誉（奖牌、奖杯、证书等）、纪念品、印章等实物档案的存放可通过定制专门的柜架或装具，参考文博部门陈列方法存放和保管。

第四节　档案安全应急管理

档案馆保存着大量珍贵的历史文献和资料，这些档案对于国家的文化传承、法律依据、科研活动等方面都具有不可替代的重要性。档案馆应急管理确保了在各种突发事件中档案的安全性、可靠性和持续可用性。我国各级各类档案馆应急管理工作遵循"统一领导，明确职责""及时报告，信息畅通""以人为本，人档兼顾""系统联动，密切协同""防护结合，以防促管"的原则，严格执行《档案馆应急管理规范》（DA/T 84—2019）中关于突发事件预防、控制、抢救与恢复的规范要求，以最大限度降低突发事件对档案馆与档案的损害。

档案室需要采取应急处置措施以应对的事件有：水灾、渗漏、气象灾害、地方灾害、地质灾害等；安全事故包括火灾及各种设备安全事故等；社会安全事件包括战争、恐怖袭击、社会安全突发事件等；信息网络事件包括网络设备遭盗窃、信息系统遭破坏性攻击、数据库网络信息遭入侵篡改等网络计算机软件系统故障、硬件设备故障等。

一、应急预案

（一）制定应急预案

对可能发生的突发事件和自然灾害，档案室应制定抢救应急措施，包括抢救程序、方法、保障措施和转移地点等，以及对档案信息化管理的软件、操作系统、数据维护、防灾和恢复的抢救措施。同时，将应急预案融入本单位的灾害应急预案中。

（二）掌握灾害应急的工作原则和方法

熟悉灾害应急预案的内容，在本单位的灾害应急工作体系中，明确自己的职责。当灾害发生时，能严格按照应急预案的要求，快速反应，当灾害发生后，能及时对档案进行科学处置和抢救修复。

（三）成立档案安全应急处置小组

各单位应对档案安全要成立应急处置小组，档案人员是小组成员之一。

档案安全应急处置小组负责编制档案室突发事件应急预案；负责制订档案室各项安全规章制度，并督促、检查其落实情况；协调解决档案室存在的安全隐患，负责安全问题的整改工作；负责应急处置工作的决策与协调，负责应急救援现场的组织、实施和指挥；在档案室发生突发事件时，负责启动应急预案，采取应急措施，组织应急救援队伍实施抢救、抢修等工作；参与档案室突发事件的检查、认定和善后工作；调查核实突发事件影响范围和受损情况，及时上报有关部门；每年组织开展处置档案室突发事件模拟综合演练。

二、应急准备

（一）建立突发事件预警系统

档案室负责突发事件的日常监测工作，建立日常值班制度，及时收集有关政府机构、气象部门发出的预警信息及其他相关影响档案室或档案的事件和环境信息。在监测过程中发现潜在隐患以及可能发生的突发事件，应及时启动有关预案，采取果断措施进行处置，防止危害和事故的发生。

（二）信息准备

档案室负责编写突发事件应急处置电话联系表并及时更新。联系表内容包括警察、消防、救护车、电信、自来水、燃气等单位的电话号码，收集当地政府有关部门和联系人的信息，收集提供应急物资及灾害抢救服务的单位信息，收集单位办公大楼、档案库房的有关图纸，包括平面图、立面图、人员撤退平面图、抢救档案存放示意图，档案抢救的顺序及其具体位置，库房常用及备用钥匙、重要抢险工具的位置和管理人员等，确保这些信息的准确性，并在档案室及各相关位置张贴或悬挂。

（三）培训演练

通过办讲座、举行报告会、搞知识竞赛、办展览或看展览、看录像等形式，普及档案安全知识，增强档案安全意识。邀请相关专业人员不定期对应急处置小组成员开展安全警示教育，进行突发事件法律法规、应急程序、应急技术处理、人身安全、档案保护、受损档案抢救与修复、各种灾害的预防、防灾物品和工具的使用等方面专业知识的宣讲和技能培训。

每年组织开展处置突发事件模拟综合演练，检验应急预案的可操作性，提高应急突发事件预警系统、指挥系统、抢险系统、信息报告系统等各方面人员的快速反应和协同救灾能力。

三、应急响应

（一）应急响应的主要突发事件类型

发生突发事件，应急处置小组接报后，应按照已发生、可能发生的事件性质和等级，立即赶赴现场，组织处理。

1. 火灾

（1）应迅速拨打 119 火警电话，迅速切断电源，并组织人员扑灭初起火灾；

（2）在确保人员安全的前提下，尽可能地对档案、设备进行抢救；

（3）在自身力量不能处置的情况下，迅速组织人员撤至安全区域，避免拥挤和推搡现象发生，逃离时应用湿毛巾掩住口鼻，尽量俯下身躯，迅速沿疏散通道进行疏散；

（4）如果人被困在室内，不要惊慌失措，应冷静观察火势，选择逃生路线和方法，以免逃生方法不当，造成无谓伤亡。当确信无法从房门逃生，应关闭房门，用衣物等塞紧门缝，并且往门缝上浇水，以延缓火势。条件允许时，打开窗户大声呼救。

2. 水灾

应及时拨打报灾电话和组织人员消除水灾。关闭所有电源，切断水源，使用相关工具清除档案室内积水。在确保人员安全的前提下，应组织力量紧急抢救和转移档案，及时采取干燥的办法稳定档案的状态，避免灾情进一步恶化。

3. 盗窃、泄密

应立即组织人员控制和保护现场，报告公安部门，接受调查。

4. 系统中毒、崩溃

应立即报告技术部门，关闭系统并做好数据隔离和备份，并组织技术力量进行恢复。

5. 人身伤害

应立即拨打120急救电话，组织人员将伤者送往医院进行抢救。

（二）应急响应的要点

1. 档案和信息抢救顺序

应急抢救的顺序：

（1）本单位重点、珍贵的档案；

（2）一般档案。

档案信息数据和计算机设备的抢救顺序：

（1）数据设备；

（2）网络设备。

2. 应急处理顺序

在突发事件中，若险情危及交通、供水、供电、通信等公用设施而自身不能处理时，应及时通知有关部门进行抢险和援助，确保应急工作的顺利开展；协调公安部门加强事故现场的安全保卫、治安管理，预防和制止各种破坏活动。

3. 及时上报

做好报案、施救、灾情等记录，及时将突发事件情况上报有关部门。报告应包括以下内容：

（1）事件发生的时间、地点和现场情况；

（2）事件的简要经过和人员伤亡、档案损失、财产损失情况；

（3）事件原因、性质的初步分析；

（4）事故发生后已经采取的抢救处理措施及效果；

（5）其他需报告的事项。

档案室应急处置小组应尽快对档案馆建筑及设备损坏、档案破损和丢失等情况进行全面清理、统计和登记；分析突发事件的原因，分清责任，评估突发事件或自然灾害的后果及影响。对事故原因进行调查、分析和处理，对事故后果进行评估，并对事故责任处理情况进行监督检查，提出处理意见和整改措施，尽快恢复正常工作秩序。

第八章
档案鉴定

第一节　档案鉴定概述

一、档案鉴定概述

（一）档案鉴定的内涵

档案鉴定是以科学的档案价值鉴定理论为指导，合理运用档案价值鉴定的原则、法律规范、标准、程序和方法，来判定档案的保存价值，确定档案的保存期限，并决定档案是"存"还是"毁"的一项专业性档案管理业务工作。

档案鉴定工作有以下内涵：

1.遵从切合实际的档案价值鉴定原则、法律规范、标准、程序和方法

为有效避免档案价值鉴定实践中随意、主观地毁损档案资源问题的发生，应统一参与鉴定工作人员的思想，规范其鉴定行为，保证档案价值鉴定质量，提高档案鉴定工作效率。

2. 对档案保存价值的评价和预测

档案之所以有保存的必要，首先是因为它可以为其形成者提供较为充分的业务活动证据和法律证据，并可以为组织和人类社会保存和积累具有参考价值的经验、数据、信息和知识。其次是因为在纸质档案占主导地位的时代，因文件和记录的数量呈指数增长，人类社会没有能力保存数量如此巨大的文件和记录，只有通过鉴定，去粗取精，并根据有限的保存空间决定文件和记录的"存"与"毁"，将其中保存价值较大的留存下来，而对那些保存价值不大或没有保存价值的加以销毁。

3. 对确定留存的档案划定保存期限

档案作为一种证据性记录和历史信息记录，其发挥作用的时限是不同的。档案鉴定工作组织和鉴定人员应根据对档案发挥作用时间长短的估价和预测，合理划定留存档案的保存期限。

4. 专业性强的档案管理业务工作

从事档案鉴定工作的人员，不仅应当熟悉和掌握档案价值鉴定的理论、原则、规则、程序、规范、标准和方法，而且要拥有足够的业务工作经验、严谨的工作作风和团队合作精神。

（二）档案鉴定的意义

档案鉴定始于文件归档（立卷），贯穿档案管理的始终，决定每一份文件的去留与作用的大小，它是整个档案工作的基础。

1. 有利于提高馆藏档案的质量

随着档案工作的深入发展，档案馆的档案数量迅速增长。一方面，为丰富馆藏创造了有利条件；另一方面，由于各种因素的制约，也使馆藏档案的质量受到一定影响。通过对档案内容的深入分析和价值评估，鉴定工作能够剔除那些无价值或价值较低的档案，保留并优化那些具有历史、文化、科研等高度价值的档案资源。这一过程不仅优化了馆藏档案的结构，还提升了档案整体的质量水平，使其更加符合社会需求和学术标准。因此，档案鉴定工作是确保馆藏档案质量、提升档案价值的关键环节。

2. 有利于资源的合理使用

档案鉴定工作对资源的合理使用具有至关重要的意义。通过专业、细致的鉴定过程，我们能够筛选出具有长期保存价值和较高利用潜力的档案，避免无价值或重复档案的冗余存储，从而优化档案资源的配置。这一工作不仅有助于节省存储空间和管理成本，还能确保有价值的档案得到妥善保管和及时利用，为学术研究、文化传承、政策制定等领域提供有力支持。因此，档案鉴定工作是促进档案资源高效利用、实现资源合理配置的重要手段。

3. 有利于提高档案机构服务水平

通过精准地鉴定档案的价值与重要性，档案机构能够更有效地组织和管理档案资源，确保用户能够快速、准确地获取所需信息。这一过程不仅提升了档案检索和利用的效率，还增强了档案机构满足用户多样化需求的能力。因此，档案鉴定工作是优化档案服务流程、提升档案机构服务水平的重要基石，有助于更好地服务于社会发展和公众需求。

（三）档案鉴定的内容与构成

1. 实体档案鉴定的内容

（1）建立档案鉴定的工作组织

建立档案鉴定工作的组织，应按法律法规的要求，成立档案鉴定工作委员会或档案鉴定工作小组，并在单位主管（分管）领导的统一指挥下，开展档案鉴定工作。其中应包括：沟通机制、管控机制、经验记录机制和风险防范机制，杜绝擅自销毁有保存价值的档案和档案处置过程中的失密、泄密等风险的发生。

（2）制定档案鉴定政策、规则和程序

档案鉴定工作政策应明确主要目的和目标、组织和人员的责任和义务、工作中的重点难点问题和应对措施，以及人、财、物的条件保障等。档案鉴定工作的规则、程序、制度和标准是开展此项工作的要点，缺一不可。档案鉴定工作程序，是根据目标和任务做出整体工作业务的流程安排。档案鉴定工作制度和标准，是根据鉴定对象的实际情况，以国家的有关法律法规为依据，制定的各项工作制度和档案保管期限表。

（3）判定档案的保存价值，划定档案的保存期限

档案价值鉴定人员根据对档案保存价值的判断和估价结果，按照档案保管期限表，划定列入保存范围的档案的保管期限。

（4）处置列入销毁范围的档案

在保证档案内容安全的前提下，档案鉴定工作组织根据档案销毁制度和档案安全保密制度的要求，选择合理的方式方法，销毁经过鉴定已失去保存价值或保存价值不大的档案，并做好处理工作。

2. 电子档案鉴定的内容

（1）电子档案的内容鉴定

电子档案的内容鉴定是通过分析文件内容来确定其利用价值的过程。与实体档案内容鉴定相比，电子档案的内容鉴定既有相似之处也有不同点。其鉴定重点将从具体评估每一份文件的价值，转变为制定完善的、可自动执行的电子文件保管期限表和处置表。

① 制定电子文件的保管期限表

电子文件保管期限表是电子档案鉴定的具体标准。由于电子文件数量的增长及种类的庞杂，所以要为每份电子文件的鉴定划分一个明确的期限。考虑到电子文件信息存储的高密度性、费用较低的因素，可以根据实际情况适当放宽电子文件的保管期限，从而使保管期限表更趋实用、简单便利。

② 确定电子文件鉴定的适当时间

电子文件的鉴定需要在电子文件生命周期的第一阶段进行，即在电子文件尚未形成、处于概念阶段时，就要在系统设计中提出鉴定要求，确定电子文件的归档范围和保管期限。

③ 进馆移交和保管期满的电子档案的鉴定

对于具有长期保存价值的电子档案应从机关档案室向档案馆移交，对于应移交的档案，管理系统应自动提示用户对这些档案进行检查，准备移交。对于保管期满的电子文件，系统将自动提醒管理人员对其进行处理，如更改保管期限、予以销毁等。在电子档案移交和进馆

后保存期满时，都需要对电子档案进行内容再鉴定。

（2）电子档案的技术鉴定

电子档案的技术鉴定是从技术角度对电子档案的状况进行全面检查，包括对电子档案信息的真实性、完整性、可读性等进行技术分析，以及对电子档案载体性能的物理检测。

可读性鉴定档案部门接收电子文件时，要检验每个文件能否被正常读出、打开或运行，不仅需要确认文件在形成时的可读状态，同时需要分析其是否具备日后多次无差错读出的技术性能。可读性鉴定在于确认电子档案的内容是否可以正常读出。其主要工作有：一要检查与电子文件相配套的软件，以及相关电子文件文字材料说明是否齐全、完整；二要检查电子文件的信息存储格式是否符合归档要求；三要核实归档或迁移时填写的文件运行的软、硬件环境，检查版本号是否正确；四要检测在指定的环境平台上能否准确读出电子文件；五要检查与新的设备系统是否具有良好的兼容性。

完整性鉴定关系到电子档案的真实性、有效性。完整性鉴定分为检查文件要素和检查要素集中手段两个方面。检查文件要素是指利用有效技术手段，对照源数据模型，检查每一份文件的各个要素是否完备，包括可视和不可视的部分。检查要素集中手段是指分析联系每一份文件各个要素的手段是否有效，包括超级链接、置标语言等。在现有技术条件下以一份文件的数据分散在若干台机器中，也可能以若干份文件相连接的方式存在，鉴定时需要核实相关数据和文件是否收集齐全。

真实性鉴定确认电子档案是否由当时的当事人所形成。由于电子文件的易改性，使得电子文件的修改可以不留痕迹；同时，电子文件信息与载体的相分离，又使得电子文件真假难辨。此外，电子文件作为非实体存在，一旦其归档网络遭受破坏，可能导致数据永久丢失。电子文件对背景信息和源数据具有依赖性，背景信息的丢失则直接影响电子文件的凭证作用，源数据一旦被破坏，电子文件的原始形态就会改变。实际上，影响电子文件真实性、可靠性的因素很多，维护电子文件信息安全是电子档案鉴定亟待解决的问题。一是在电子文件形成时应有严格的管理制度和技术措施：现在采用的方法有备份和镜像技术、电子文件加密技术、防治病毒、安装补丁程序用以弥补程序的缺陷、电子签章技术、身份识别技术和信息认证技术等。二是进行相关的技术检测：主要包括检查文件是否按照原先确定的标准格式和模板编辑，分析文件是否是最终版本，分析是否有非法操作的发生，分析文件著录中关于迁移前后文件信息和载体记录，检查文件信息是否在迁移中发生变化。

无病毒鉴定和介质状况检测。无病毒鉴定就是对接收进来的电子文件首先用杀毒软件进行检查并清除病毒，同时也要经常地、定期地对馆藏文件进行杀毒工作。电子文件归档有逻辑归档和物理归档，逻辑归档是指在计算机网络上进行，不改变原存储方式和位置而实现的电子文件向档案部门移交的过程。物理归档是指把电子文件集中下载到可脱机保存的载体上，向档案部门移交。物理归档需要对载体质量和性能进行检测，介质状况检测就是运用相关设备，通过演示和运用检测方法，对电子文件介质（如软盘、光盘、硬盘）状况进行检查。一方面是检测物理性能，看其是否清洁、表面是否光滑、有无伤痕等；另一方面是检查规格，包括介质是否过时、是否符合国家标准。

3. 档案鉴定的构成

（1）档案价值鉴定。档案价值是指档案对国家机构、社会组织或个人的有用性，"即凭证价值和参考价值"。档案价值鉴定就是甄别档案的保存价值，挑选有保存价值的档案继续保存，剔除无需保存的档案予以销毁，即对档案有用性的预测和判断。具体表现为对档案保管期限的确定，所以这种鉴定又称为"期限鉴定"。鉴定结果及价值大小的等级排序主要通过保管期限来显示，即档案保管期限越长，价值越高，保管期限越短，价值越低。

（2）档案实质鉴定。实质鉴定是按照一定的原则和方法，对档案真伪、载体、自身价值等的鉴定和判断，以决定档案的保存或销毁。实质鉴定是对价值鉴定范围的超越，是对档案鉴定工作内容的补充和完善。其具体内容涉及档案真伪鉴定、载体状况鉴定、质量鉴定等。

（四）档案鉴定的原则

1. 从国家和社会的整体利益出发去判定档案的保存价值

每个立档单位保存档案的直接动力来源，是为本单位业务工作的可持续进行留存足够的业务活动证据和法律证据。国家档案管理部门和各立档单位只有遵循"从国家和社会的整体利益出发去判定档案的保存价值"的原则性要求，才能保证我们的国家记忆、民族记忆、社会历史记忆的相对完整，才能保证我们民族文化的长久传承和发展。

2. 采用全面的观点指导档案鉴定工作

用全面的观点指导档案鉴定工作，从立档单位角度看，就是在判定档案保存价值时，全面分析影响档案保存价值的相关因素，综合判定档案的保存价值；从社会角度看，就是在判定档案保存价值时，应从社会的需要出发去开展工作。从档案管理的整体效益角度看，坚持全面的观点开展档案鉴定工作，也是实现整个国家档案资源体系建设整体优化目标的需要。

3. 采用历史的观点指导档案鉴定工作

档案是历史记录，具有鲜明的历史时代性特征。在档案鉴定工作中，采用历史的观点指导档案鉴定工作，就是要根据档案产生的历史条件及其在历史上的作用，科学地评价其对维护人类社会历史记忆的有用性，确定其保存价值。

4. 采用发展的观点指导档案鉴定工作

在档案鉴定工作中，采用发展的观点指导档案鉴定工作，就是要充分考虑到档案在未来研究、教育、文化传承等方面的潜在价值，关注档案内容的长期影响力和社会意义，确保那些能够反映历史变迁、促进社会进步、具有长远研究价值的档案得到妥善保存和有效利用。

5. 采用科学的效益观点指导档案鉴定工作

在档案鉴定工作中，采用科学的效益观点指导档案鉴定工作，这要求我们不仅仅关注档案的历史或文化价值，还需从经济效益和社会效益的角度出发，综合评估档案的实际效用。通过科学的分析方法，衡量档案在信息服务、决策支持、学术研究等方面的潜在贡献，确保有限的档案资源得到最优化配置和高效利用。

二、档案鉴定的实施

（一）档案鉴定工作制度

1. 鉴定原则和标准的统一

档案鉴定工作应按照党和国家及其档案事业管理机关制定统一的全国性鉴定标准，各地区、各系统、各机关据此制定具体的鉴定标准，各档案馆、各机关根据规定的鉴定标准开展工作。

2. 鉴定工作的组织、领导

鉴定工作必须有组织、有领导、有计划地进行。开展档案鉴定工作的组织，应按法律法规的要求，成立档案鉴定工作委员会或档案鉴定工作小组，并在单位主管（分管）领导的统一指挥下，开展档案鉴定工作。

机关档案鉴定工作，一般由办公厅（室）领导、档案人员、业务人员组成"三结合的鉴定小组"负责进行。档案馆的鉴定工作由馆长、同级档案事业管理机关和档案馆的有关人员组成的鉴定工作委员会负责进行。在鉴定某一机关档案的时候，还可邀请机关的代表参加。

3. 销毁档案的批准与监销制度

根据党和国家及档案事业管理机关的有关规定，销毁档案应编制销毁清册，办理批准手续，坚持执行监销制度。在档案馆鉴定后需要销毁的档案，必须报请主管领导机关批准。1949年以前的历史档案，除经主管领导机关同意外，还应同时报国家档案局批准。未经鉴定和批准，不得销毁档案。销毁档案应注意安全保密，一般要有两人以上监销。销毁后监销人应在销毁清册上签字盖章，并注明销毁方式（焚毁、粉碎或打成纸浆）和日期。

（二）档案鉴定工作组织

1. 机关档案室的档案鉴定工作

在机关档案室，档案价值鉴定工作通常分三个阶段实施。首先是在机关文件归档时确定归档范围，同时剔除一部分没有保存价值的文件，由机关文书处理部门或业务部门保存一到两年后销毁。归档的过程是对文件价值的初步判定，是文件能否转化为档案的"资格审查"，是档案鉴定工作的第一个关口。其次是对于归档的文件确定保管期限。通常的做法是各机关在每年的归档文件目录中初步确定保管期限，平时根据每份文件的内容和价值分别归入不同的档案盒，正式整理时再以件（卷）为单位依据保管期限表确定其保管期限。这一阶段的鉴定工作主要由机关档案工作人员与文书立卷人员共同实施。再次是到一定年限进行价值复审。永久与部分定期保存档案的价值复审，是在机关档案室向档案馆移交档案时，由机关档案工作人员与档案馆有关接收人员共同对进馆档案进行复审。档案馆接收人员除了对每件（卷）档案的自身价值进行评估外，还要从优化馆藏出发，重视消除进馆档案的重复问题。定期保存档案的复审通常在保管期满时进行，经复审后，将确实具有长久保存价值的档案向档案馆移交。

2. 档案馆的档案鉴定工作

档案馆保存的档案，大都是由机关经过鉴定程序后移交来的，只需定期复审拣出保存期满的档案予以销毁。但是，由于种种原因，档案馆也接收了一些未经鉴定的档案，仍须全面进行档案价值鉴定工作。档案馆对档案进行鉴定工作，应当在鉴定委员会或鉴定小组的领导下进行。

3. 档案的销毁

档案销毁就是对经过鉴定失去价值的档案做毁灭性处置的过程。为了便于机关领导人审查批准应销毁的档案，必须编制档案销毁清册。清册上要登录被销毁档案的题名、数量等内容，并由责任人签署，作为日后查考档案销毁的凭证。

（三）档案销毁工作

1. 编制档案销毁清册

按照有关规定，机关档案室和档案馆销毁档案前要分别报请有关领导和主管领导机关审查批准，销毁1949年以前的档案须同时报国家档案局批准。为了便于有关机关审查批准和日后查考档案销毁情况，必须编制《档案销毁清册》。《档案销毁清册》封面的内容一般有：全宗号、全宗名称、立档单位名称、编制档案销毁清册单位名称、编制时间等项目。《档案销毁清册》内页的内容一般由序号、案卷或文件题名、年代、目录号、卷号或文号、卷内文件数、原保管期限、销毁原因、备注等项目组成。《档案销毁清册》一般以全宗为单位进行编制，每一清册至少应一式两份，一份留在档案馆（室），一份送有关领导审查批准，如果还要报档案行政机关备案，则需一式三份。

2. 撰写立档单位和全宗

简要说明以使审批《档案销毁清册》的有关机关及领导人了解必要的情况。在送审《档案销毁清册》时，一般要附送一份关于立档单位和全宗情况的简要说明，内容包括：立档单位的成立时间、内部机构的名称、工作职能，全宗档案的所属年代、保管期限、准备销毁的档案数量和内容、鉴定的概况和销毁的理由等。

3. 销毁档案的监督执行和延缓执行

准备销毁的档案在未批准前，应单独系统保管，以便审批时检查或未批准时拣出保存。获得销毁批准后，一般可以将档案送到造纸厂，销毁后用作做原料。距离造纸厂比较远的地方可以自行销毁，但销毁时必须指派两名以上专人监督执行，且监销人员要确保档案确实被销毁后方可离开。监销人员在销毁清册上注明"已销毁"字样和日期，并签名盖章，工作方算完毕。如果有个别档案没有获得销毁批准，尚需继续保存的，也应该在《档案销毁清册》上进行适当说明。

三、档案保管期限表

档案保管期限表是指用表册的形式列举档案的来源、内容和形式并指明档案保管期限的指导性文件，它是档案管理机构鉴定档案价值，确定档案保管期限的依据和标准。

（一）档案保管期限表的属性

科学性要求档案保管期限表能科学地揭示档案文件的保存价值，准确地界定档案的保存期限。将鉴定理论与实践紧密结合起来，这是制定档案保管期限表的关键。首先，必须以档案鉴定理论为指导，将档案鉴定理论中所提到的原则、标准落实到档案保管期限表上，并通过档案保管期限表来反映相关理论；其次，从本单位档案价值的实际出发，制定相应的档案保管期限表，力求做到其条款能涵盖全部文件内容，并使其有效发挥作用的预期目标与所划定的保管期限大体吻合。

可操作性要求档案保管期限表条款的设置要明确、详细，与绝大多数文件有对应关系，且有明确的保管期限，对照保管期限表，鉴定人员就比较容易锁定这份档案的价值和保管期限。可操作性是评价档案保管期限表质量高低的重要指标之一，是其生命力的重要表现。要做到具有可操作性，必须做到两点：一是条款要全面并细化；二是保管期限应细分。

权威性要求档案保管期限表具有法规或规章作用，权威性是档案保管期限表得以发挥作用的保证。所谓"权威性"：一是保管期限表对鉴定者有规范作用，一旦保管期限表颁布，就必须依此执行，必须按规定准确地标明保管期限，尽可能减少个体认识差异的影响；二是对鉴定者有强制性，保管期限表要具有现行效力，必须强制执行，不许模棱两可、推诿拖延、一切从宽；三是对制定者的责任性，档案保管期限表必须由权威部门制定，各单位的保管期限表也应由主管部门审查批准，以确保其权威性。

（二）档案保管期限表的类型

1.通用档案保管期限表

通用档案保管期限表是由国家档案行政机关编制的，供全国各机关、团体、企事业单位鉴定档案时使用的保管期限表，也叫作标准档案保管期限表。通用档案保管期限表概括了全国各机关、团体、企事业单位普遍产生的文件及其保管期限，是全国各机关确定一般性档案材料保管期限的依据和标准。如国家档案局颁发的《机关文件材料归档范围和文书档案保管期限规定》中的文书档案保管期限表，就是通用保管期限表。它的特点是：第一，概括了全国各机关、团体、企事业单位普遍产生的文件及其保管期限，具有通用性，是确定全国各机关、团体、企事业单位档案材料保管期限的标准和依据。第二，是制定其他各种保管期限表的依据。各个系统、部门、机关都可以根据通用保管期限表的原则，结合自己档案材料的具体情况编制本系统、部门、机关的档案保管期限表。

2. 机关档案保管期限表

机关档案保管期限表是由各机关根据本机关的具体情况编制的，供本机关鉴定档案价值时使用的档案保管期限表，如《××省人民政府档案材料保管期限表》《中共××县委会档案材料保管期限表》。在这种保管期限表中，包括了一个机关在工作活动中可能产生的所有文件及其保管期限，明确具体，简洁方便。

3. 专门档案保管期限表

专门档案保管期限表是由国家档案行政机关会同有关主管部门编制的，供各机关、团体、企事业单位鉴定专门档案时使用的档案保管期限表。例如中华人民共和国财政部、国家档案局颁发的《财政总预算、行政单位、事业单位和税收会计档案保管期限表》，就是供全国各级财政机关、行政单位、事业单位和税收机关鉴定会计档案的统一标准。

4. 同系统机关档案保管期限表

同系统机关档案保管期限表是由档案行政部门或主管领导机关编制，供同一系统内各机关、单位鉴定档案价值时使用的档案保管期限表。例如《中国人民解放军文书档案保管期限参考表》，它概括了军队系统各单位可能产生的文书档案及其保管期限，作为军队系统各单位鉴定文书档案价值的统一标准。

5. 同类型机关档案保管期限表

同类型机关档案保管期限表是由档案行政部门或档案主管领导机构编制，供同类型机关（如医院、学校等）鉴定档案价值时使用的档案保管期限表。如××市人民政府制定的《各区人民政府档案材料保管

期限表》，××地区《医院文书档案保管期限表》，××县《乡人民
政府档案保管期限表》，就属于同类型机关档案保管期限表。

（三）档案保管期限表的作用

1. 确立标准化鉴定依据

档案保管期限表为档案鉴定工作提供了标准化的依据，确保了鉴
定过程的规范性和一致性。它详细规定了各类档案的保存期限，帮助
鉴定人员准确判断档案的价值，避免了主观臆断和随意处置。这不仅
提高了鉴定工作的科学性和准确性，也保障了档案资源的真实性和完
整性。

2. 优化档案管理流程

通过档案保管期限表，档案管理机构能够更高效地组织和管理档
案资源。它指导了档案的分类、组卷、存储和销毁等各个环节，使得档
案管理流程更加顺畅和有序。同时，它也促进了档案资源的优化配置，
使得具有长期保存价值的档案得到更好的保护和利用，而无保存价值
的档案则能被及时清理，减少管理成本。

3. 保障档案资源的安全与可持续利用

档案保管期限表在保障档案资源安全方面发挥着重要作用。它明
确了档案的保存期限，防止了重要档案因过期而被错误销毁的风险。
同时，它也促进了档案资源的可持续利用，通过合理设定保存期限，
确保了档案资源在未来能够被适时地提供给使用者，满足其研究、学
习、工作等方面的需求。

（四）档案保管期限表的结构

档案保管期限表一般由顺序号、条款、保管期限、附注以及总的
说明等部分组成，其中条款和保管期限是最基本的项目。

顺序号是在制定档案保管期限表时，对各条款的统一编号。编号
的目的是固定条款的位置，同时也可以作为档案工作人员在使用档案
保管期限表时引用条款的代码。

条款是一组同类型文件的名称或标题。一般要求每一条款都能反

映出同一组文件的来源、内容和形式，文字要简明、确切、合乎语法逻辑。

保管期限是根据各类文件的保存价值所确定的保存年限，列于每一条款之后。机关文书档案的保管期限定为永久、定期两种。

附注是在条款之后对条款及保管期限所做的必要注解和说明。

说明一般用于说明档案保管期限表的适用范围，是制定档案保管期限表的依据。

四、电子档案鉴定

（一）电子档案鉴定的含义

电子档案鉴定指对电子文件、电子档案的内容和技术状况进行评估的过程，确认其真实性、完整性、可用性、安全性及其价值等，判断其是否属于归档范围并确定其保管期限，包括对档案的价值鉴定和技术鉴定。电子档案鉴定工作的重心是切实保障归档电子文件、电子记录的质量，并为组织和人类社会留存可以长期保存的真实、完整、可读、安全的数字证据和数字记忆。

（二）电子档案的特性对档案鉴定的影响

电子档案信息的易修改性、易丢失性、易操作性、可分离性，直接威胁到电子档案的真实性、原始性、完整性、可靠性，这就要求在鉴定电子文件时，对其真实性和可靠性要格外重视；在对电子文件的鉴定过程中要求实时监督、全程监控，同时要求将鉴定时间提前，即前端控制。

电子档案信息的高密度性，极大地缓解了存储空间的需求问题，不必像纸质档案那样定期鉴定销毁以腾出库房空间，这是电子档案保管方面的最大优势。在对电子档案鉴定时，选留文件的标准可适当放宽，互相有联系的大量电子文件还可以"批量鉴定"。由于存储量的不断增大，会使有用的信息淹没在庞杂的电子文件信息之中，所以在电子文件的海量存储过程中要及时标识、分拣并清除无用文件。

电子档案信息的非人工识读性及对技术条件的依赖性使电子档案与纸质档案鉴定有着显著的不同，它不仅要求对文件内容进行鉴定，同时还要进行技术鉴定。检测技术条件是确保电子档案在相当长的时间范围内都能为人们识别运用，成为电子档案鉴定的首要任务。

电子档案信息的可传输性、可共享性使得电子档案存在泄密和计算机病毒侵害等问题。电子文件在传输过程中，有的信息会发生遗漏，甚至出现某用户在取得相应的权限后，发生非法入侵、恶意篡改的现象，加大了电子档案鉴定的难度，由此可见，安全措施和相应的检测变得十分必要。

（三）电子档案鉴定的特性

1. 内容的复杂性

电子档案鉴定与传统纸质档案鉴定相比，鉴定内容扩大并复杂化了。第一，它不仅仅是判定文件内容信息的价值，还涉及电子档案的技术状况鉴定；第二，鉴定工作不再是文件办理完毕后单一后置性鉴定文件价值工作，而是与其他工作紧密联系，如在电子文件管理设计阶段就要进行前端控制，归档文件的第一次技术鉴定与归档质量检查同步进行等；第三，电子档案的开放性、易传输性和信息资源共享性冲破了档案使用的内部性，要对其进行使用范围鉴定，必须采取管理措施和技术手段进行监控。

2. 过程的连续性

电子档案从形成前的系统设计到制作、存储、利用、迁移、销毁等的全过程中，需要开展不间断的多次鉴定活动，不可能在其管理系统设计之初，编入程序之后就可以一劳永逸。它需要档案人员在其生命周期中全程参与，不断地鉴定，因为每次迁移之后都要对文件信息和载体状况进行检查，即使是永久保存的档案，也因技术状况的改变需要不断地检测。

3. 协作性

电子档案的鉴定任务需要多方承担，包括档案人员、文件形成者、文件使用者、计算机操作人员。在鉴定工作整个过程中，应处处体现合作精神，特别是电子文件形成部门、档案部门、计算机部门要三方合作，只有这样，才能保证连续的、分散的电子档案鉴定工作的质量。

4. 风险性

电子文件鉴定内容的增加，鉴定次数的增多，意味着发生失误的可能性增大，无形之中增加了这项工作的风险性。电子档案属于新型档案，其鉴定标准和方法尚在逐步完善之中，理论上的不足加大了实践中的风险性。电子文件的海量化和易逝性，决定了鉴定若不及时或不科学，将使一些有价值的档案消失。技术鉴定的不全面会使归档的电子档案不具有可利用的形式，但鉴定次数的增多，增加了鉴定的成本，同时也增加了鉴定者预测保管技术和保管代价的难度。

（四）电子档案鉴定实施

1. 改变电子档案的鉴定程序

传统的纸质文件一般是在其现行效用执行完毕后，由机关文书（业务）部门人员进行归档整理，同时进行归档鉴定，将归档整理的文件移交机关档案室保存；机关档案室在保存一定时期后，将要长期和永久保存的档案移交档案馆，在移交之前，进行进馆鉴定；档案移交进档案馆后，档案馆对档案进行期满鉴定。电子档案的动态性、易变性决定了这一模式无法适应电子档案鉴定的特殊要求，需要一种新的鉴定程式来完成电子档案的鉴定工作。

第一，做好前端控制。在电子文件形成之前，在文件管理系统设计之时，档案人员就参与其中，将电子文件的鉴定标准、鉴定要求提供给系统设计部门。系统设计人员把鉴定的标准要求编入程序，使计算机系统根据事先设置的电子文件归档范围与电子文件保管期限表，对电子文件进行自动处置，即时归档鉴定，将有价值的文件自动备份保存下来。这样可以避免因为后来的操作而造成电子文件的丢失或信息的失真，从而更好地、完整地保存电子文件，以确保其证据价值和情报价值的实现。

第二，全程鉴定，实时监控。电子档案的鉴定是一个连续的、不间断的过程，那么在电子档案鉴定时就不可能是"一次性"鉴定，或者是分两到三个阶段的"集中式"鉴定，更不能认为在前置控制时将鉴定的标准和要求植入文件系统管理程序中，鉴定即可自动完成，万事大吉。电子档案鉴定要求档案工作人员在电子文件形成、处理、归档、保管、迁移、维护、传输、利用的整个过程中，对电子文件的信息内容、软硬件设施等进行即时的检测和必要的数据收集，确保电子文件的可靠性、真实性、完整性。

第三，维护阶段可利用性、可识读性鉴定。一般纸质档案，在鉴定之后，完成了实体的整理，进入保管阶段之后，不再需要重新整理鉴定，除非期满之时，要进行一次鉴定外，基本上进入了利用前的"冬眠期"或"休闲期"。电子档案载体的不稳定性和对系统的依赖性，要求必须对其进行定期检测、转存和迁移，这样才能确保长期保存的电子档案在新的环境下，依然是可识别、可利用的。

2. 拓展电子档案鉴定内容

电子档案鉴定的内容包括内容鉴定和技术分析两个方面，电子档案的内容鉴定与传统档案价值鉴定在鉴定方法上有明显的不同，主要采用的方法是"宏观职能鉴定法"。它是根据文件形成的背景、社会关系、形成机构的职能来判断文件的价值，从传统档案中逐件审查单份文件内容的鉴定转向，分析文件形成者的主要职能、计划和活动方面的"批处理"式鉴定。电子档案的技术鉴定关系到电子档案信息是否具有可读性、真实性、完整性、可靠性以及载体性能检测等重要方面，它是电子档案鉴定的一个重要内容，因此电子档案的技术鉴定必须有可读性鉴定、真实性鉴定、完整性鉴定、载体性能鉴定。

3. 建立电子文件与电子档案鉴定制度

（1）制定元数据标准

元数据将为电子文件鉴定工作提供重要依据，如元数据中的作者职务、机构组织、文件主题、时间、密级、签署、建议保管期限、文件品质、利用频率等元数据元素都是鉴定时非常重要的判定依据。同时，元数据还将详细记录归档鉴定的操作过程、责任者和鉴定结果等信息，并指示系统作出相应处理，这些记录鉴定信息的有关元数据要素将被保存下来，作为下一次电子文件鉴定工作的基础和参考。对关于文件内容、结构、背景、生成环境、存在状态、使用权限等具体数据进行规范，由系统自动捕获与档案文件有关的元数据。

（2）把电子文件鉴定纳入电子文件归档与管理规范中

电子文件形成的分散性特点要求电子文件的鉴定必须由文件形成部门、计算机管理部门、文件利用者档案人员共同参与，在制定电子文件归档与管理制度时，对相关部门和人员提出电子文件鉴定的硬性规定，把鉴定变为相关人员的自觉行动。

4. 实行"双套制"

"双套制"是对电子文件鉴定风险性带来严重后果的最后一道也是最根本的保障措施。首先，电子文件的易逝性、易修改性、海量性、易丢失性等使电子文件鉴定具有极大风险性，"双套制"使电子档案不在的情况下，纸质档案就成为救命的底线；其次，电子文件即使经过鉴定，其凭证价值也令人怀疑，需要纸质档案配套保存；最后，因为保存条件的不完善，尤其是具有较为重要价值的档案，更需要实行"双套制"保存。"双套制"就是为电子档案鉴定设置了"双保险"。

第二节　档案鉴定的规则和方法

一、档案鉴定的规则

档案鉴定的规则，是依据国家档案鉴定工作的法律规范和制度要求规定的，供参与档案鉴定工作的全体成员共同遵守的制度性行为规范。其内容通常包括：

1. 规范有据

该规则要求机构、组织开展档案鉴定工作时，应自觉遵从国家法律法规、行政规章、地方规章及地方性法规的有关规定进行。机构、组织及各级各类档案管理部门开展档案鉴定工作，应依据《中华人民共和国档案法》《机关文件材料归档范围和文书档案保管期限规定》和《企业文件材料归档范围和档案保管期限规定》等法律法规，各专业主管部门制定的相关实施细则、部门规章以及地方各级人民代表大会和地方各级人民政府制定的有关规定执行。

2. 统一管控

该规则要求机构、组织开展档案鉴定工作时，应自觉接受国家档案行政管理部门的行政监督和业务指导。国家档案行政管理部门通过档案保管期限表的"审批制"，可以使我国各级党政机关、人民团体及具有行政管理职能的事业单位的档案鉴定工作得到有效的管控，防止国家档案财富的流失。军队系统、民主党派、企业事业单位开展本单位的文书档案保管期限表编制工作，不须经同级档案行政管理部门审批，但要在同级档案行政管理部门的帮助指导下进行。

3. 依理行鉴

该规则要求机构、组织开展档案鉴定工作时，应自觉践行科学的档案价值鉴定理论和方法，如体现系统鉴定思想的"宏观职能鉴定论""双重价值论"，体现高龄案卷应当受到"尊重"思想的"年龄鉴定论"，体现内容分析思想的"内在价值论"，体现辩证拣选思想的"相对价值论"等理论和方法。

4. 标准先行

该规则要求机构、组织开展档案鉴定工作时，应事先编制适合本单位（或本系统、本行业、本地区）形成文件归档鉴定需要的具体标准——档案保管期限表；在没有编制经过档案行政管理部门审核通过或认可的档案保管期限表之前，不能开展本单位的档案鉴定工作。

5. 擅存禁止

该规则要求机构、组织开展档案鉴定工作时，对国家规定的应当立卷归档的材料，必须按照规定，定期向本单位档案机构或者档案工作人员移交，进行集中管理，任何个人不得据为己有。禁止擅自归档国家规定不得归档的材料。机构或组织所确定的本单位文件归档范围，是其开展档案价值鉴定的重要依据和标准，凡是未被列入"归档范围"的文件，一律禁止擅自作为档案保存。

6. 证据保全

该规则要求机构、组织开展档案鉴定工作时，应从保持本单位业务工作活动连续性的需要出发，注重本单位业务证据、法律证据留存的完备性，使所保存的档案可以满足本单位业务工作的存续和发展的需要。

7. 记忆保健

该规则要求机构、组织开展档案鉴定工作时，应为本单位的组织记忆留存相对完整的历史记录，以保证本单位历史记忆的健壮性，为本单位的组织文化建设及社会历史文化建设提供充分的档案资源保证。

8. 以我为主

该规则要求机构、组织开展档案鉴定工作时，应将本单位形成的记录和反映其主要职能活动、重大任务、重要活动、重大事件的档案作为保存的重点，而对来自其他机构或组织的文件的留存则应"从严把关"；留存档案保管期限的划分，本单位的档案应从宽，外单位的档案则应从严。

9. 宽严适度

该规则要求机构、组织开展档案鉴定工作时，应在不影响本单位业务活动证据体系完整性和系统性的前提下，掌握好"孤本从宽，复本从严，原件从宽，复制件从严；正件从宽，过程件从严；高龄从宽，低龄从严；涉及公民权益的从宽，涉及基础性、常规性、事务性的从严；本单位的文件从宽，外来文件从严"等鉴选尺度。

10. 期满重鉴

该规则要求机构、组织对那些保存已满最初所划定年限的档案，应定期进行重新鉴定和复核，并根据业务工作需要、历史研究需要，进行相应处置。这是因为档案鉴定工作是带有一定主观色彩的业务工作，不能一蹴而就。时间是最好的鉴定师，通过对保存期满档案的重新鉴定，可以保证有价值的档案得到有效留存，并可以对那些确实没有继续保存必要的档案，及时加以销毁。

11. 程序合规

该规则要求机构、组织开展档案鉴定工作时，应按照规范的业务工作流程，有领导、有组织地进行；要杜绝无领导、无组织地鉴定销毁档案的行为。

12. 业务留痕

该规则要求机构、组织开展档案鉴定工作时，应通过编写《档案鉴定工作报告》（或"档案鉴定工作分析报告"），编制《档案销毁清册》（或"档案销毁清单"）等总结档案鉴定工作的经验，明确档案鉴定工作的主要问题及应对措施和办法，并为已销毁档案留下可追溯的业务活动证据。由于鉴定的复杂性、鉴定的社会重要性以及鉴定的主观性，档案工作者及其所在的机构应该通过对背景研究、鉴定过程、存毁决定，以及最终的档案文件移交等做充分和透明的记录。

二、档案鉴定的方法

（一）直接鉴定法

鉴定档案价值的基本方法是直接、具体地审查档案，通常把这种方法称为直接鉴定法。直接鉴定法要求档案鉴定人员逐件逐页审查档案材料，从它的内容、作者、名称、可靠程度等方面，全面考查分析确定其价值。直接鉴定一般以案卷为基本单位进行，比如，一个案卷内存有不同保存价值的文件，而文件之间又有密不可分的联系，则以其中最重要的文件价值来确定保管期限，一般以不拆卷或个别拆卷的办法来处理。档案直接鉴定法的基本思想就在于直接、逐卷、逐件、逐页地审查文件，而不是仅仅依赖案卷目录或文件标题来判定其价值。这种方法强调对档案文件的内容、形成过程、形成者和其他因素进行具体分析，以全面把握档案自身的状况及其属性。通过直接审查档案的实际情况，结合鉴定原则和标准，鉴定人员能够对档案的价值作出具体、准确、全面、中肯的判断。

直接鉴定法在档案鉴定工作的各个环节中都发挥着重要作用，包括归档鉴定、进馆鉴定、分级鉴定、期满鉴定和开放鉴定等。在这些环节中，直接鉴定法可以帮助鉴定人员全面了解档案的状况，准确判断其价值和保管期限。直接鉴定法适用于各种形式的档案，包括文字、图表、声像等不同形式的历史记录，通过直接审查档案的实际情况，确定其价值和保管期限。

（二）宏观（职能）鉴定法

宏观鉴定法是基于职能来源，以形成档案的社会背景及目前可知的档案利用需求为根据，从整体上判定档案价值的方法。宏观鉴定法是确定哪些形成者、职能、工作项目、活动，哪些相关的文件或记录，以及哪些人和事将不被载入档案的档案价值分析与评价方法。运用宏观鉴定法开展档案鉴定工作，档案工作者不是运用"直接鉴定法"具体针对每份文件或记录进行鉴定，而是要鉴定这些文件或记录的各种形成背景及其在当下被利用的状况，即对文件或记录的职能来源进行鉴定。因此，运用这种鉴定方法，档案工作者可以同时对围绕某一特定职能形成的文件或记录，实施综合性鉴定活动。

运用宏观鉴定法，档案工作者需要做出如下两种价值判定：第一，依据档案形成者形成和利用这些文件的职能，即相关的组织背景和文化，进行价值判定；第二，根据各种社会活动主体如何与该背景和文化进行互动，如何受其影响等情况，进行价值判定。在宏观鉴定实践中，档案工作者主要的鉴定研究焦点及随后的决策，应放在职能互动过程这个治理概念的核心上。通过把鉴定焦点放在社会治理和公民与国家互动这个双向职能作用上，而不只是关注政府职能。宏观鉴定法的应用是信息时代档案鉴定工作的必然选择，是对各种业务信息系统中生成、存储、归档的电子文件和记录，进行"批处理"的重要理论方法和实践工具。

（三）档案双重价值鉴定法

档案双重价值鉴定法是一种从整体上预测和估算档案保存价值的专业方法。我国档案管理学中所讲的档案双重价值鉴定法的思想，源自美国档案学者谢伦伯格的"文件双重价值论"。文件双重价值论认为，公共文件具有两种不同的价值：一是对原机关的原始价值，即第一价值；二是对其他机关与私人利用者的从属价值，即第二价值。具体来说，第一价值是指文件对其形成部门工作事务的有用性，分别体现为行政管理价值、法律价值、财务价值和科技价值。第二价值是指文件对形成机关以外的其他利用者的有用性，包括证据价值和情报价值。

文件双重价值论既是揭示档案价值实现过程及其规律性的档案学基础理论思想，也是指导我国档案鉴定工作实践的应用理论和方法。档案双重价值鉴定法，就是在档案鉴定工作实践中，运用"文件双重价值论"的思想，综合分析影响档案保存价值的各种档案自身因素和档案形成单位的业务需求及社会用户的工作、生活和研究等方面的需求因素，进而合理评价和预测档案的保存价值，划分档案的保管期限，并对已经失去保存价值的档案予以销毁的一种整体性档案鉴定工作方法。

档案双重价值鉴定法，在纸质档案占统治地位的时代，能有效解决各种社会机构、组织的文件数量激增和整个人类社会有限的保存档案空间之间的矛盾，也较好地保存人类社会的历史记忆。作为一种指导以纸质文件和记录为主体的档案鉴定工作实践的专业方法，即使在现时代（纸质文档和电子文档并存的混合时代），也依然具有较强的生命力。

（四）电子档案鉴定方法

1. 电子文件概念阶段价值鉴定的前端控制

电子文件概念阶段价值鉴定是指电子文件形成部门在档案部门的协助下，对归档电子文件进行内容鉴定，鉴别电子文件的保存价值，选择归档文件并划分保管期限。电子文件的鉴定必须提前到电子文件生命周期的第一阶段，在文件尚处于概念形成而未"成形"之时，就要在系统设计中提出鉴定要求，确定电子文件归档范围并把文件保存的要求建立在系统开发阶段，这样才能捕捉到有价值的电子文件，将其转化成电子档案固化在介质上脱机保存。

电子文件概念阶段价值鉴定前端控制的主体由档案专业人员和信息技术人员组成。档案专业人员负责提出系统应达到的总体鉴定功能；信息技术人员负责系统的总体设计、代码设计、数据存储设计等，以及程序开发、选用有关设备、软件、实施的环境，并保证选用的数据传递、存储方法等计算机系统设计的先进性、合理性和可靠性。概念阶段价值鉴定关键是建立元数据库系统，并在系统中嵌入电子文件鉴定所需的元数据标准模块。元数据库系统包括元数据库和元数据管理系统两个要素。鉴定所需的元数据标准是指鉴定的前端控制正常运行时所需的档案专业技术标准，如文件的标准格式、著录的内容和格式、保管期限表、鉴定的执行路径、鉴定的要求和指标等。元数据标准模块对于鉴定的前端控制极其重要。

2. 电子档案归档形成阶段的双重鉴定法

电子文件在系统平台上产生时，前端控制系统就会在电子文件生成时进行即时鉴定，自动将无保存价值的电子文件排除在电子文件归档管理阶段之外。经过电子文件生成阶段智能化鉴定之后，大量无保存价值的电子文件被挡在鉴定大门之外，留下的电子文件经文书档案人员鉴定后，将有价值的电子文件归档作为电子档案保存，电子档案才正式形成并进入维护阶段。电子档案在形成和维护阶段需要对接收的电子文件进行一次包括内容鉴定和技术鉴定在内的全面鉴定。这一阶段鉴定的主体是档案室工作人员，还包括有关电子文件形成部门人员及电子计算机技术人员。这一阶段鉴定具有不可替代的承前启后的作用，"承前"是因为经过电子文件生成阶段即时鉴定的"粗选"之后，到了是否应该归档保存的"精选"关口；"启后"是因为电子文件经过全面鉴定后，就是真正意义上的档案了，为今后电子档案在档案馆的维护、利用和后续鉴定提供了基本准备条件。电子档案归档形成阶段的内容鉴定，就是机关档案室对电子文件形成部门移送来的电子文件（以介质方式归档的文件或网络归档文件）采用直接鉴定法审查每一份电子文件内容，参照纸质文件鉴定的原则标准，结合电子文件保管期限表，预测电子文件的利用价值确定其保存期限。电子档案归档形成阶段双重鉴定中的技术鉴定，就是从电子档案的可读性、完整性、有效性、有无病毒及介质状况等方面进行严格检测与核实。

3. 档案馆电子档案维护与提供利用阶段的宏观职能鉴定法

档案馆接收各机关档案室移交的电子档案，必须具有永久保存价值，在接收进馆时由档案馆进行再鉴定，将确实有永久保存价值的、具有完整性、可读性的电子档案接收进馆，并对其进行维护和提供利用。电子档案宏观鉴定方法需要进行如下工作：分析文件形成者的职能、业务活动、计划以及与其他机构的联系；分析文件信息内容及其社会作用；分析电子档案生成、维护过程的信息；与移交机关建立合作关系，商定鉴定标准和选留文件的办法，签订合作协议，健全有关制度和程序；从同一个鉴定标准出发对各类档案的价值进行综合鉴定；以对馆藏档案成分、结构进行审查评估为依据，分析全宗和全宗群内档案的有机联系和完整程度，调整电子档案进馆标准；为了保证电子文件信息能够长期保存、识读，要对其进行不断复制，延长其寿命。

三、档案鉴定工作运行方法

（一）结合进行法

结合进行法就是将有关联的多项鉴定一并进行或将鉴定工作与其他工作一并进行。一是有关联的多项鉴定可一并进行，如档案划控鉴定时，可以将档案价值鉴定和复查鉴定以及载体质量鉴定结合起来进行。这三项鉴定都需要对档案实体进行逐件、逐页的直接鉴定，虽然各有一套标准，但可以结合在一起进行。二是同其他工作一并进行，在进行文件整理、编制检索工具、汇编档案资料等工作时，可以对文件档案质量、价值、真伪及使用范围等进行鉴定或复核。

（二）分头鉴定集体会诊法

在档案鉴定工作的实施过程中，为提升效率并确保鉴定质量，可根据各人员的专业特长进行合理分组，以便进行专项鉴定。当遇到难以把握或处理较为棘手的疑难问题时，应迅速召集鉴定人员召开研讨会，通过集思广益的方式共同商讨并作出决策。此举旨在提高鉴定工作的整体效能，同时确保鉴定结果的准确性和可靠性。

（三）抽样鉴定法

抽样鉴定法要求从报告中抽取一定数量、涵盖各类别的档案进行直接鉴定，以核实鉴定结果的准确性。在仔细评估抽样鉴定结果后，领导人可据此签署同意或不同意销毁的意见，以确保决策的合理性与有效性。例如在处理到期档案的销毁工作时，特别是在面对鉴定小组或下级单位提交的销毁报告时，鉴于领导人无法逐一审查每一件档案，推荐采用抽样鉴定法。

第三节　档案价值鉴定标准

档案的价值是客观存在的，而档案鉴定工作则是人们带着主观性对档案价值进行认识和评价。为了使这种主观认识活动最大限度地符合实际，保证鉴定工作的质量，必须建立明确的档案价值鉴定标准。档案价值鉴定标准不是档案工作人员主观随意的产物，它以客观存在的档案价值构成为依据，具有明显的客观性。坚持按照客观的鉴定标准来认识和评价档案价值，可提高档案鉴定结论的客观性、可靠性和准确性。

一、档案属性标准

（一）档案的来源标准

档案来源是指档案的形成者，即文件的责任者和立档单位。其价值的鉴定应遵循以下原则：

应站在本单位的角度。本单位制发的文件是保存的重点，大部分需要长久保存。一个单位的档案是否齐全、完整，能不能反映本单位的历史面貌，在很大程度上是看本单位制发的重要文件是否保存下来。除了保存本单位制发的文件，还应包括外单位制发的文件，主要是直属上、下级制发的文件。对外单位制发的文件，主要看它在本单位的承办处理情况与本单位的关系：是针对本单位需要直接承办并产生文件的，还是没有直接产生的文件和不是针对本单位的；是直属上、下级的文件，还是同级、非直属上、下级的文件。要牢牢把握住文件与立档单位的关系这一线索，将一个单位的全部档案材料与本单位的主要职能活动和任务联系起来，分析其在行使本单位主要职能和完成主要工作任务，以及反映基本情况方面的作用。也就是说，凡是记述和反映本单位主要职能、中心任务、基本情况方面的档案材料，对本单位、国家建设和历史研究有长远利用价值的档案，都应永久保存；反之，可定期保存。

应看立档单位在社会上的地位和作用。由于立档单位担负的职能，在政府机关体系中、社会中、历史中所处地位、所起作用的不同，所形成文件的价值也不同。一般来说，担负的职能和地位重要的立档单位所形成的档案全宗及其所属档案文件，从总体上看具有较高价值。如党中央、国务院及各部委等高级领导机关、地方上的党政领导机关所形成的档案，在政治、经济、科研等方面的价值大，应多保存一些；一些基层单位，如小学、小工厂等单位形成的档案，价值相对较小，保存的数量应少一些，且具有抽样保存的性质，甚至可以考虑整个全宗都不必永久保存。从人物全宗来说，党和国家领导人、著名科学家、社会活动家等知名人士形成的档案价值很高。

在本单位制发的文件中，具体的撰写、制发机构也对档案价值产生影响。单位领导人、决策机构、综合性办公机构、主要业务职能机构、人事机构、外事机构制发的文件，大多比较直接地反映本单位主要职能活动和基本情况，因而具有长久保存价值的文件比例较高，而一般行政事务机构、后勤机构及某些辅助性机构中具有长久保存价值的文件比例则较低。

（二）档案的内容标准

文件的内容所记录的信息和反映的情况，是分析判定档案价值的关键因素，因为文件的用途是和内容联系在一起的。分析文件的内容主要应看以下几方面：

1. 看文件内容的重要性

看文件内容说明了什么问题，反映了什么事实。一般来说，反映党的方针政策、重大事件、主要业务活动比反映本单位行政事务、一般业务活动的重要；反映本单位主要职能活动、基本情况比反映非主要职能活动和一般情况的重要；反映中心工作比反映日常工作的重要；反映全局性的比反映局部性的重要；有针对性、依据性、需要贯彻执行的比普遍性、参考性的重要；有效时间长的比有效时间短的重要；典型性的比一般性的重要。对于重要档案，要永久保存，而一般档案价值较小，多数只需定期保存。

2. 看文件内容的独特性

实践证明，内容独特、新颖的档案材料有较大的利用价值。因此，档案馆（室）鉴定档案价值时，应充分重视档案内容的独一无二性。凡是具有本单位、本系统、本地区特色的档案，以及特殊事件、特殊产品、特殊人物、特殊成果和具有开创意义的新人、新事、新方针、新政策方面的档案及各种特色档案，应尽可能予以保存，并适当延长保管期限。文件内容的独特性，还包括力求减少馆（室）档案的重复，将重复现象减至最低限度。

3. 看文件内容的真实性

文件内容真实可靠才具有利用价值，内容不实则丧失利用价值而应当剔除，若将内容不实的文件保存起来并提供利用，会因"以讹传讹"而产生负面影响。只有在特定历史条件下，避免人为造成"历史空白"，才允许保存一些本身形成是真实的，但内容不真实的文件材料，并谨慎地、批判地加以利用。

4. 看文件信息内容的综合性或集中性

分析文件内容信息的综合性或集中性，主要看文件在记载某一事件、某一活动、某一主题时，是详细还是简略，是深入具体还是肤浅概括。这种分析需要与其他文件联系起来进行比较、判断。如综合性总结，年度总结的价值一般高于季度、月度总结的价值；记录事件、活动的发生、过程、结果比较详细，信息量大而且集中的文件，其价值高于记录内容浅显和不具体的文件。

（三）档案形成的时间与时效标准

1. 文件形成时间

文件形成时间对档案价值的影响，具体表现在文件形成时间的远近，即文件形成于特别时期还是一般时期。文件形成时间久远的历史档案，应尽量多保存。一般来说，文件产生的时间越早，保存下来的就越少，就显得越珍贵。如古代的甲骨档案、简牍档案、丝帛档案，已成为国宝，不容许有任何毁损。明代档案、清代档案、民国档案、革命历史档案，产生的时间距今远者有六七个世纪，近者也有半个多世纪，保存下来的，数量也有限，确定其保管期限应从宽，对判定销毁应持谨慎态度。凡有保存价值的，一定要尽可能保存下去。文件形成时间揭示出文件作为一种证据性材料所固有的历史价值，改变了人们只注重文件材料行政参考作用的片面做法，使人们认识到，文件可以作为考察机构职能活动与历史情况的证据，从而避免了大量古老的珍贵档案受到人为毁坏。根据这一理念，许多国家制定了禁销档案的日期，禁销日期以前的档案应全部保存。

2. 档案价值的时效性

档案价值的时效性表现为档案可以在不同时期满足人们不同需要的阶段性，即现实的使用价值、历史的参考价值和鉴赏的文物价值。所谓现实的使用价值，就是看档案在现实的工作、生产活动中的行政效力与法律效力如条约、契约、协定、协议书、合同、法律、指示、方针政策、规章制度、规划、决算等文件材料，在一定时间和条件下，具有行政上和法律上的效力，这就有相当的价值，应予以保存。当其有效性丧失后，会降低或失去原有的价值。实际工作中，这类档案在有效期满后，通常再保存相当于有效期限的时间，以备查考。所谓历史的参考价值，是指档案是历史的产物，是在特定的历史条件下形成的，是前人实践活动的信息积淀。就一事件而言，此部分档案即为此事件之历史；就一组织而言，该组织之档案即为该组织之历史。因此，在鉴定档案价值时，要充分认识档案的历史价值，即史料价值。

（四）档案的形式特征标准

档案的形式特征是指文件的名称、文件的文本、文件的外形特点和记录方式等，这些形式特征在某种情况下，也可能对档案的价值产生影响。

文件名称具有特定的性质，表示着文件不同的作用，也在一定程度上反映出文件的不同价值。但是，文件的名称只具有参考的作用。由于文件名称用法上的不统一，以及实际情况的复杂，有的文件不能单独只看名称，还要看文件的内容。

文件文本指同一文件在撰稿、研制过程中形成的各种稿本，如正本、副本、草稿、定稿、底图、蓝图等。不同稿本的文件，在行政效能、凭证作用等方面是有区别的，因此价值亦不相同。

文件的外形特点即有些文件从内容上看并不重要，但它的外形特点影响其价值。档案属性特征的各个方面是互有联系、不可分割的。档案自身各方面的特征，对档案的保存价值发生影响时，往往呈现出比较复杂的情况。总之，鉴定档案的价值，必须根据每份或每组文件的具体情况，以文件的内容为中心，全面地分析文件所属立档单位，文件的责任者、产生时间、名称、可靠程度、有效性、外形特点等诸多因素，全面分析文件自身的有关特点，以科学地判定档案的价值。

二、社会需求标准

社会的需求和利用对档案的价值有影响、调节作用，在鉴定工作中，必须予以重视。凡社会需要的档案，说明档案对社会有用，即有价值，应当予以保存；社会不需要的档案或较少需要的档案，说明档案对社会的作用小甚至无作用，若无潜在的价值，则一般不予保存。

（一）社会需求方向

社会需求方向，是指广大利用者需要利用哪些内容和哪些类型的档案，把握住总的发展趋向。但在不同历史时期，不同的利用者类型、不同目的的利用者所需要的档案信息内容有很大的区别。因此，档案人员要站在社会需求的高度，把握公民个人、机关以及社会方方面面利用档案信息的需要。为了把握社会需要的方向，档案人员要加强对现有档案利用状况的统计和研究，总结经验，摸索规律，开展预测，尽可能使选留保存的档案能满足社会某方面的需要。

（二）社会需求面

社会对档案的需求是多方面和多层次的。社会生活丰富多彩，对档案的需求多种多样，而档案的内容无所不包，可以满足社会的广泛需求。无论在什么情况下，档案只要能满足社会需要就具有价值，否则就无价值。需要的满足程度对社会的利益影响越大，档案价值就越大，反之就越小。因此，在鉴定工作中决定档案的留存和确定保管期限时，应以一定的社会需求面（即广泛性）为前提，要避免片面地以个别需求为鉴定标准，而要考察每份文件的社会意义。有些档案在失去现行效用之后，不仅对本机关有查证、参考意义，而且可作为其他方面工作人员、研究人员工作参考和研究素材的档案，具有较大的社会意义，从而具有较高的价值。

（三）社会需求时间

社会对档案的需求，从时间上可分为近期利用需求与长远利用需求。近期利用需求是指档案形成机关在一定时期内需要查考利用档案，以及档案进馆初期各方面对档案的利用。鉴定档案价值时，既要照顾重点用户（形成机关），又要兼顾社会各方面现实的、近期的利用需求。长远利用需求是指鉴定档案价值时，应深入预测档案在未来的潜在的利用需求，通过对既往利用频率、利用效果、利用需求、用户状况等方面的调查分析，仔细剖析影响社会对档案需求的种种因素，探索利用需求的发展规律，从而准确地判定社会对档案的潜在需求，充分发挥档案馆史料基地的作用。

三、相对价值标准

从理论上讲，每一份文件价值的大小是客观的，它取决于档案的自身属性及其满足利用者需要的程度，但在鉴定工作中，实际上还有一种被鉴定档案与其他档案相比较而存在的价值——相对价值，它是通过相互比较来衡量档案保存价值的一种标准。例如，某一件（卷）档案的价值并不大，但由于这个时期、这个机关保存下来的档案数量少，这一件（卷）档案的价值就相对提高，保管期限也适当延长；反之，可适当缩短保管期限。因此，根据档案价值相对性的特点，在开展档案鉴定工作时，一定要全面观察一个全宗和一个档案馆档案的整体状况，既要分析档案本身的固有价值，又要重视馆藏档案质量的优化和减少重复。

（一）保存状况

分析档案的价值，不能孤立地从单份文件或单个案卷出发，应从全宗文件之间的有机联系出发，从全宗群以及同时期、同类型全宗的档案数量、结构、完整程度、可靠程度出发，全面地考查文件的价值。全面地分析档案价值，有一个被鉴定档案的价值与相关档案价值的比较问题。为此，鉴定档案价值时，看相关档案的保存状况，应注意以下几点：

1. 档案的完整程度

在正常情况下，一个全宗、全宗群，或同类单位的档案数量大，保存得比较完整，鉴定档案价值时应严格一些，确有价值的才保存。若由于某种原因，某一个历史时期，或某一全宗、全宗群保存下来的档案材料不完整，鉴定档案价值时，标准就应适当放宽。

2. 档案是否重复

档案之所以珍贵，是其以"孤本"著称。若保存过多的重复文件，就会给保管、保护工作带来困难，造成人力、物力的浪费。鉴定档案价值时，应注意对全宗内的重复文件和各全宗之间交叉重复文件进行清理和剔除，力求做到一个全宗内不出现重复文件，档案馆内各全宗之间少出现重复文件。

3. 文件的可靠程度

同一文件在撰稿、印制过程中，以及根据使用的需要，可以形成各种稿本，可分为正本、副本、定稿、草稿、草案等。不同稿本的文件，在行政效能、凭证作用等方面是有区别的。正本具有标准的格式，有机关的印章或负责人的签署，是机关进行工作的依据，具有法定的实际效力和凭证作用，可靠性大，价值也就大一些。副本、草稿、草案的可靠性差一些、价值也小一些。由于科学技术的进步，副本与正本在内容和形式上可以毫无差异，副本也可以起凭证作用。某些重要文件的"草稿""草案"也具有一定的价值，从中可以看出重要文件的形成过程，需要保存一段时间。

4. 档案内容的可替代程度

如果一份文件的内容已被其他更重要的文件所包容，那么这份文件的价值可以从严判定；反之，如果一份文件独立地反映了一个方面的问题，别无其他材料，那么这份文件的价值就相对提高。例如，一般说来，本机关的年度总结、统计报表等应永久保存。季度、月份的总结、统计报表应定期保存，但在无年度总结、统计报表的情况下，季度或月份的总结和统计报表就会变得重要起来，其价值就会相对提高。再如，在有正本的情况下，副本、草稿的价值就比较小，一般可不归档；而在没有正本的情况下，副本、草稿的价值相对提高，可归档视同正本保存。

（二）保管条件和费用

鉴定档案价值的目的，就是挑选有价值的档案继续保存，剔除无须保存的档案予以销毁。在具体判定哪些档案值得保存和保存多久，哪些档案不值得保存时，应考虑保管档案的现有条件和效益。

1. 现有保管条件

我国是发展中国家，在较长时期内向档案方面投入的财力是有限的，档案馆室的库房建设及设备的增长速度远远赶不上档案数量的急剧膨胀，二者矛盾十分突出。鉴定工作中，在确定应保存档案的数量和保管期限时，要适当考虑现有的保管条件与设备的承受能力。

2. 保管费用

保管费用是指保管档案过程中的花费，包括储存费用、处理费用、保护费用和参考咨询费用。保存档案应考虑效益问题，只有当档案发挥作用所带来的利益超过因保存档案所付出的代价时，档案才具有保存价值。有的档案虽然具有一定的价值，但限于现有条件不足或保管费用过高，也难以保存。因此，档案工作者在鉴定工作中应有效益观念。考虑档案的效益还应全面分析档案的社会效益。从整体效益和局部效益、当前效益和长远效益等方面，具体比较档案的"投入"与"产出"，才能使档案价值的评价更准确，更与实际相符合，避免在效益问题上的片面性。

第九章
档案统计与编研

第一节　档案统计概述

　　档案统计是指运用一系列的统计技术和方法，通过表册和数字的形式描述和分析档案工作中的各种现象、状态和趋势的工作过程。它是了解、认识和掌握档案工作总体情况的重要手段。

一、档案统计的内容

　　目前，我国档案统计工作分为四个层次的内容：
　　第一，全国档案工作基本情况统计。该项统计由国家档案局组织，国家统计局指导监督，已经纳入国民经济和社会发展统计指标体系之中。
　　第二，专业系统档案工作基本情况统计。由国家专业主管机关组织。
　　第三，地方档案工作基本情况统计。由地方档案行政管理机关组织。
　　第四，档案馆（室）档案工作情况统计。由各档案馆（室）自行组织进行。
　　上述四个层次中，前三个层次属于宏观层面的档案事业状况统计，是对各级各类档案部门的机构设置、人员、设备、库房、财务、馆藏规模及管理水平等情况的统计。这类统计反映了全国、各地区、各个专业系统档案事业的发展水平。

第四个层次是对某一档案机构内部进行的微观层面的统计，主要针对档案管理活动各个方面进行统计。其主要包括：馆藏量统计、档案构成状况统计、档案利用状况统计、档案用户统计等。这类统计具体反映了档案管理活动的基本情况及档案工作的发展规律。

二、档案统计的要求

档案统计作为获取反馈信息的手段，要求准确性、及时性和科学性。

1. 准确性

准确性是档案统计的基本要求，是确保统计数据真实可靠、反映档案工作实际情况的基石。档案统计工作必须严格遵循统计法规，确保所提供的统计档案资料如实，无虚报、瞒报、拒报，更不得有伪造和篡改数据的行为。同时，准确性还要求对统计数据进行严格的核查和验证，确保数据的来源可靠、计算无误。只有这样，档案统计工作才能为档案事业的科学管理和决策提供坚实的数据支撑，助力档案工作的持续改进和优化。

2. 及时性

统计工作的目的是解决档案工作中的实际问题，及时了解有关情况。统计工作必须做到迅速高效，按时报送统计资料，以确保数据的时效性和实用性。统计资料的及时上报，有助于及时反映档案工作的发展变化，为科学管理提供实时数据支持，使决策者能够及时掌握档案工作的最新动态，做出准确的判断和决策。如果统计工作拖沓，必然会贻误良机，从而影响档案的使用。为此应该建立档案统计制度，使档案统计纳入档案部门的日常工作轨道，各级各类档案馆、档案室的统计工作要制度化，相互配合，及时地按规定上报档案工作领域的相关信息，为指导和监督档案工作的开展提供科学依据。

3. 科学性

首先，档案统计必须严格执行《中华人民共和国统计法》等相关法律法规，确保统计工作的合法性和规范性。其次，应运用科学的统计方法和手段，对档案数据进行收集、整理、分析和利用，确保统计结果的客观性和准确性。此外，还应注重统计指标体系的科学性和合理性，确保统计指标能够全面、准确地反映档案工作的实际情况和发展趋势。同时，在统计过程中，要保持严谨的科学态度，避免主观臆断和片面性，确保统计工作的科学性和权威性。

三、档案统计的意义

（一）认识档案工作的一种重要手段

档案统计工作作为档案管理的关键环节，是一种深入认识和解析档案工作本质与规律的重要手段。它通过系统化、科学化的数据收集、整理与分析，为档案工作构建了一个全面、客观且量化的认知框架。这一工作不仅揭示了档案资源的分布、利用状况及变化趋势，还深刻反映了档案工作的内在结构、运作效率及发展潜力。正是这种长期、系统地积累资料的工作，为档案管理研究和综合统计，为人们加深对档案工作的认识提供了一种手段。

（二）档案事业建设的一项重要基础工作

科学的档案统计工作，可以准确地反映各级档案部门工作的真实情况，对各级档案部门的工作进行分析和比较。如果没有档案统计工作提供的大量数据和信息，档案管理只能是盲目地管理；没有档案统计工作的指导，档案服务利用只能是被动地服务。

档案统计工作以表册、数字等形式，揭示档案和档案工作有关情况及发展规律，实行定量管理与定性管理相结合，使档案管理计量化、精确化，便于对档案实行科学管理，便于更好地了解和掌握档案工作的规模、水平和发展趋势，便于对各级档案部门的工作进行分类指导、监督和检查。档案统计在提高档案管理水平、充分发挥档案的社会效益和经济效益方面发挥着重要作用。

（三）能够为档案事业发展提供科学依据

档案统计作为档案管理的重要组成部分，能够为档案事业发展提供科学依据。档案统计通过对档案数据的系统收集、整理和分析，能够系统反映档案的数量、增长速度、馆藏档案的状况、档案利用频率等发展趋势，以及人力、财力的需求量等，为档案事业的规划和发展提供量化支撑。同时，档案统计还能够反映档案工作的效率和效果，帮助我们发现工作中存在的问题和不足，为改进和优化档案工作提供有力依据。通过档案统计，能够更精准地把握档案工作的核心要素与关键环节，发现存在的问题与挑战，为优化档案管理策略、制定档案工作方针、政策、档案事业发展规划以及档案的科学管理提供依据。

第二节 档案统计的步骤

按照档案统计的有关法规，可以将档案统计工作分为选定档案统计指标、档案统计调查、档案统计资料的整理和统计分析四个环节。

一、选定档案统计指标

统计指标的确立是进行档案统计的基础。档案统计是通过统计指标来表现档案工作领域中现象的数量方面的状况。档案统计是用数字的形式来描述档案工作中的现象、状态、水平、进程以及它的发展程度。它具有固定指标，如档案机构人员数、保存档案的数量、销毁档案的数量和比例、提供利用的人次及卷次、档案馆建筑面积、库房设备等等。由于档案统计工作指标的多样性，在进行档案统计之前，首先就要选定档案统计指标。然而，实际工作中并非需要对档案工作的每一项内容都进行统计，也不是档案工作中的任何数量表现都有必要制定相应的统计指标。

（一）确定档案统计指标的原则

1. 与档案工作中一定的数量表现联系在一起

反映说明档案工作的现象、过程及其发展规律的数量表现，一般称为综合指标。比如，反映档案馆现存档案总量的统计指标是用"馆藏量"，反映提供利用工作情况的可用"利用次数""调卷数量"来作为统计指标。选定的统计指标应该是档案工作中客观存在的一定数量表现，否则，选择那些在档案工作中找不到数量表现的指标是没有任何意义的。

2. 坚持统一性和稳定性原则

档案统计工作中所用到的主要统计指标应该与国家档案统计指标、计量单位保持一致，这些指标所反映的是综合情况和总体现象，而不是个别情况和局部现象。比如馆藏量是用长度（米），辅以案卷数、库房面积（平方米），利用情况是利用档案的次数和调卷数量等，从而为档案统计工作的汇总、比较统计资料创造条件。另外，档案统计指标一旦选定，就应该保持其相对稳定性，这样有助于档案统计资料的累积，对提高档案统计工作水平也大有裨益。

3. 具有可比性

统计指标是通过对档案统计的绝对数、相对数和平均数来表现的。绝对数是档案工作领域中一定现象具体量的表现，是总量指标，它又是后两种指标的基础。相对数是从两个有联系指标的对比中得出的一种指标，从部分到整体、实际到计划，一个时期对另一个时期，一个地区对另一个地区等指标的对比中，都可以得出相对数。保证指标的可比性是运用相对数的基本原则。同时，在运用相对数时，必须检查所用指标是否具有可比性。例如，计划档案馆库房建筑面积时，就要对档案的收集和销毁作出预测，并要计算出经过鉴定的档案总数与应销毁档案案卷数的百分比。在档案统计中用这种对比的方法，反映档案工作中某些现象的联系，就能深入地分析绝对数所不能充分说明的问题。平均数是对现象总体各单位某一数量标志进行平均，用这个结果来反映数量变化的一般水平。统计指标运用平均数，必须遵循总体间质性的原则。

（二）档案统计指标的种类

根据档案管理和研究目的的不同，档案统计指标分为不同的种类：

1. **按统计指标的内容，分为管理状况指标和利用指标**

档案管理状况指标包括：馆藏量、全宗数、档案整理状况、档案鉴定情况、档案流动情况（档案收进、移出数量）等；利用指标包括：利用人次、利用案卷数、利用率、检全率、检准率等。

2. **按统计指标的性质，分为数量指标和质量指标**

数量指标是反映档案、档案工作规模及总体数量多少的统计指标，具有实体计量单位，如档案人员数、保存档案数、库房面积等；质量指标是反映档案工作现象相对水平或质量的统计指标，如保存和销毁案卷的比例、年利用率、检索效率等。

3. **按统计指标的表现形式，分为总量指标、相对指标、平均指标**

总量指标是反映档案及档案工作总体现象规模的统计指标，以绝对数的形式表现，如案卷数、库房面积等，反映全国或某一地区、某一部门在一定时期内档案工作的规模或水平；相对指标是两个有联系的总量指标相比较的结果，用相对数（百分比）来表示，如电子文件在馆藏中的比例，档案利用率等；平均指标是按某个数量标志说明总体单位的平均水平，如平均复制量、年平均整理案卷数量等。

（三）档案统计指标的设计要求

档案统计指标的设计要求是多方面的，旨在确保统计指标能够全面、准确、科学地反映档案工作的实际情况和发展趋势。

（1）要反映我国档案事业的发展现状和特点，适应我国档案管理的原则，统计内容要尽可能全面反映我国档案工作的状况；

（2）要符合档案工作本身的性质、特点和运动规律；

（3）要考虑到管理的要求或研究的目的，使统计指标体系具有实用性；

（4）从整体和全局考虑各个档案统计指标之间的联系，形成一套多层次、多系统的统计指标群，以便全面描述档案工作现象和过程的

各个方面;

（5）统计指标的选择要注意统一性和稳定性，注意计量单位和计算方法的科学统一。

二、档案统计调查

（一）档案统计调查的任务

档案统计调查是根据管理的目的和要求，采用科学的方法，有计划、有组织地搜索和统计资料的过程。

档案统计调查的基本任务是取得各种原始数据和资料，对其中的有关数据进行核算。根据管理工作的需要进行定期调查和不定期调查、普遍调查和专门调查，为统计资料的整理和统计分析奠定基础。

（二）档案统计调查的基本形式

档案统计调查的基本任务在于取得大量的、原始单位的真实材料。它的基本形式主要分为统计报表、专门调查和其他形式。

1. 统计报表

统计报表是档案统计调查中最基本、最经常的一种形式。统计报表是下级档案管理机关和档案馆（室），按照统一的规定向上级机关以表的形式定期报送的文件。统计报表具有法规性，是档案统计工作的一项制度。通过统计报表，可以系统地收集全国或某一地区、某一部门的档案工作基本情况，为档案事业的科学管理提供数据支持。建立基本的统计报表制度，对档案管理机关在统计工作中收集必需的资料、及时地掌握情况、发现问题、进行指导、改进与安排工作都是十分必要的。

统计报表的具体内容包括但不限于机构设置、人员配备、馆藏规模、利用情况、档案流动、档案鉴定、档案整理状况等。这些报表数据反映了档案工作的各个方面，是评估档案工作成效、制定档案政策的重要依据。

2. 专门调查

专门调查是根据一定的目的和要求临时组织起来的调查，是统计报表的一种补充形式。当统计报表无法满足特定需求时，就需要通过专门调查来获取更为详细、具体的数据。专门调查的形式多样，包括普查、抽样调查、重点调查、典型调查等。

（1）普查

普查是对一定范围内的所有档案进行全面调查，适用于需要全面了解档案工作基本情况的场景。

（2）抽样调查

抽样调查是从总体中随机抽取一部分档案作为样本进行调查，然后根据样本数据推断总体情况。抽样调查具有经济、高效的特点。

（3）重点调查

重点调查是选择部分具有代表性的档案或档案管理机构进行深入调查，以反映档案工作的重点领域或关键环节。

（4）典型调查

典型调查是通过"解剖麻雀"的方式，对具有典型意义的档案或档案管理机构进行深入调查，以总结经验、发现问题。

3. 其他形式

除了统计报表和专门调查外，档案统计调查还可能采用其他形式，如口头咨询、专题会议等。这些形式虽然不如统计报表和专门调查常用，但在特定情况下也能发挥重要作用。例如，口头咨询可以快速了解某些具体情况或问题；专题会议则可以集中讨论档案工作中的热点问题或难点问题，形成共识并推动问题的解决。

综上所述，档案统计调查的基本形式以统计报表和专门调查为主，辅以其他形式。这些形式相互补充、相互配合，共同构成了档案统计调查的完整体系。通过科学、规范的档案统计调查工作，可以全面、准确地掌握档案工作基本情况和发展趋势，为档案事业的科学管理提供有力支持。

三、档案统计资料的整理

统计调查获得的资料是分散的、大量的、原始的。为了把这些资料集中起来系统化，反映宏观和微观两个方面的情况，必须对统计资料进行整理，使之条理化、系统化，以反映统计对象的总体特征。整理的主要途径是对档案统计资料进行统计分组，归纳整理，然后将其结果表现在统计表中。

（一）统计分组

1. 档案统计分组的概念

统计分组是指根据档案工作内在的特点和统计研究的需要，将统计总体按照一定的标志区分为若干组成部分的一种统计方法。其目的是把同质总体中具有不同性质的单位分开，把性质相同的单位合在一起，保持各组内统计资料的一致性和组间资料的差异性，以便进一步运用各种统计方法研究档案工作现象的数量表现和数量关系，从而正确地认识档案工作的本质及其规律，并作出评价。

2. 档案统计分组的类型

根据分组标准的多少，档案统计分组可分为简单分组和复合分组两种类型：

（1）简单分组

简单分组是按一个标准对统计资料进行分组。这种分组方式适用于研究目的较为单一的情况，能够清晰地展示某一特定标志下档案工作的分布和特征。

（2）复合分组

复合分组是按两个及以上标准对统计资料进行分组。复合分组能够更全面地反映档案工作的复杂性和多样性，揭示不同标志之间的相互关系。例如，可以同时对档案的类型和年代进行分组，以了解不同类型和年代的档案分布情况。

3. 档案统计分组的依据

档案统计分组的依据主要是档案工作的实际需要和统计研究的目的。具体来说，可以从以下几个方面进行分组：

（1）对档案管理的对象进行分组

即对档案实体、设备、档案人员、档案机构等进行分组。如按照档案类型、档案馆类型、馆藏档案数量、全宗类别或全宗群分组。

（2）对档案管理活动进行分组

对档案工作的各项业务及其工作过程进行分组。如按照工作量（调卷数）、工作效果（检索效率）、工作方式（服务方式）等来分组。

（3）对档案利用者进行分组

根据档案利用者的不同特征进行分组。例如，可以按照职业、文化水平、年龄、性别、利用目的等进行分组。

4. 档案统计分组的作用

档案统计分组是档案统计工作中的重要环节之一。通过科学的分组和统计分析工作可以更好地了解和掌握档案工作的规模、水平和发展趋势，充分发挥档案在国家经济社会发展中的作用。

（1）揭示档案工作的内在联系和依存关系

通过分组，可以清晰地展示不同标志下档案工作的分布和特征，进而揭示它们之间的内在联系和依存关系。

（2）为统计分析提供基础

分组是整理和分析统计资料的基础。通过对分组后的统计资料进行深入分析，可以找出档案工作中存在的问题和规律，为制定档案政策和管理措施提供依据。

（3）提高档案工作的效率和质量

通过科学的分组和统计分析，可以发现档案工作中的薄弱环节和不足之处，从而有针对性地采取措施加以改进，从而提高档案工作的效率和质量。

（二）档案统计表

档案统计表是对被研究的档案工作现象和过程的指标数字加以叙述的图表。档案统计表的结构如表 9–1。

1. 档案统计表的结构

档案统计表通常包括以下几个部分：

（1）标题：即统计表的名称，位于表的顶端中央；

（2）统计项目：表示档案工作各种现象的名称，如案卷数、馆藏数量等；

（3）指标数字：表示各项统计的结果；

（4）计量单位：包括卷、人次、平方米等；

（5）附注：包括资料来源等。

表 9-1　某馆档案利用者情况统计表

利用者类型	利用人数/人	利用人次/人次	所占比例/%
公务员	300	500	28.57
科研人员	400	600	35.71
学生	200	300	17.86
其他人员	200	300	17.86
合计	1 100	1 700	100

2. 档案统计表的种类

根据统计内容和分组情况的不同，档案统计表可分为以下几种类型：

简单表，即所反映的对象未经任何分组，是具有一览表性质的统计表（表9-2）。

表 9-2　某馆 2020—2024 年期间馆藏量增长表

年份	档案馆藏量/万卷
2020	30
2021	35
2022	38
2023	45
2024	47

分组表，是对统计项目按某一标志进行分组的统计表（表 9-3），以利用档案的性质作为分组的标志。

表9-3 某馆利用档案工作情况表

利用档案	利用单位	利用人数	利用人次	被利用案卷数
中华人民共和国成立后档案				
革命历史档案				
清以前档案				
民国档案				
总计				

复合表，即对统计项目按两个或以上标志进行分组的分组表（表9-4）。复合表能比较全面、准确地反映档案工作状况，在对档案工作现象进行综合统计时用得较多。

表9-4 某馆档案构成统计表

档案类型	现有档案总量		档案整理状况				档案鉴定状况			
	全宗数	案卷数	已整理编目		未整理编目		已鉴定		未鉴定	
			全宗数	案卷数	全宗数	案卷数	全宗数	案卷数	全宗数	案卷数
中华人民共和国成立后档案										
革命历史档案										
民国档案										
清以前档案										
总计										

3. 档案统计表的设计要求

（1）宜紧凑不宜烦琐，应合理安排各项目的序列；

（2）一系列统计表之间、各项目之间、总标题与各项目之间应构成互有联系的有机整体，避免交叉重复；

（3）统计表的标题、统计项目名称应精确。总标题应简明确切地反映统计表的内容，并标明统计资料的所属地区和时间。表中的项目名称应明确，不可模棱两可；

（4）表簿形式、规格应统一且规范。表中应注明计量单位的名称，并注明资料来源、填报单位、时间及制表人。

四、统计分析

统计分析是统计工作的最后阶段，从统计数据中发现确定性、趋向性、稳定性、规律性的情况与问题，并对产生的情况与问题的原因及相关因素进行研究，以得到明确的结论，为把握控制工作和决策提供基础性信息支持。

（一）档案统计分析的原则

（1）以全面、联系、辩证的观点来观察问题、分析问题，反对形而上学的分析方法。

（2）以大量的、充分的统计资料为依据，切忌主观随意性。统计资料反映了档案工作大量的现实情况，只有在这些数据材料的基础上，进行认真、深入的分析研究，才能发现问题，找出矛盾，提出解决问题的方法。如果离开统计数字就不能称其为统计分析，要保证统计分析的科学性、合理性，必须以可靠的数据为基础。

（3）切忌就数字论数字，要从大量的原始数据中分析档案工作的发展水平和变化趋势，研究各项业务之间的相互联系和平衡关系。做到质与量相互联系，避免抛开事物的质去分析事物的量，把统计分析变成"数字游戏"。

（二）档案统计分析的步骤

选题。明确统计分析的目的，根据具体的工作需要，选定需要分析的问题。选题须有现实意义和针对性，不能脱离实际。

收集和鉴定统计资料。资料的来源有定期统计报表、平时积累的统计资料、向有关部门搜集的资料、典型调查的资料等。统计资料收集齐全后，要对资料的完整性、可靠度以及适用性加以鉴定，对有错误的资料进行重新调查，或加以调整。

选用适当的统计分析方法进行具体分析。要根据分析的目的灵活运用各种分析方法，从地区上、时间上、结构上、相互联系上进行系统、深入、细致的分析。

撰写统计分析报告。得出结论，提出建议。

（三）档案统计分析的方法

动态分析法是运用统计表中的动态数列来说明档案工作现象发展变化规律的统计分析方法，是一种研究档案工作现象发展和变化的重要方法。所谓动态数列，就是把反映某种现象在时间上的变化的一系列统计指标，按时间先后顺序排列而成的数列。

分组分析法是对统计资料按一定标准进行分组分析和研究的方法。通过将档案工作的各种现象分成不同类型的组，可以加深认识档案工作总体构成与现象之间的相互关系，使档案统计分析的结果有针对性，便于档案管理有计划、有重点地进行。

综合分析法是利用综合指标分析档案工作现象总体特征及其相互联系的方法。它将总量指标、相对指标和平均指标结合应用，能更全面和更深刻地说明档案工作现象的特征及其发展规律性。

（四）档案统计分析的表现形式

统计分析的结果须用特有的形式明确表现出来。采用何种形式，要根据分析的对象、内容和解决的问题决定。统计分析的表现形式主要有统计分析报告、文字说明和统计图三种。

1. 统计分析报告

统计分析报告是一种常用的重要的表达统计分析结果的形式，包括下面几种：

（1）定期分析报告

主要是对计划执行过程进行检查分析，一般按月、季、年定期检查分析计划执行情况，写出报告。内容包括：计划完成程度、完成与否及原因、计划执行中存在问题和发展趋势，有哪些薄弱环节，改进工作的建议和措施等。

（2）专题分析报告

这是根据某一时期的中心工作，针对某一专门问题，进行深入细致的分析后提出的报告。特点是重点突出，内容专一。

（3）综合分析报告

这是对研究对象进行综合分析所作的报告。内容丰富完整，能充分说明档案工作现象的内在联系和发展规律。

统计分析报告须具有准确性、鲜明性、生动性。具体要求如下：

① 观点明确，段落分明，运用过去和现有的资料进行比较；

② 观点和材料相结合，使报告具有说服力；

③ 符合逻辑，如实反映客观事物的内在联系。

2. 文字说明

文字说明是用简短的文字表达分析的结果，一般是指结合统计报告内容所作的说明。文字说明不应简单地重复计算出来的数字，而应指出数字所反映的问题，揭示隐藏在现象后面的本质，说明规律性，指出已取得的成绩和亟待解决的问题。

3. 统计图

统计图是根据统计分析结果绘制的图形，用以说明档案工作现象的规模、水平、结构、发展趋势等。统计图能以具体的形象说明档案工作现象和过程，从而直观地获得统计结果。常用的统计图有条形图、象形图、动态曲线图、圆形结构图等。

第三节　档案编研概述

档案编研是以馆（室）藏档案为主要对象，以满足社会利用需要为目的，在研究档案内容的基础上，对档案文献进行收集、选择、加工，形成不同形式的出版物，供社会各方面利用的一项专门工作。

档案编研是档案人员富集档案中最有价值的部分，以具有倾向性专题成果的形式，提供给社会利用的工作。作为一种主动服务型的利用工作，档案编研工作能够提供系统化的经过科学整理的档案信息，可以打破档案利用在时间和空间上的限制。

一、档案编研的意义

（一）是档案馆（室）主动、系统、广泛服务的方式

档案编研工作是档案馆（室）积极提供利用服务的一种有效方式。其突出之点表现在工作成果的研究性、提供方式的主动性、材料的系统性以及作用的广泛性上。档案工作人员把具有研究价值和实用价值的档案信息编辑、加工后，推荐、分发给有关利用者使用或公开出版，使馆外利用、异地利用成为可能，这有利于更加广泛地发挥档案在各项事业中的作用，对于实现档案信息资源共享也是十分有益的。

（二）是提高档案馆（室）工作水平的重要途径

开展档案编研工作是提高档案馆（室）工作水平的一个重要途径。切实做好档案馆（室）档案的收集、整理等基础工作，是开展档案编研工作的基础和前提条件；档案编研工作的开展，既对基础工作提出新的要求，又能检验和推动各项基础工作的全面发展。档案编研工作要求档案工作人员具有较高的知识水平，促进档案干部队伍素质的提高。档案编研工作向社会各界和本机关提供了系统的档案信息服务，有助于扩大档案工作影响，赢得社会各方面对档案工作的重视和支持。

（三）是保护档案原件和长远流传档案史料的措施

开展档案编研工作，是保护档案原件和长远流传档案史料的一项重要而有效的措施。通过档案编研工作，不仅能够系统积累史料、广泛传播文化，而且编研成果可以代替档案原件提供利用，有效减缓原件的使用频次和磨损程度，从而达到保护档案原件、延长其自然寿命的目的。此外，将档案文献进行汇编并出版，分存于不同地点，即使原件在不可预见的情况下遭到损毁，档案的内容也能通过编研成果得以长久流传，确保历史记忆的延续和文化的传承。

二、档案编研的原则

档案编研工作涉及诸多因素、诸多环节，是一个复杂的过程。在开展中需坚持合法合规、编研有机结合、方便传播和用户利用的原则。

（一）合法合规的遵从性原则

档案编研工作的遵从性原则是指在档案编研工作中必须遵守和服从有关的规定和要求。首先，档案编研工作要遵守相关的法律法规和政策。档案编研成果要在一定范围内公开使用，且编研工作所基于的馆（室）藏档案非编研工作者自身形成，因此在编研工作中，应该遵循《中华人民共和国宪法》《中华人民共和国档案法》《中华人民共和国保守国家秘密法》《中华人民共和国著作权法》等法律法规以及相关政策的规定。其次，档案编研工作要服从并服务于档案工作的根本目标。编研工作是档案工作的重要组成部分，编研工作的开展应与整个档案工作的开展和谐一致，在实际工作中，应摒弃"为了编研而编研"的错误思想，确保编研成果的有用性和实效性。

（二）"编"和"研"有机结合原则

"编"和"研"是档案编研工作的两个重要组成部分。所谓"研"是对馆藏档案构成的研究，以及对档案内容的研究；所谓"编"是对"研"的深化和加工。对于编研工作的每一个环节都要进行深入的研究，从对馆藏的深入了解，到编研课题的论证、选题，到编研成果的完成，都是在研究的基础之上进行的。"编"是"研"的深化和外化，是形成编研成果的直接手段，可见，档案编研工作是编中有研，编研结合，只有将二者有机融合，才能将档案信息进行有效的提炼、加工、概括，形成优质的编研成果。

（三）方便传播和用户利用原则

编研成果要在一定范围内公开使用，编研成果的传播和利用有利于档案价值和作用的发挥，有利于档案信息资源的开发和利用。因此，在档案编研过程中，我们既要认真研究档案的内容，又要注重编研成果内容的可读性、易用性，并形成形式多样的编研成果，通过各种途径进行传播和利用。现代社会飞速发展的科学技术为编研成果的传播和利用提供了更广阔的平台，充分合理利用现代信息技术，有利于编研成果的传播和利用。

三、档案编研的内容

从我国现有实践和发展趋势来看，档案编研工作的主要内容包括以下四个方面：

（一）编辑档案史料和现行文件汇编

编辑档案史料和现行文件汇编也称"档案文献编纂"，是档案馆（室）编研工作的重要内容之一，主要是按照一定作者、专题、时间或文种等特征，将档案史料、现行机关文件进行汇编成册，按照不同体例形成各种档案信息的加工成果，在一定范围内使用或公开出版，属于一次性文献。例如：《中华人民共和国政策法令选编》为重要文件汇编，《日本掠夺华北劳工档案史料集》为专题性档案史料汇编，《中国加入世贸组织法律文件》为现行性文件汇编等。

编辑档案史料和现行文件汇编主要有三个特点。一是原始性。汇编所选录的都是档案原件，并且一般不作文字改动。二是系统性。档案文献汇编都按照专题组成，所选择的档案文件不仅在内容上相互联系，而且通过编排设计已构成一个有机的体系，清晰、客观地揭示事物发展变化的规律。三是易读性。工作人员在编研过程中对文件上的批语、标记进行处理，对于段落、标点、错别字和残缺文字进行校正和恢复，对于人物、事件、典故进行注释等，便于利用者阅读和理解。

（二）编辑档案文摘汇编

档案文摘汇编是档案馆（室）根据一定的专题对档案原文摘进行汇总编辑形成的编研成果。档案文摘是对档案原文的缩写，即以简练的文字概要地揭示档案文件的主要内容，不加任何评论与补充解释，是一种档案的二次性文献形式。如学术论文文摘汇编、科技成果文摘汇编、专题档案文摘汇编等。其特点为：信息量大，针对性强，更新及时。

（三）编写档案参考资料

档案参考资料是档案馆（室）按照一定的选题，根据档案内容加工编写而成的一种可供人们参考的档案材料加工品。它综合记述档案的内容，反映档案所记载事件（或事物）的相关情况，既能起到帮助利用者查找利用档案的作用，同时又直接提供了利用者所需有关档案的内容信息。如大事记、组织沿革、专题概要、统计数字汇集等。档案参考资料的编写依据是档案原件，但其表现形式已经改变了档案原件的面貌，属于三次性文献。其特点表现为：问题集中、内容系统、概括性强，介于档案文献与学术论著之间，内容具有参考作用，但不指明内容出处。

（四）参与历史研究与编史修志

档案工作和史学研究各有分工，档案馆的历史研究和专题研究，同史学界和其他学术界的研究工作有所不同，档案馆不注重著书立说和广泛系统地研究历史学或某学科的各种问题，而应充分发挥其丰富馆藏资源的优势。一方面，通过研究分析、整理汇编和公布史料，积极提供各项研究所需档案，配合编史修志等研究活动；另一方面，以本馆藏为基础，进行相应范围的历史研究，对出版的历史著作进行印证，出版历史专著或专门文章，参加或承担编修地方志、机构志，以更好地发挥档案的价值与作用。

四、档案编研的步骤

选题、选材和加工与编写是档案编研工作最根本也是最关键的步骤，它们直接关系到编研成果的质量和价值。

（一）选题

选题就是选择档案编研的题目。题目是统领整个编研工作开展的主线，决定了编研工作的方向和重点。其他环节的工作都是依据所选题目来展开的。一个好的选题应该具有针对性、实用性和创新性，能够反映时代特征和社会需求，同时也要考虑馆藏档案的实际情况和编研力量的能力。科学合理的选题应做到"三匹配"：

1. 选题应与社会需求相匹配

具体而言，选题既要符合现实的需要，又要具有长远的利用价值，这就要求编研工作者既要考虑利用者现实的利用需求，又要发现和研究档案的利用规律，通过一定的预见性选择符合时代发展要求的题目。

2. 选题应与馆（室）藏档案资源相匹配

"巧妇难为无米之炊"。编研工作需要以丰富的馆（室）藏档案资源作支撑，如果与选题相关的馆（室）藏档案资源贫乏，就难以形成高质量的编研成果。每个档案馆（室）资源都有各自的特色，应结合自身的特色和优势档案资源确立选题。

3. 选题应与编研团队实力相匹配

编研工作是编与研的结合，编研工作团队既要有较高的研究能力，又要有较高的文字表达能力；既要能对素材正确理解，合理利用，综合分析，又要能系统整理，编辑加工，形成满足公众需求的信息产品。不同的选题，编研工作难度也各不相同。因此，要在客观认识编研团队实力的基础上，选择与本团队实力相当的题目。

（二）选材

选材是档案编研工作的基础，它决定了编研成果的内容和质量。在选材过程中，需要广泛收集相关档案资料，进行深入的筛选和鉴别，逐篇研究档案内容，考定文献真伪、形成时间，判断文献的价值等。

在材料选择中，一般要着眼于以下几个方面。第一，确保材料真实可靠。原始记录性是档案信息特有的属性，编研成果作为对档案信息加工而形成的信息产品，应通过真实可靠的材料，反映人或事的原貌。因此，应实事求是、客观地选择档案文献，对不同观点的材料兼收并蓄，不同种类的材料结合选用。第二，确保材料的齐全完整。围绕所选题目，收集与题目有关的全部档案文献，并进行分析，做到点面结合，正面材料与反面材料结合，重点与一般兼顾，典型性与多样性兼顾。第三，选择材料详略得当，重点突出。档案编研工作不是将相关档案文献简单地集中起来，而是有针对性地、系统地对档案文献进行加工，能够灵活地、方便地供利用者利用。因此，材料的选择既要全面，又要详略得当，紧抓重点问题，突出重点内容。

（三）加工与编写

材料选择好之后，就要对所选档案文献进行加工。加工与编写是档案编研工作的核心环节，它决定了编研成果的形式和表达方式。根据最终形成的编研成果的不同，对档案文献加工的过程也有所不同，一般表现为对档案文献文字语句的勘正与恢复，划分段落与标点，修拟标题与正文的删节，对文献内容的提炼等。无论以何种形式对档案文献进行加工，都应坚持"维护档案文献的原貌，忠实文献内容的原意"的原则，在真实、客观、准确的基础上进行。经过加工之后的档案文献，须按照一定的体例进行系统化编排和格式化处理，形成便于利用者利用的编研成果。

此外，编研工作的程序还包括辅助性材料的编写、审校等环节。不同编研成果的编写既应遵循编写过程中的统一要求和规律，又应满足各自的形式和特点，才能形成有价值、高质量的信息产品。

第四节　　档案编研成果

对现行和历史档案进行编研是档案馆（室）重要的职能与工作任务之一，丰富的档案馆（室）藏资源为档案编研工作提供了良好的基础，并且在长期的研究和实践中，编研方法和编研手段不断完善和优化，编研成果更加多样化。本节选取了大事记、组织沿革、统计数字汇集、专题概要等一系列极具生命力的档案编研成果为切入点，对档案编研工作进行介绍。

一、大事记

（一）大事记概述

大事记是按照时间顺序，简要、系统地记载某一组织、某个领域、某个人物等在一定历史时期内发生的重大活动或事实的参考资料。

大事记系统扼要地记录了一定时间的历史发展事实，揭示了重要事件、重要活动发生、发展的过程以及它们之间的联系，是一种常见的档案编研成果。大事记的作用主要体现在：第一，组织的发展和各项业务活动的进行往往具有一定的连续性，大事记可以帮助组织或个人回顾过去，了解本地区、本机关的工作和发展历史和变化过程，便于更加科学、高效地开展工作；第二，大事记对历史研究人员研究国家和地方的历史、编史修志，提供了真实可靠的参考资料；第三，大事记是对公众进行宣传教育的生动素材，有助于帮助公众正确认识某组织、某地区、某领域的发展历史；第四，文化是历史的积淀，"大事"中往往沉淀和积蓄了本组织、本地区的文化，大事记有助于传承和弘扬本组织、本地区的优秀文化。

（二）大事记的种类

大事记种类很多，目前我国档案馆（室）所编的大事记主要有以下几种：

（1）机关工作大事记：记载一个机关在一定时期内的重要活动，如《峨眉县人民政府大事记》《山东省人民政府大事记》。

（2）国家或地区大事记：记载全国或一个地区在一定时期内的重大事件，如《中华人民共和国大事记》《中共温州市委大事记》。

（3）专题大事记按照一定专题记载国家或一定地区或一机关在一定时期内某一方面的重大事件，如《中华人民共和国档案工作纪实》《香港回归十五年大事记》。

（4）个人生平大事记：记载某些重要人物的生平的重要活动，通常也称年谱，如《朱德生平大事记》《孙中山生平活动》《鲁迅年谱》。

（三）大事记的内容

大事记的内容，主要包括大事记述和大事时间两个部分。

1. 大事记述

大事记述是大事记的主体部分，通过对许多重大历史事件的记述，反映历史发展的概貌和规律。因此，在大事记中，选择和确定大事与要事时，要从实际出发，记述真正的重大事件，并要考虑以下几方面的因素：

（1）要立足于本地区、本系统、本机关，突出自身活动。属于全国、全省的大事，只有与本地区、本机关密切相关的大事才记，否则不予记述。

（2）要根据本机关的性质任务和主要职能活动选择大事和要事。一般情况下，反映机关主要职能活动的重要事件，才能列入大事记的范围。

（3）要突出本地区、本单位的特点，选择一定时期的中心工作与重大事件和要事。

大事、要事材料的搜集与选用范围主要包括：

（1）重大的方针、政策、法律、法令、规章制度的制定、贯彻和实施；

（2）重要会议、重大政治活动；

（3）区划和地名的变更，体制的改变，机构的设立、撤销、合并，主要领导人的任免；

（4）经济、文化、教育、科学技术的重大变革和成就，以及重大公共设施的建设；

（5）重大灾害、重大事故、重大案件或重大事件、重要的外事和外贸活动、名胜古迹的修复和保护等等。

2. 大事时间

大事时间一般要求准确记载日期，力求对每件大事都写明具体的年、月、日，有的甚至需要精确到时、分、秒。大事记的条款应严格按照大事发生的时间先后顺序进行排列，先列出有确切时间的大事。每件大事都必须明确写明时间。对于历史事件，除了写明其原本的纪年方式外，还应同时注明公元纪年。对于未注明时间或时间记载不准确的事件，应进行考证，并写明确切时间或接近准确的时间；一时无法查清的事件，待查清后再进行补充。

（四）大事记的编写原则

编写大事记时，应遵循历史唯物主义的观点，坚守实事求是的原则，尊重历史与事实，维护事物的本来面貌，并进行客观记述。具体要求如下：

1. 事实准确，材料有据

大事记中的人、事、物、时间、地点等要素必须准确无误。选用的材料需真实可靠，有明确的来源和依据。对于内容不实或根据不详的材料，一律不予使用。

2. 观点正确、立论公正

大事记内容丰富，记载的活动广泛，涉及不同的历史时期、不同的人物和事件，包括正反两方面的档案材料。因此，选用材料时，必须按照历史唯物主义的观点合理取舍、详略适度、褒贬公允，确保实事求是，不允许掺杂任何个人主观随意性，要如实反映历史。

3. 专注大事要事

大事，即在国家或一个地区发生的，在当时涉及的范围极广，对社会影响较大较深的事情或事件。要事，即在一定的范围、一定的时间有较大影响，事后仍有一定参考意义的事情或事件。

4. 简明扼要，系统条理

记述大事时，应提纲挈领，文字简洁明了。将大事涉及的时间、地点、人物、数据、主要事实、发展过程、因果关系，言简意深地加以表述。大事记按时间顺序记述，一事一条，事与事之间要前后照应，脉络清楚，给人以条理清晰之感。

二、组织沿革

（一）组织沿革概述

组织沿革是系统记载一个机关、地区或专业系统的体制、组织机构和人员编制变革情况的一种材料。内容大致包括地区概况、机构名称改变、地址迁移、成立和撤销或合并的时间、隶属关系、性质和任务、职权范围、领导人员变动、编制扩大与缩小以及内部机构设置等变化情况。

组织沿革的作用主要体现在：首先，组织沿革便于人们认识和了解一定范围内组织机构的发展、变化的历史，进而从整体上系统地认识该组织；其次，组织沿革为研究国家机关史、地方史、专业史提供了重要的参考资料，是历史研究不可缺少的宝贵素材；再次，组织沿革有助于档案馆（室）更好地开展档案整理、鉴定以及编写立档单位历史考证等工作；最后，组织沿革作为一种背景信息，可以帮助利用者认识全宗内不同档案的价值，更好地利用档案信息资源。

（二）组织沿革的编写方法

组织沿革可以采用文字叙述、图表形式，或者图文并用的方式展现。其主体结构通常分为两种体系：第一种是"年度（或阶段）—内容"体系，即以时期为主线，先将材料按年或阶段划分，再在每个时期下分别叙述机构设置、职能任务等内容，逐年编排；第二种是"内容—年度（或阶段）"体系，即以题目为主线，先将材料按叙述内容分成若干题目，再在每个题目下逐年进行叙述。为了便于从不同途径查考和进行不同方面的研究，通常对以时期为主线的文字叙述附上以机构为主线的机构、人员变化图表；对以题目为主线的文字叙述，则附上以时期为主线的历年机构、人员变化图表。

三、统计数字汇集

（一）统计数字汇集概述

统计数字汇集又称基础数字汇集，即根据一定的需要和题目，将分散记述在档案中的数字汇集起来，以反映一定地区或某一方面在一定时期内的基本情况的档案参考资料。它具有数据集中、内容系统、简明扼要、形式灵活多样、便于利用等特点。统计数字汇集的作用主要表现在：首先，档案文献中的数据是人们在以往的社会实践活动中形成和积累下来的，有助于人们了解情况、研究问题、总结经验教训，统计数字汇集是科学决策的重要的参考和依据；其次，数字、数据能够准确地说明某一方面的问题，统计数字汇集是宣传教育中最具说服力的典型素材；最后，统计数字汇集是史学工作者进行历史研究的必要参考。

（二）统计数字汇集类型

统计数字汇集的种类多种多样，可根据不同的需要进行编制，常见的主要有以下几种：

（1）从范围来看，可分为组织统计数字汇集、地区统计数字汇集、专业系统统计数字汇集等。

（2）从时间来看，可分为××××年（一年）的统计数字汇集、××××年—××××年（多年）的统计数字汇集。

（3）从内容来看，可分为综合性统计数字汇集和专题性统计数字汇集。综合性统计数字汇集是记载和反映有关某一个单位、系统、地区全面情况的数字汇集，专题性统计数字汇集是记载和反映某一个方面或某一问题的基本情况的统计数字汇集。

（三）统计数字汇集的编写方法

统计数字汇集的编写方法灵活，一般包括：

（1）封面。由标题、编制单位、编印年月等要素构成，其中标题包括数字的来源单位、内容名称、记述的时间范围等。

（2）编写说明。说明编写的原因、目的、任务和所编材料的用途、选编范围、取材标准以及存在的问题等。

（3）目录。目录一般由顺序号、题名、页号组成。

（4）正文。通常将图形、表格、文字叙述结合使用，生动形象地反映和说明相关的基本情况。正文的内容一般包括统计对象、时间与空间范围、统计项目、统计指标、数值等内容，应尽量采用档案文献中的原始数据，所选数据要具有典型性、代表性，能够反映主题。要确保数据的真实性、准确性、权威性、一致性，同时，要根据实际工作的变化和统计内容的变换，及时调整汇编数据，以保证数据汇编的全面性和实用性。

四、专题概要

专题概要就是用文章叙述的形式，简要地说明和反映某一方面的工作、生产或其他社会现象和自然现象的产生、发展变化的一种专题资料。其一般称呼和专题的具体名称很多，如《畜牧事业专题资料》《历年工业发展基本情况》《矿产资源分布》《××县自然概况》《××县水旱灾冰雹和地震》《××自治区历届党代会简介》《××县历届人民代表大会简介》等。

专题概要的作用主要是向利用者集中、系统地提供关于某一方面工作、现象的资料，以便于利用者有针对性、方便、快速地熟悉和了解某一专题的内容。

专题概要的编写，首先要选好题目。专题概要的选题对象极为广泛，可以是人、事、物等，最为重要的是选题要与馆藏和社会需求相适应。一方面，丰富的馆藏是专题概要编写的基础；另一方面，只有满足社会需求，专题概要的价值和意义才能充分发挥和体现。其次，要根据不同的选题和档案文献确定专题概要的内容，通常要写清"是什么、为什么、怎么样"，比如人、事、物的历史、现状、作用和意义、发展趋势等等。最后，要将内容按一定的逻辑体系缩排。专题概要的编写源于档案文献，又不拘泥于档案文献，它是对档案内容进行综合整理、系统分析的结果，具有较强的可读性，但必须保证其客观性，不得主观臆断以致偏颇失真。

第十章

档案检索

第一节　档案检索概述

一、档案检索的概念

档案检索是对档案信息进行系统存储和根据需要进行查找的工作，是开展档案信息服务的必要条件，也是开发档案信息资源的重要手段，对于提升信息利用效率、促进知识传承与创新，以及加强档案管理与服务都具有重要意义。广义的档案检索包括存储和查找两个过程，而狭义的档案检索仅指查找档案中有用信息的单一过程。本书从广义的角度对档案检索展开介绍。

1. 存储阶段的主要内容

档案信息的系统化收集与整理。档案检索的起点是对各类纸质文档、电子文件、音视频资料等档案信息的全面、准确收集，此项工作要求档案工作者具备专业的分类、鉴定和整理能力，以确保档案信息的全面性和系统性。

数字化与数据库建设。随着信息技术的发展，档案信息的数字化已成为趋势。通过扫描、OCR 识别等技术手段，将传统纸质档案转化为数字档案，并存储在专门的档案管理系统中。同时，建立结构化的数据库，便于后续的信息检索与利用。

元数据与索引编制。为每份档案编制详细的元数据，如标题、作者、日期、关键词等，以及创建索引，是档案检索高效性的关键。编制元数据和索引能够极大地提高检索的准确性和速度。

2. 查找阶段的主要内容

用户需求分析。在查找过程中，首先需要明确用户的具体需求，包括查询目的、范围、时间等，以便制定合适的检索策略。

检索工具与策略选择。根据用户需求，选择合适的检索工具（如数据库、搜索引擎、目录等）和检索策略（如关键词检索、组合检索、高级检索等）。同时利用档案系统中的索引和元数据，快速定位到相关档案信息。

结果评估与反馈。对检索结果进行评估，检查是否满足用户需求。如果不满足，需要调整检索策略或查询条件，重新进行检索。同时，收集用户反馈，不断优化检索系统和服务质量。

档案检索的基本原理，是对大量无序的档案信息进行搜集、描述、加工、组织、存储，建立各种检索工具或检索系统，并按照一定的方法和技术，从中识别、查找和获取所需的各类档案信息源。档案信息存储是检索的基础，其目的是对大量无序的档案信息进行加工、组织，使其有序化，检索则是从有序的信息集合中找出所需要的档案信息。档案检索的关键部分是信息提问与信息集合的匹配和选择，即对给定提问与集合中的记录进行相符性比较，根据一定的匹配标准选出有关信息。

二、档案检索的途径

检索途径是指档案检索系统为用户提供的得到所需档案信息的路径或入口。检索途径在档案检索工具中是以检索标识的形式表现出来的，可分为形式检索途径和内容检索途径两大类。

（一）形式检索途径

形式检索途径是以档案的形式特征作为检索入口的检索途径，具体可细分为责任者途径、文件编号途径、人名途径、地名途径和机构名途径。

（1）责任者途径。责任者即档案的形成者，包括机关和个人等。同一责任者形成的档案，在内容上反映某一特定职能活动，具有一定阶段性，在内容和时间上互有联系。责任者途径在已知档案的责任者和大致形成时间的情况下，是比较方便的检索途径，而且通过责任者途径可以检索到同一责任者形成的全部档案材料。

（2）文件编号途径。文件编号（如文书档案中的发文字号等）是一份特定文件固有的并具有唯一性的特征信息。在已知一份文件编号的情况下，采用文件编号检索途径检索档案更加精准便捷。

（3）人名途径。人名途径是从档案中涉及的人物入手检索档案信息的一种检索途径。人名检索途径有助于检索有关某一特定人物的档案材料，方便用户以人物为中心快速掌握相关的档案材料。

（4）地名途径。地名途径是从档案中所涉及的地名入手检索档案信息的一种检索途径。地名检索途径对于检索有关某一特定地区的档案材料比较便捷，方便用户以地区为中心快速掌握相关的档案材料。

（5）机构名途径。机构名途径是从档案中所涉及的机构入手检索档案信息的一种检索途径。机构名途径对于检索有关某一特定机构的档案材料比较方便，帮助用户掌握某一机构的职能范围、历史沿革等。

（二）内容检索途径

内容检索途径是用直接表达档案主题内容的档案特征信息作为检索入口的检索途径，具体可细分为分类途径、主题途径和专题途径。

（1）分类途径。即将分类号作为检索入口检索档案信息的一种检索途径。从分类号的角度入手，能够帮助用户更加系统、全面地查到有关档案材料，是档案检索中最重要的途径。

（2）主题途径。主题即档案所阐述的中心问题。主题途径是指从主题词或关键词入手检索档案信息的一种检索途径。从主题途径入手，可以直接查找到涉及某一问题、某一对象和某一事物的档案材料。

（3）专题途径。即从某一专题入手检索档案信息的一种检索途径。以某一问题作为专题对档案进行整理、查找，有助于档案馆（室）及检索用户对这一问题产生的档案资料进行大概把握与了解。

（三）形式检索途径与内容检索途径的关系

形式检索途径与内容检索途径在档案检索过程中相辅相成，各具特色。形式检索途径凭借其高效性，能够通过已知的档案形式特征（如档号、文件类型等）迅速且准确地定位到特定档案。然而，形式检索途径的有效运用依赖于对档案形式特征的准确掌握，若缺乏这些信息，则难以实施检索，且难以进一步拓展检索范围以涵盖相关档案。

相比之下，内容检索途径则更为灵活。它无需事先了解档案的具体形式特征，而是直接从档案的主题内容出发进行检索。内容检索途径不仅满足了用户根据实际需求直接检索特定主题档案的需求，还通过档案检索系统中主题内容之间的内在联系，允许用户灵活地扩大或缩小检索范围，从而检索到更多相关的档案。然而，在精确锁定特定检索对象时，内容检索途径可能不如形式检索途径那样直接和准确。

因此，形式检索途径与内容检索途径在档案检索中应当被视为一种互补关系。在实际应用中，可以根据具体需求灵活选择或结合使用这两种途径，以达到最佳的检索效果。

三、档案检索的效率

检索效率是指在检索过程中满足利用者需求的全面性和准确性程度，它是衡量档案检索系统性能与质量的一个最基本的指标。档案检索过程中通常采用查全率和查准率两个指标来衡量和表示档案检索效率。

（一）查全率与查准率

1. 查全率

查全率是检索出的相关档案与全部相关档案的百分比，与之相对应的是漏检率，即未检索出的相关档案与全部相关档案的百分比。查全率与漏检率是两个相对应的指标，其公式为：

$$查全率 = \frac{检索出的相关档案}{全部相关档案} \times 100\%$$

$$漏检率 = \frac{未检索出的相关档案}{全部相关档案} \times 100\%$$

查全率表明档案检索系统避免相关档案漏检的能力，是评价档案检索系统效率的一个重要参数。保持较高的查全率是档案检索系统的一个基本目标。

2. 查准率

查准率是指检出的相关档案与检出的全部档案的百分比。与之相对应的是误检率，即检出不相关档案与检出的全部档案的百分比。查准率与误检率是两个相对应的指标，其公式为：

$$查准率 = \frac{检索出的相关档案}{检索出的全部档案} \times 100\%$$

$$误检率 = \frac{检索出的不相关档案}{检索出的全部档案} \times 100\%$$

查准率表示档案检索系统排除与检索提问无关档案的能力。提高查准率可以节省利用者分离无关档案所花的时间，对提高档案检索系统的实际使用效果具有重要作用。档案检索系统一般采取各种措施，保持适用的查准率。将查全率与查准率结合使用，就可以比较客观地显示档案检索系统的检索效率。

3. 查全率与查准率的关系

查全率与查准率之间存在互相制约的现象，即互逆关系。提高查全率会降低查准率，反之，提高查准率会降低查全率。档案馆在设计检索系统与实现每次检索时，应从实际出发，根据利用者的需求，确定适宜的查全率和查准率指标。

（二）影响档案检索效率的因素

影响档案检索效率的因素有很多，主要包括以下几个方面：

1. 档案检索系统的信息存贮率

档案馆（室）只有对所保管的全部档案都编制档案检索工具，存储到档案检索系统中，档案的查全率和查准率才会提高。应当指出的是，限于人力、物力等各方面因素，不可能对所藏档案都编制档案检索工具，而且任何一种档案检索工具的信息存贮率都是有限的，不可能把档案的全部信息都转附在一种档案检索工具之上。提高档案检索工具的信息存贮率，要从整个档案检索系统来考虑。档案馆（室）应根据实际，编制各种实用的档案检索工具，达到档案检索工具配套齐全，使检索途径多样化。

2. 档案检索语言的性能

档案检索工作涵盖了档案信息的存储与检索两大核心环节，且这两个环节均紧密依赖于档案检索语言。档案检索语言是档案检索系统的语言保障，采用性能好的档案检索语言，可以使档案检索系统具有较理想的检索效率。

3. 档案检索途径的数量

理论上而言，档案一旦录入档案检索系统，该系统为使用者提供的检索方式愈多，该档案被成功检索到的概率便相应提升。若档案在系统中仅设定了单一检索路径，用户唯有通过这一特定途径方能获取该档案。相反，若系统提供更多检索途径，用户只需掌握其中任意一条即可成功检索，这无疑会显著提升检索的全面性和准确性。就单一档案检索工具而言，检索途径的丰富程度直接关联于档案标引的详尽程度；而若从整个档案检索系统的视角出发，除了标引的深度，检索途径的多样性还受到检索工具种类及数据库内部数据结构复杂性的影响。适度增加检索途径无疑是提升系统查全率的有效策略，然而，过多的检索途径也可能带来系统负担加重的问题，甚至在某些情况下，由于检索结果过于宽泛，可能出现检出的档案与用户需求的相关度降低，反而降低了查准率。在优化检索系统时，需要权衡检索途径的数量与质量，以达到最佳的检索效果。

4. 档案著录与标引的质量

著录与标引是对档案的特征进行分析、选择、记录，并赋予其检索标识的过程，而检索标识是组织档案检索工具、进行档案检索的依据。因此，著录与标引的质量对于检索效率是一个重要因素。

5. 检索策略的优劣

检索策略在查找过程中具有决定性的作用。检索途径选择得是否正确，检索标识之间的逻辑关系表达得是否科学，能否针对需求的变化和检索的误差灵活地调整检索表达式，是实现需求信息与系统内信息集合中相关信息能否成功匹配的关键。每一个不同的检索策略都会导致不同的检索结果。

6. 检索人员的素质

不论是手工档案检索系统还是计算机档案检索系统，都要由检索人员来参与和控制检索过程。上述因素中除档案检索语言之外，均与检索人员的素质有关，因此检索人员的素质对于检索效率有直接的影响。

四、档案检索语言

档案检索语言是根据档案检索的需要而创制的人工语言，专门用于手工检索或计算机检索的档案信息检索系统，表达档案主题概念和检索课题概念。

档案检索语言由词汇和语法组成，具有三个组成要素。第一，拥有一组系统的文字或符号用来构成检索词汇要素，分类号和主题词就是它的检索词汇；第二，具有一定量的词汇，用来表达档案信息基本概念，分类表的类目、分类号与主题词就反映了基本概念；第三，有一套语法规则，用以满足档案检索系统多元化检索的需求。

检索语言的主要作用是作为概念转换的依据。在进行信息存储和信息检索的过程中，以同一检索语言为依据，对文献中分析出来的主题概念和从检索提问中分析出来的主题概念进行标引，转换成检索标识，从而使标引用词和检索用词相匹配，使信息检索全过程得以完成。

档案检索语言的功能，是对档案检索语言作为档案检索专用语言在档案检索中所起的各种重要作用的归纳，包括对档案的内容特征及某些形式特征加以标引；对内容相同及相关档案信息予以集中或揭示其相关性；将大量档案信息加以系统化或组织化；方便标引用语与检索用语的相符性比较等。

第二节　档案著录概述

一、档案著录的内容

（一）档案著录的基本概念

档案著录指在编制目录时，对档案的内容和形式特征进行分析、选择和记录的过程。内容特征，是对档案主题的揭示，表现为档案的分类号、主题词、提要等记录项。形式特征，包括档案的作者、形成时间、地点、档号、文种、载体等。

著录的结果称条目，它是按照一定规则对文件或案卷内容和形式特征所作的一条记录，是组成目录、索引的基本单位，其量词一般是"条"（书本式条目用）、"张"（卡片式条目用）。条目作为检索工具的构成要素，可以帮助利用者识别档案，进而选择利用档案，也可以向利用者提供获取档案线索的途径或档案实体的依据。

编目是指编制各种目录、索引和编写各种指南的活动。

目录是按照一定的次序编排而成的条目汇集，是目录组织的结果，是档案管理、检索和报道的工具，其量词一般是"种"或"套"。

标目是反映档案某一主要内容和形式特征，决定条目性质与条目在目录中的排列次序，并提供排检途径的著录项目。

（二）档案著录的著录项目

著录项目是揭示档案内容特征和形式特征的记录事项。《档案著录规则》（DA/T 18—2022）根据各种类型档案著录和目录编制的特点，将著录项目规定为 7 大项 35 小项。

标识包括档案馆代码、著录层级、档号、题名、文件编号、日期共 6 个小项。

背景包括责任者、组织机构沿革 / 人物生平、档案保管沿革共 3 个小项。

内容与结构包括范围和提要、人名、稿本、文种、附件、载体形态、计算机文件大小、计算机文件格式、生成方式、整理情况、保管期限、销毁情况共计 12 个小项。

查阅与利用控制包括密级、公开属性、开放标识、语言或文字、主题词或关键词、分类号、缩微号、存储位置共 8 个小项。

相关档案材料包括原件存放位置、复制件存放位置和相关著录单元共 3 个小项。

附注指各著录项目中需要补充和说明的事项。

著录控制包括著录者和著录日期共 2 个小项。

二、档案著录的作用

档案著录是揭示与获取档案信息的重要手段。著录项目中所包含的档案主题内容、成分、作者、保存价值、存放地点等信息，能够有效地揭示馆藏，宣传报道档案信息资源，使利用者不查原文即可对档案材料有一个大概的了解，以便有针对性地快速查到所需要的档案材料。

档案著录是建立档案信息检索系统的基础和前提条件。无论是手工检索系统还是计算机检索系统，在运行之前都要纳入经充足加工过的数据。手工检索系统中的各种档案目录和计算机检索系统中数据库的建立都必须依赖著录项目的输入。档案著录是实现档案信息检索必不可少的前提条件。

档案著录是决定检索工具和检索系统质量的重要因素。检索工具和检索系统要有效地发挥存储和检索功能，必须依赖于著录事项的完备性以及揭示档案内容的深度和确切程度。档案著录中的任何疏漏、不当和错误都会影响检索工具和检索系统的质量，降低检索效率。

档案著录是查找档案材料的途径和依据。利用者通过查阅检索工具，辨别检索标识可以准确找到自己所需要的档案材料，大大提高检索速度，节省翻阅原件所需要的时间。

三、档案著录的组织管理

（一）著录级别的选择

根据《档案著录规则》（DA/T 18—2022）的规定，档案的著录对象可以是一份文件、一个案卷、一个类别或一个全宗。著录的级别由低到高分为：文件级、案卷级、类别级和全宗级。著录级别的选择决定了著录信息的专指度和著录工作的速度。著录级别低，著录信息的专指度就高，检索深度较深，但著录工作量大，速度较慢；反之，著录级别高，著录信息的专指度就低，检索深度较浅，著录的工作量相对小，速度较快。因此，档案部门应根据馆藏档案的特点和利用的需要，选择合适的著录级别，以保证适当的检索深度，同时，提高著录的速度和质量。

著录级别关系着档案著录的深度和速度，档案部门应根据馆藏档案的实际情况、本单位具体条件和利用需要，选择合适的著录级别。在选择著录级别时，应保证适当的检索深度，同时，避免不必要的重复劳动，减少检索系统中的冗余数据，提高著录速度。一般来说，只要单位条件许可，应采用文件级著录。如果人力不足，可采用文件级和案卷级著录相结合的方法，即一部分使用价值大、使用频率高的档案采取文件级著录，而一部分利用率不高、卷内文件的内容单一的档案采取案卷级著录。此外，也可根据实际情况和需要，采用类别级和全宗级著录。档案著录分级如图 10-1 所示。

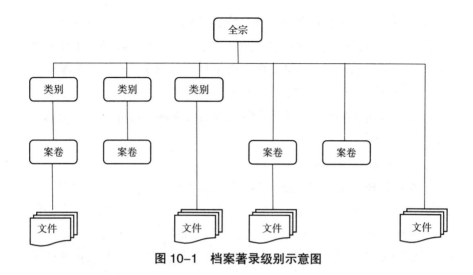

图 10-1　档案著录级别示意图

（二）著录项目约束性

著录项目按照其约束性分为必著项目和选著项目，著录层级的不同有时会影响著录项目的约束性。例如，"档案馆代码"这一著录项目，若著录层级为全宗级，则为必著项目，若著录层级为文件级、案卷级、类别级，则为选著项目。

（三）著录工作模式

在实际工作中，档案著录分为档案馆著录、档案室著录和分阶段联合著录三种模式。档案馆著录和档案室著录属于集中著录方式，而分阶段联合著录属于分散著录方式。

1. 档案馆著录

档案馆组织专人负责著录，著录人员集中，专业化水平高，质量有保证。但这种著录方式一般缺乏人力保证，档案馆著录工作的进度往往落后于进馆档案的增长速度，造成进馆档案不断积压，无法为档案检索系统及时、全面地提供经过加工的档案数据，档案利用也随之滞后。

2. 档案室著录

机关档案室人员负责本机关归档文件的著录。此方式由机关档案室人员分担了档案馆的著录工作，减轻、免除了仅由档案馆进行著录的压力，使档案馆能腾出更多时间做档案信息资源的深开发工作和提供利用服务工作。同时，又能提高机关档案检索水平。这种著录模式适用于档案数量形成不多的小型机关。大中型机关每年形成的档案数量很大，多达上千卷，机关档案室人员通常无法及时完成机关全部档案的著录工作。

3. 分阶段联合著录

文件制作人员、文书处理人员和档案人员分阶段联合著录顺应了文档管理一体化流程的特点，在文件制作、审核、文书处理、立卷归档等不同阶段分别著录有关内容，将著录与立卷归档同步完成。

分阶段著录模式的特点是将著录工作提前至文件生成和处理阶段，由文书人员和档案人员分阶段共同承担文档的著录工作，实行档案著录与归档同步进行，可及时保证档案著录工作的完成，从而防止了档案著录工作积压和滞后。由文件撰稿人承担文件的主题标引工作，有利于保证著录的质量，因为他们对文件的主题内容最为了解，给出的主题词比较准确和全面。另外，采取分阶段著录模式能够促进机关文件、档案检索系统的健全和完善，为机关档案检索自动化奠定基础。然而，这种著录模式因其分散性特点，涵盖了多个岗位的工作人员的参与，需要加强对著录全过程的管理和质量监督。

第三节　档案标引

一、档案标引概述

（一）档案标引的含义

档案标引指在档案著录中对档案内容进行分析和选择，并赋予其规范化检索标识的过程。赋予分类号标识的过程被称为分类标引，赋予主题词标识的被称为主题标引。档案标引的目的是揭示档案的主题内容，为从内容方面查找档案提供检索途径。

（二）档案标引的方式

整体标引是对一份档案的整体主题用一个标识进行概括式标引。这种标引方式深度较小，常以案卷为单位进行，标引速度快，但不能全面反映档案的主题内容，为浅标引方式。

全面标引是对一份案卷或文件的各个局部主题或主题因素分别标引。这种标引方式能比较深入、全面地揭示文件或案卷的各个主题，标引深度大，为深标引方式，但标引工作量也大为增加。

补充标引又称为分析标引，即除了对档案的整体主题进行概括性标引外，还选择具有检索意义的个别局部主题或主题因素作单独标引。这种标引方式标引深度较大，既能概括揭示文献的主要主题，又能揭示较为重要的局部主题，不至遗漏具有检索意义的主题要素，能较为全面深入地反映文献主题，提供较多的检索途径和较好的检索深度。在进行补充标引时，可以案卷标题和卷内文件目录为主要依据，先将案卷的整体主题标引出来，然后根据卷内文件标题（或正文）有选择地补充某些重要的局部主题，达到适度标引的目的。

对口标引又称重点标引，即选择档案中对本单位服务对象有用的主题进行标引。这种标引具有专业特色，考虑到了专业的特定需要。在标引时，对与专业不太相关的主题可省略，而对与专业相关的主题进行具体标引，专指度高。这种标引方式对文献主题的取舍存在主观性，仅适用于专业性机关和专业档案馆。

上述四种标引方式中，整体标引和对口标引（重点标引）为浅标引，全面标引为深标引，补充标引深度介于其之间。其中，整体标引不能全面深刻地揭示档案文献的主题，会影响检全率；对口标引的适用范围有限，具有专业对口性；全面标引虽然标引深度大，但标引工作量也很大。相对而言，补充标引既能概括揭示文献整体主题，又能揭示具有检索意义的较重要的局部主题，标引深度适度，工作量适中，可保持较快的标引速度，提高检索效率。因此，对于手工标引而言，补充标引在一定程度上优于其他三种标引方式。当然，如果采取的是用自然语言方式进行自由标引和自动标引，就可实现全面标引，尽可能揭示文献的各个主题因素，提高检全率和检准率。

（三）档案标引的质量指标

标引的网罗度又称穷举度，是指标引工作中确认档案所有主题的程度。例如，一份档案有八个主题全都标引出来，就达到了最完全的网罗度。网罗度高，查全率就高，无论针对哪一个主题进行提问，都可以检出这份档案。但是，标引的高网罗度在获得高查全率的同时，却降低了查准率，因为一份档案的主题、地位不是平等的，有主次之分，次要的主题一般不作为检索入口，意义不大，可以省略；同时，若不分主次地追求高网罗度，选用的标引词就多，既加大了标引工作量又容易导致虚假组配合误检的可能性，会降低查准率。不同类型档案的最佳网罗度不同，应从实际出发，以适度为宜。

标引的一致度指选用表达档案主题内容所需标引的一致程度。一致度的高低直接影响检索效率。如果对档案的同一主题赋予的检索标识前后不一致，必然会造成该主题档案的分散，降低查全率与查准率。为提高标引的一致度，应要求使用统一的词表，按照统一的标引规则进行标引。

标引的专指度是检索标识表达档案内容的精确度，也就是标引的检索标识与答案主题概念的内涵和外延的相符程度。标引的专指度反映了检索标识与档案内容主题的匹配程度，直接影响查全率和查准率。标引的专指度高，查全率和查准率就会高，反之则会降低。标引工作中专注度不高的表现，一是检索标识大于档案的主题概念，就会检出一些无关的档案，降低查准率；二是检索标识小于档案主题概念，就可能漏检一些档案，降低查全率。

（四）档案标引的一般步骤

1. 了解档案内容，分析档案主题

审读文件或案卷，全面了解其内容，包括正文、文头、文尾以及附加标记等。通过审读，确定档案的中心内容和研究对象，即档案的主题。

2.进行主题分析，确定主题类型与结构

对档案主题进行深入分析，明确其类型与结构。主题类型可分为单主题和多主题，单主题又包括单元主题和复合主题；而主题结构则是指主题构成的各个组成部分。

3.选定主题词或分类号

将档案的主题概念分析出来后，即可从档案分类表和主题词表中选定相应的分类号和主题词进行概念转换，对于多主题的档案应该分解成几个单主题进行标引。在进行分类标引时，转换主题概念实际上是辨别主题所属的类别，寻找并归入恰当的类别。应根据文件、案卷内容的属性、主题多寡、起草意图、利用对象、检索需求等特点，采用恰当的方式和方法，准确、一致、适度地进行标引。在进行主题标引时，需要辨别主题类型和结构，采用适当的标引方式，将分析出来的主题概念准确地转换成最专指的主题词，或者利用上位词、相关词或组配标引的方式表达主题概念。

4.作标引记录

标引记录是指对标引的结果以及标引中所处理的某些问题（如增删主题词等）进行记载，以不断提高标引质量。

5.校对审核

校对审核是标引工作的一项重要内容，也是最后一道工序。对标引结果进行审校，检查是否存在错误或遗漏。审校过程中，应确保主题词或分类号的选择恰当、准确，能够真实反映档案的主题内容。对于发现的问题，应及时进行修正和调整，以保证档案标引的质量。

二、档案主题标引

（一）档案主题标引的一般规则

（1）了解所用主题词表的结构、标记符号及其使用方法，熟悉主表中的款目词结构和参照系统的功能，以及附表类型及辅助表（范畴索引、词组索引）的功能，以便迅速、准确地查到所需的主题词。

（2）档案主题标引必须客观地、直接地反映档案论述或涉及的事物和问题，不应掺杂标引人员的臆测和褒贬。

（3）档案主题标引应遵循专指性原则，用专指词标引，即选择词表中最专指、最恰当的主题词进行标引，当词表中有表达该主题概念的专指词时，不得选用其上位词或下位词，也不得进行组配标引。当词表中没有专指词时，应选择最直接、最关联的两个以上的主题词进行组配标引；当组配标引不能准确地表达主题概念时，再选用最邻近的上位词或近义词进行标引（靠词标引）；当用上位词、近义词标引也不合适时，可采用自由词标引。主题词标引的优先顺序如下：专指词标引——组配标引（交叉组配—方面组配）——靠词标引（上位词标引—近义词标引）——自由词标引。选定的主题词应是词表中的正式主题词，书写形式要与词表中的词形一致，不能随意更改或省略。

（4）每一份档案的标引深度，原则上应以能准确、完整地表达档案主题内容，充分揭示出有检索意义的档案信息以及检索系统的处理能力为依据。一个标引对象，标引用词一般 2～10 个。

（5）标引时要注意反映档案中出现的新事物、新政策、新成果，尽量向利用者提供更多的信息。

（二）档案主题标引的步骤

1. 阅读文件

标引人员拿到一份文件，首先应进行阅读，了解文件研究和论述的主题是什么，只有准确地把握了文件的主题——中心内容，才能进行正确的标引。阅读文件的方法是先看题名，题名一般能够解释文件的内容和成分，概括指出文件的主题。但有时也会出现文不对题的情况，因此还需要浏览正文。重点阅读文件的前言、简介、提要、说明、批语、结论、大小标题等，这样就能够大体了解作者的意图、文件的重点和主题内容。此外，查看文头、文尾和附加标记，也往往可以提供辅助的依据。

2. 主题分析

标引人员在审读文件的基础上，从纷繁的内容中，分析出文件所论述的主要对象，进而明确主题内容，形成主题概念，这一过程称为主题分析。主题分析的主要内容，一是分析主题的类型，二是分析主题的结构。

文件的主题类型一般分为单主题和多主题两种。单主题是指一份文件内容所论述、研究的对象或问题是单一的；多主题，又称并列主题，是指一份文件所论述、研究的对象或问题有两个及以上相互独立的主题，具有并列关系。标引时，单主题可用一个专指性的主题词或几个主题词进行组配来表达主题；多主题则应先分解为一个个单主题，用几个主题词或分组组配的形式来表示。

文件的主题结构是指构成主题的各个因素，亦称主题因素。按照国家标准《文献主题标引规则》的规定，主题因素分为五种：

（1）主体因素是指文件或案卷所论述的关键性概念是主题词表中具有独立检索意义的主题词，能作为该份文件的检索入口，为利用者提供检索途径。它几乎包括各种事物、问题、学科领域中最基本的概念。通常包括研究对象、材料、方法、过程、条件等。

（2）通用因素是指档案文件内容的主题概念的完整表达，是用以补充说明主题因素的，是主题因素中的次要部分，对主题因素起细分的作用。

（3）位置因素是指表明文件或案卷所论述事物，对象和问题所处的空间、地理位置的主题因素，具体指明文件论述的主题的位置属性。它包括主题词表中的国家、地区、地名、机构名称等方面的主题词。

（4）时间因素是档案文件内容所研究和论述的事物、对象和问题，所处时间范围的主题因素，包括朝代、年代、年度等。时间因素是指明主题的时间属性。

（5）文件类型因素是文件的种类或名称的主题因素。如会议记录、条例、指示、报告、通知等。

其中主体因素是首要因素，是主题构成的核心因素，是利用者查找文件的主要检索入口，必须加以标引，作为主标题使用。通用因素处于次要的地位，没有独立的检索意义，但对主体因素有细分和修饰的作用，能与主体因素结合而成为一个完整的主题。位置因素和时间因素是对主体因素在位置或时间方面的一种限定和修饰，是一种辅助性的属性。文件类型因素与主体因素没有必然联系，但有助于了解论述的对象，所以放在最后。

3. 主题概念的提炼

一份文件或一个案卷的主题概念，并不要求全部都标引出来，而应当根据要求有所取舍。取舍的主题概念应考虑以下因素：依据本部门的性质任务，确定主题标引范围大小及其重点；按检索工具或检索系统的要求，确定主题标引的定额或平均数；充分考虑利用者的检索需求，只标引重要的和有实际参考价值和利用价值的主题概念，舍弃价值不大，一般论述或者没有实际意义的主题内容。最终选定的主题概念应是档案中论述的问题并具有实际检索意义，标出的主题词应能全面、准确地表达档案主题。

4. 主题概念的转换

主题概念转换的方法：由标引人员根据选定的主题概念，查看主题词表中有无与该主题概念相对应的正式主题词。若有，就将该主题词作为标引词记录下来，于是便完成了转换过程。如果选定的主题概念在词表中没有相应的主题词，就应通过组配的方法来解决。

5. 标引记录

按照一定的格式，将主题概念转换成相应的主题词，准确地记录在卡片、书本或其他载体上。

6. 校对审查

各档案馆（室）应特别重视校审工作，选派精通业务的人担任，以加强标引的一致性和准确性。

（三）档案主题词的选词标引规则

档案主题词的选词标引是对主题分析出的概念给予主题标识的过程。它一般应遵循以下规则：

1. 标引必须持客观态度

标引要直接地、忠实地反映出文件或案卷所论述的事物或研究的对象与问题，切忌标引人员掺杂个人的意见，随意猜测和褒贬。

2. 档案主题标引的核心是揭示文件或案卷论述的主要事物或问题

凡文件或案卷论述某一事物或问题的，应以事物或问题本身作为标引的依据，标引出该事物、该问题的概念本身。凡论述事物或问题的某一个或几个方面的，则应标引事物与某一个或几个方面的概念。假若涉及三个以上方面时，也可考虑只标引事物对象本身这个概念。

3. 选定的主题词必须是正式主题词

选定的主题词一般必须是词表中规定使用的主题词（正式主题词），书写形式应与词表中的词形相一致，非正式主题词不能作为标引词使用。

4. 必须使用词表中最专指的主题词标引

选词必须选用词表中相对应的、最专指的、能够准确反映档案主题概念的主题词进行标引，一般不得选用上位或下位主题词标引。

5. 当词表中找不到最专指的主题词时，则应选用最直接相关的两个或两个以上的主题词进行组配标引

如果词表中没有恰当的主题词组配时，或者组配仍无法达到要求时，可选用两个最直接的上位主题词或相近的主题词进行上位标引或靠词标引。必要时，也可以临时选择一个适当的关键词标引。

（四）主题词的组配及规则

主题词的组配，是运用主题词的语义关系和逻辑性质，通过不同主题词之间的语法限定或逻辑组合，把两个或更多的主题词组合在一起来表达档案文件的复杂概念和某一个完整的主题。主题词的组配既不是单纯的字面组合，也不是随意进行组配，而应是概念组配。

主题词的组配，一般有概念限定组配和概念相交组配两种。

1. 概念限定组配

概念限定组配也称方面组配。它是通过主题词间存在的语义关系或语法关系，一个概念用一个或几个主题词，从时间、空间、学科或专业范围等方面去进行限定或修饰，从而使档案文件的内容主题能够充分表达和揭示的一种主题词组配方法。它主要表现为事物与其各个方面问题之间的关系，整体与部分的关系，适用范围很广泛，在组配中，

概念限定组配占有很大比重。

概念限定组配的主要特点是限定概念与被限定概念之间不具有交叉关系，两概念之间一般是并列关系。相互组配以一个概念作为缩小另一概念外延和加深其内涵为条件，组配后所得的概念，只是被限定概念的种概念。

2. 概念相交组配

概念相交组配也称交叉组配。它是指进行组配的各主题词之间具有概念交叉关系。概念交叉关系，是指概念之间内涵不同，而外延有部分重合。这种组配，一般表现为同级主题词之间，或事物与事物之间并列交叉组配。通过组配使新得到的概念能够充分表达和揭示档案文件的内容主题。

主题词的组配规则包括下列内容：组配必须是概念组配，应避免单纯字面组配；用组配方式表达词表中未收录的复合词时，应优先考虑交叉组配；应避免多标识错误组配和越级组配，使组配的结果概念清楚、确切、含义专一。

三、档案分类标引

（一）档案分类标引的基本规则

档案分类标引必须依据《中国档案分类法》及其分类原则，辨清类目的确切含义，不能脱离类目之间的联系和类目注释的限定来孤立地理解类目的确切含义。具体如下：

（1）档案分类标引的内容，必须是档案文件中论述比较具体的，有一定参考利用价值，可以成为检索对象的。

（2）档案分类标引必须符合专指性的要求，将档案文件分入最大用途和最切合档案内容的类目，给予准确的分类号。

（3）档案分类标引应能为利用者提供必要数量的检索途径。凡一份文件设计两个或两个以上主题者，除按第一主题标分类号外，第二或第三主题也可给予相应的分类号，但最多不超过三个分类号。

（4）档案分类标引应保持一致性。若遇到难以归类或分类表上无恰当类目可归时，可归入上位类或关系密切的相关类目。有前例时，要与前例保持一致。

（二）档案分类标引的步骤

在分类工作开始之前，应慎重选择采用何种分类表。各单位应当根据《中国档案分类法》开展工作。

深入进行主题分析，详见本章第三节第二部分"档案主题标引的步骤"。

将一份文件、一份案卷的主题及其诸因素分析出来后，必须根据使用的分类表，准确判断类别，按照分类标引规则进行标引。

为了准确地辨别每份文件或每个案卷主题的所属类别，除了分类标引人员要掌握分类表中的一般列类标准和列类原则、方法、类目含义以外，还要对类目划分和排列的隐含规则和类目隐含内容有所了解和掌握，才能按照分析出来的主题，从分类表中找到适当的类目。但是有些档案文件的主题并不那么单纯，常常牵扯到几个门类或者一个门类中的几个问题。这时，除了归入主要类目外，还应在有关类目中反映出来，才能为利用者提供较多的检索途径和达到充分反映的要求。

当一份文件或一个案卷被确定了恰当类目之后，应立即把代表该类目的号码记录下来。赋予分类号时，必须注意给号的正确性和完整性，不能漏掉也不能多加。

为了检验分类标引是否正确，应组织专人逐条审校，遇到主题分析不准、归类不当、前后不一、符号舛错等情况时，均应立即纠正。

（三）档案分类标引的方法

一份文件或一个案卷只论述一件事物或一个问题时，一般依照其内容性质，赋予分类表中恰当的分类号。

从不同的方面来论述同一主题的文件，则按分类表中有关分散和集中的要求，归入相应的类目。

一份文件或一个案卷论述的是两个或两个以上的主题时，必须分析其各主题相互之间的关系，然后确定给予一个或几个分类号。具体来说就是：

一份文件或一个案卷有几个主题，但这些主题之间是并列关系，除了按第一主题的属性给分类号外，第二、第三主题也应按其属性给予分类号，以便充分揭示主题，为利用者提供较多的检索途径。假若并列主题超过三个，又属于同一上位类，则赋予上位类的分类号。

一份文件或一个案卷论述几个主题，但这些主题之间是从属关系，即上下位关系、整体和部分关系，一般应赋予上位类的分类号。

一份文件或一个案卷论述的几个主题是因果关系，一般应标引结果方面所属类目的分类号。若几个主题论述是影响关系，则按受影响的主题赋予分类号。如果几个主题论述理论与应用的关系，则按应用所属类目赋予分类号。

多主题档案文件的分类标引，应视具体情况先给出最主要的分类号，同时还要根据需要赋予相应的分类号，使档案文件的主题能充分揭示出来，以提供较多的检索途径，更好地发挥档案的作用。但是分类标引的深度应适可而止，不能标引过细，导致卡片数量过多，分类目录过于庞大，影响检索速度。

四、档案自动标引

（一）档案自动标引的含义

目前，档案检索正逐步从传统的手工检索向计算机检索过渡，计算机检索代表了档案检索的发展趋势。档案检索工作的各个环节也逐渐计算机化。档案自动标引就是档案检索的工作环节与计算机相结合的实例。档案自动标引就是采用计算机技术自动完成对档案文件（案卷）题名、提要，以及全文的扫描处理，抽取关键词并规范成主题词或分类号的过程。

（二）档案自动标引的方式

档案自动标引方式有两种：一是抽词标引，二是赋词标引。其中抽词标引方式应用较为普遍。

1. 抽词标引

抽词标引，是指计算机从机读档案的题名、摘要乃至全文中自动抽取能表达档案主题内容的关键词作为标引词的方法。抽词标引又可分为主关键词抽词标引和全关键词抽词标引两种类型。

主关键词抽词标引要求计算机从档案原文中抽取能直接表达档案主题的主要关键词作为档案标识，即按照词频测定标准只有达到某一词频数以上的关键词才能被抽取出来，标引深度较小。

全关键词抽词标引，指计算机只从档案中剔除数量有限的非关键词，其余的关键词都抽取出来作为标引词的一种方法。这种标引方法标引深度较大，目前世界上的大型联机检索系统都采用这种方法。

抽词标引的优点是不须预先编制机内主题词库作为标引依据，省时省力，方便实用，但随意性较大，标引用词的规范性较差。

2. 赋词标引

赋词标引是指预先编制一个机内主题词库，用作标引的依据，计算机根据档案的主题特征，从规范的词库中选取相关主题词作为标引词的方法。机内主题词库需有较高的覆盖率，其词量应随被标引档案数量的增加而增加，以满足自动标引的需要。

赋词标引的优点是规范化程度高，标引质量较有保证，但须事先编制机内主题词库，难度较大，若词库质量不高，还会影响标引质量。

（三）档案自动标引的步骤

（1）将档案题名、摘要乃至全文输入计算机，转换成机读形式。

（2）计算机对档案题名、摘要或全文进行扫描，从中自动切分出可以组成主题词的词语，或依据独立于档案文本之外的主题词典选取关键词。

（3）计算机自动统计所选取的关键词在档案中出现的频率，进行对比、分析和筛选，并按照词频大小排序。

（4）计算机按照规定的词频测定标准，自动将选取的关键词转换为主题词。

（5）对自动标引结果进行审核，以人工干预的方式进行必要的删改，最后确定标引词。

（四）档案自动标引系统

自动标引系统一般包括输入、词典、抽词、知识库、转换和输出六个子系统。

1. 输入子系统

将文本以数据库或文档记录形式输入计算机，每个记录中包括供标引用的若干字段或子字段（如题名、文摘、文本段落等）。

2. 自动标引词典

自动标引词典（机器词典）是存储在计算机系统内的一部或多部词表。在赋词标引系统中，词表为受控词表（如主题词表），收录的是经过人工规范的主题词，通过参照系统显示了词与词之间的各种关联。在抽词标引系统中，全关键词标引词表是一种禁用词表（也称非用词表），即词表中收入的词都不用来作为检索标志。主关键词标引词表中的每个词具有若干信息，如词类、组配等。在标引过程中，通过查找词典确定关键词与禁用词、词组构成与切分。

3. 抽词子系统

通过查找机器词典中存储的信息，对输入的文本逐字逐句进行扫描，抽出供综合与转换子系统处理的检索标志。对于拼音文字来说，词间有空格分隔，可按空格进行逐词扫描，作抽词处理。若汉字词间没有空格，则不能进行逐词扫描。因此，汉字抽词子系统首先须解决分词的问题，即将连续书写的汉字文本切分为有空格分隔的词。汉字自动切分，又称汉字自动分词，主要是通过扫描文本的一部分同词典比较进行分词。词典切分的方法有最长匹配法、最短匹配法、设立切分标志法、逆向扫描二字前进法和非用字后缀表法等。

4. 知识库子系统

知识库是针对某一领域问题求解的需要，采用某种知识表示方式在计算机存储器中存储、组织、管理和使用的互相联系的知识片集合。对于人工标引而言，一般包括如下三个阶段：主题分析、概念汲取、对照词表将主题概念转换为规范的主题词。在计算机标引过程中，可通过主题句法、词频统计法、概率法、加权法、语法分析法和语义分析法等方法表达上述过程，用语义网等知识表达方式构造知识库。

5. 转换子系统

依照知识库提供的知识，对抽词子系统抽出的全部词语进行统计、分析和综合，选取表达主题的关键词，然后按词典子系统的规则，将选出的关键词转换为规范化主题词。

6. 输出子系统

将选取的关键词存入到文本记录的有关字段，并将记录输出到要求的介质上。

（五）汉字词的自动切分

汉字词的自动切分，是用计算机在中文文本中自动切分出能够构成标引词的词或词组。它是中文文献标引的一个特有难题，这是由于处于词组和句子中的汉字词之间无明显的分隔标志，字和字之间可以进行多种组合，形成含义不同的词和词组，计算机难以从中自动抽词。

因此，在档案自动标引中，首先要将档案中连续的一个个汉字按照汉字构词规律切分成词或词组，才能进行自动标引处理。自动分词问题是档案自动标引研究和应用中所要解决的关键问题。

目前已提出多种汉字切分方案，大致可以分为以下几种：

（1）词典切分法：基本原理是利用机内词典或词表作为自动抽词的手段，将抽取的词与词典（表）的词进行匹配，再辅以其他手段达到分词的目的。

（2）语法分析切分法：基本原理是通过词法、句法、语义分析，采用词频加权的手段实现自动分词。

（3）智能切分法：基本原理是采用概念分析、知识表示的方法进行句法分析，利用知识库、网络推理机等实现自动分词。

（4）汉字词切分过程中的关键技术是把"字"构成词，避免产生歧义现象，也就是说，要保证切分出来的都是与原题名含义一致的词。在目前汉字切分方案中，词典切分法用得较多。

（六）档案自动标引的质量控制

1. 加强标引软件的开发

对现有市场上的标引软件进行全面评估，挑选出在功能设计、用户体验、技术支持等方面表现优异的软件作为基础或参考。这包括评估软件的标引算法、词库管理能力、兼容性及可扩展性。基于优选的软件平台，结合档案管理工作的实际需求，进行定制开发。重点在于实现功能合理化，确保软件能够满足多样化的标引需求；内部词库需符合行业标准，保证标引词汇的准确性和规范性；同时，注重软件的适用性和易用性，降低用户的学习成本。软件开发完成后，应建立持续优化的机制，根据用户反馈和技术发展，不断优化软件性能，引入新的标引技术和算法，确保软件始终保持先进性和竞争力。

2. 加强审校工作

将审校工作制度化，明确审校的标准、流程、责任人和时间节点。确保每一份经过自动标引的档案都经过严格的审校，以提高标引的准确性和可靠性。审校工作应涵盖主题分析的准确性、选词的恰当性、标引深度的适宜性等方面。对于自动标引中可能出现的偏差或遗漏，需进行细致检查和纠正。审校过程中发现的问题应详细记录，并进行分析论证，这有助于识别标引过程中的共性问题，为后续的软件调整和优化提供依据。未经审校的自动标引结果不得存入数据库，以保证数据库中信息的准确性和可信度。

3. 调整标引软件

根据审校过程中发现的问题和记录，对标引软件进行针对性调整。特别是对于共性问题，应优先考虑通过优化软件算法、完善词库、调整参数设置等方式加以解决。软件调整并非一劳永逸，而是需要持续跟踪和改进。随着档案标引工作的深入和档案管理需求的变化，可能需要对软件进行不断微调和升级，以适应新的工作环境和要求。建立用户反馈机制，鼓励标引人员和其他相关人员在使用过程中积极提出问题和建议，这些反馈对于软件的持续改进和完善具有重要意义。

第四节　档案检索工具

一、档案检索工具的作用

任何档案检索工具，都具有存储和检索档案信息两种基本职能。具体表现为以下作用：

（1）检索作用。档案检索工具为用户提供了档案线索和查询手段，利用者可以根据自己的特定需要，按照一定的检索方法，从检索工具中查找所需的档案材料。档案检索工具的检索作用是否充分发挥，直接关系到检索工具的效益和档案信息资源的开发和利用。

（2）报道作用。通过档案检索工具，可以向社会宣传、介绍和报道档案的内容成分、价值和作用。通报馆藏情况，使档案的管理方式由封闭变为开放，使档案的价值得到充分发挥，增强社会的档案意识，提高档案工作的社会影响。

（3）交流作用。档案检索工具可成为档案机构与利用者之间，各档案馆（室）之间的交流工具。通过档案检索工具的联合编制和馆际交换，可以使各档案机构互相了解馆藏情况，互通有无，有利于实现档案资源共享。

（4）管理作用。档案检索工具是提高档案管理水平的重要手段。档案检索工具集中揭示了馆藏档案信息，有助于档案人员熟悉馆藏，为档案管理业务活动的开展提供了依据。某些档案检索工具直接反映了档案实体管理体系，是库房管理、档案保管和统计中必不可少的工具。各种检索工具还是档案人员提供咨询、开展编制工作的必要手段。

二、档案检索工具的含义

档案检索工具作为档案信息资源开发与利用的关键媒介，承担着记录、报道与查找档案材料的综合职能。具体如下：

（1）记录功能。档案检索工具的首要任务是全面、准确地记录馆藏档案的各项信息，包括但不限于档案的内容摘要、外形特征描述、唯一档号标识以及存储位置等。这一过程不仅是对档案实体信息的数字化映射，更是为利用者提供鉴别与确认档案文件真实性与完整性的重要依据。通过详尽的记录，档案检索工具能够清晰地展现馆藏档案的面貌，为后续的信息传播与利用奠定坚实基础。

（2）报道功能。在记录的基础上，档案检索工具进一步发挥其报道作用，通过一系列精心编排的记录条目，向社会公众及特定利用群体广泛传播馆藏档案的信息。这些报道不仅涵盖了档案的类型、主题、时间跨度等基本信息，还可能涉及档案的历史价值、学术意义等深层次内容。通过报道，档案检索工具促进了档案信息的流通与共享，使得更多潜在利用者能够了解并关注到馆藏档案资源，进而激发其利用档案的热情与需求。

（3）查找功能。作为档案检索工具的核心价值所在，查找功能直接服务于利用者的实际需求。通过提供多样化的检索途径与高效的检索算法，档案检索工具能够迅速响应利用者的查询请求，从海量档案资源中精准定位并提取出符合要求的档案材料。这一过程不仅考验着档案检索工具的技术实力与服务质量，更体现了其对于提升档案利用效率、满足利用者多元化需求的重要作用。

记录是基础，报道、查找是手段，目的是识别档案和检索档案，提供更高水平的档案服务。档案检索工具以其记录、报道与查找三大功能为核心，共同构成了开发档案信息资源、提供高质量档案服务的重要支撑体系。

三、档案检索工具的类型

（一）按编制方式分

（1）目录。目录是将档案的著录条目，按照一定的次序编排而成的检索工具，如分类目录、主题目录等。

（2）索引。索引是将档案中的某一内部或外部特征及其出处按照一定的顺序排列起来的检索工具，如人名索引、地名索引、文号索引等。索引与目录的区别在于：目录对档案文件内容和形式特征进行全面系统的著录，著录项目比较完整；而索引是对档案文件中的某一部分特征进行著录，著录项目简单。

（3）指南。指南是以文章叙述的方式，综合介绍档案情况的一种工具，如全宗指南、专题指南、档案馆指南等。它可以作为工具书使用，相对于目录和索引来说，其报道性、可读性较强。

（二）按载体形式分

（1）卡片式检索工具。将条目著录于卡片上，卡片按一定顺序排列而成的检索工具。其优点是具有较大的灵活性，便于增减条目以及调整其顺序，还可利用一次著录的结果，编制不同的检索工具。其不足是体积大，不便管理，不便传递与交流，成本较高。

（2）书本式检索工具。将著录条目按顺序排列并装订成册的检索工具。其优点是体积小，便于管理，便于馆际间情报交流，编排紧凑，成本低廉。但它缺乏灵活性，不能及时增减条目和调整顺序，不能完整反映馆藏档案。

（3）缩微式检索工具。用缩微摄影方式制作的以胶片为载体的检索工具。其主要优点是体积小，节约空间，便于携带和交流，便于长期保存和使用。但它是在书本式或卡片式检索工具的基础上形成的，需借助阅读器或电子计算机阅读查找，且不便增减条目，只适用于永久性保存的档案。

（4）机读式检索工具。以磁带、磁盘、磁鼓等磁性材料和光盘等感光材料为载体的供计算机识别的检索工具。其优点是存储密度高，检索扫描速度快，可进行多途径检索。

（三）按功能分

（1）典藏性检索工具即根据档案整理的成果编制，反映档案实体整理体系及其排架顺序的二次文献。例如：卷内文件目录、案卷目录、案卷文件目录等，它们分别适宜在一个案卷、全宗、档案馆范围内进行检索，其层次性是由档案的分级整理所决定的。典藏性检索工具主要用于巩固档案整理成果，维护档案的齐全完整，方便档案人员了解馆（室）藏档案的情况，是档案馆（室）对档案进行实体控制的基本手段，还可从档案整理顺序角度检索档案。其缺点是目录组织方式受档案整理顺序束缚。

（2）查找性检索工具即脱离档案实体排架顺序，从档案的某一内容特征或形式特征提供检索途径的二次文献。例如：分类目录、主题目录、专题目录、责任者目录、人名索引、地名索引等。查找性检索工具的主要功能是对档案信息（而不是档案实体）进行智能控制，为档案利用者提供多种检索途径，是档案馆（室）对外服务的主导性检索工具。由于它打破了全宗、案卷、保管期限等档案实体单元的界限，使每份文件从固定位置上解脱出来，并根据今后检索的需要重新按某一内容或形式特征进行条目系统化处理。

（3）介绍性检索工具即概要报道档案内容及其有关情况的三次文献，包括档案馆指南、全宗指南、专题指南，主要用于全面介绍档案情况，客观评述档案价值，发挥宣传、报道和馆际交流作用，向档案利用者提供某种档案是否存在及存于何处的线索。但由于不记录检索标识，也不建立排检项，因而借助它不能直接获得档案文件，可视为间接性的检索工具。

（四）按收录范围分

（1）以一个全宗的全部或部分档案为对象的检索工具。例如：案卷目录、案卷文件目录、归档文件目录、全宗文件目录、全宗指南等。

（2）以一个档案馆的全部或部分档案为对象的检索工具。例如：全宗目录、分类目录、主题目录、档案馆指南、责任者目录、人名索引、地名索引等。

（3）以档案馆内有关某一专题的档案为对象的检索工具。例如：专题目录、专题指南和专题性人名索引、地名索引等。

（4）以全国或某一地区若干个档案馆内的全部或某一专题的档案为对象的检索工具。例如：综合性或专题性联合目录、馆际档案史料指南等。

四、档案检索工具的结构

任何一种档案检索工具，都是由以下要素构成的：

1. 档案目录信息

档案目录信息是指对档案材料内容和形式特征的书面或其他方式的表达，可借以记录和识别一份文件或一个案卷。档案目录信息是各种档案检索工具的主要内容，是它最基本的构成因素，而档案检索工具就其实质来说，则是档案目录信息的有序集合。

2. 档案著录规则

即档案著录必须遵循的技术规范。按照档案著录规则进行著录，能使档案条目整齐划一，有助于保证档案著录的质量。

3. 档案检索语言

档案检索是通过检索标识实现的，一个检索标识表达一项档案的特征信息，提供一条检索途径，而提供档案内容检索途径的档案标识如分类号、主题词等是依据档案检索语言对档案主题内容进行标引得来的。档案检索语言是专门用于表达档案主题概念及其相互关系的概念标识系统，是档案标引和检索的工具，它的作用是将档案内容和检索课题的主题概念转换成档案检索系统可以识别和处理的标识，使档案检索得以顺利进行。

4. 档案检索设备

档案检索设备是档案目录信息载体及其容器和使用装置等。档案目录信息必须依附于某种载体，才能进行存贮和检索。有些载体必须配备相应的容器来存放，而有些载体甚至还必须配备相应的使用装置，才能进行存贮和检索。载体、容器及其装置，统称为档案检索设备，包括卡片式检索设备、书本式检索设备、缩微式检索设备和计算机检索设备。

5. 档案检索方式

档案检索设备指档案目录信息的存贮和检索方式，分为文献单元检索方式与标识单元检索方式两种。文献单元检索方式在计算机检索中又称为顺检方式、顺序文档。它以一份文献为一个条目，指明该文献的各种特征，即以文献为单元进行检索，其条目按文献顺序排列，目前档案部门使用的各种手工检索目录大多采用此种排列方式，如案卷目录、分类目录、主题目录等。标识单元检索方式在计算机检索中又称为逆检方式、倒排文档。它以文献的一个属性标识为单元，指明含有该属性的全部文献，一般只有标识和文献号（档号）两个项目。各种索引大多采用此种排列方式，如人名索引、地名索引、主题索引等。

6. 档案检索标识的排列规则

为了保证档案目录信息的有序化，任何档案检索工具都要采用某种排列规则，并且各种排列规则对检索效率也有一定的制约作用。档案检索标识的排列规则有分类排列法、字顺排列法、分类—字顺排列法以及地序（指按区域从属关系，而不是按地名字顺）排列法等。

7. 档案计算机检索系统软件

档案计算机检索系统软件是档案计算机检索系统特有的、不可缺少的一个构成因素，是控制计算机进行目录数据处理的一种程序系统。它的功能是否完善，是否能适应多种多样的检索要求和检索中出现的具体情况，对系统的检索效率有很大影响。

五、档案检索工具体系

（一）档案检索工具体系的含义

档案检索工具体系，是指由若干功能不同的检索工具组成的各司其职、相互联系、相互补充的检索工具整体，这个体系能从不同角度揭示馆藏，提供不同的检索途径，满足利用者多方面查找档案的要求。建立科学合理的档案检索工具体系是使利用者充分了解和利用馆藏的重要保障，是开发利用档案信息资源的基础。

（二）档案检索工具体系的建设要求

1. 多样化的检索工具

在档案信息资源的开发利用过程中，构建一个包含一定数量且功

能各异的检索工具体系是至关重要的，需要馆藏性、查检性、介绍性
检索工具并举。这样的体系能够满足不同利用者的多样化需求，提高
档案信息的可获取性和利用效率。

2. 档案检索工具的适用性与利用需求的一致性

每一种检索工具都有自己的独特功能，其功能是否得到有效发
挥，要看馆藏档案的特点及利用需求情况。一个档案馆不可能也不必
要编制所有类型的检索工具，若设置的检索工具与大多数利用者的查
找角度、需求状况不相符合，其结果将是徒费人力、物力。例如，省
级以上的档案馆不应设文号索引，因为进馆档案至少是 20 年以前的文
件，很少有人从文号角度查找。由于我国各档案馆普遍财力不足，所以
应重视检索工具的使用效益和经济效益，在编制检索工具时，根据档
案价值的不同应有所侧重，不宜均衡发展。对于有价值的档案及利用
率高的档案应优先投入较多力量，某些价值不大或极少利用的档案只
需要有目可查，检索工具可从简。

3. 正确处理各检索工具的联系与分工

在建立检索工具体系时，不应单纯追求种类的多样，更应注意各
种检索工具的作用和职能范围，使之完整、系统、配套、功能齐全。具
体而言，就是应舍弃在功能上比较接近，相互之间可以部分甚至全部
代替的检索工具，以免平行重复，浪费人力、物力。例如，全宗文件目
录与分类目录在功能上比较接近，有了分类目录就不必编制全宗文件
目录。所以说，在建立体系的过程中不宜强调每一种检索工具著录项
目和体例的完整，除了基本目录应全面系统地反映馆藏外，其他检索
工具只起补充作用，以避免检索工具的多头现象。

4. 在档案检索工具编制中推行标准化

由于社会对档案信息资源共享的需要，对档案检索工具的标准化
提出了迫切要求。档案检索工具的编制往往各行其是，虽说有统一的
著录标准，但未得到切实贯彻执行。项目设置不够规范，存储的信息
量不够丰富，影响了检索工具作用的发挥，不利于馆际协作和情报交
流，不利于档案检索的计算机化。因此，在建立检索工具体系时，应积
极推行标准化，为将来建立统一的档案信息检索体系奠定基础。

第五节　计算机档案检索系统

一、计算机档案检索系统的概念

计算机档案检索系统是以电子计算机作为检索设备，将档案信息以二进制代码的形式记录在磁性载体上，由计算机检索软件进行控制，对输入的档案信息进行自动存储、加工、检索、输出、统计等操作的一种信息检索系统，具有以下优点：

1. 检索速度快

使用传统的手工检索系统要查到所需档案，须逐张翻检有关检索工具，而用计算机进行检索，速度就快很多，能够保证提供档案的及时性。

2. 存储量大，检索途径多

计算机能够用较小体积存储大量的档案信息，这是书本式、卡片式检索工具远远不能相比的。计算机具有为每个文件提供多个存取点的能力，因而可以实现档案信息的多元检索，档案著录的每一项目，既可单独作为一条检索途径，又可把若干项目结合起来进行检索。

3. 检索效率高

计算机信息检索系统对各种检索要求有很强的适应性。将文献的多种特征输入计算机后，通过计算机本身的处理系统可以满足利用者的多方要求，并将检索结果迅速打印输出，其检索效率较之手工检索工具大大提高。

二、计算机档案检索系统的类型

（一）按数据库的性质分

目录信息检索系统是经过加工的档案目录信息，检索结果是符合检索要求的档案线索。目录信息检索系统目前在档案计算机检索系统中占绝大多数，它是发展最早、应用最广泛的检索系统。

事实与数值信息检索系统存储的是档案中所包含的各种事实或数据，它对档案材料进行了更高层次的情报加工，输出的检索结果为用户可直接利用的事实和数据。

全文信息检索系统存储的是机读化的档案全文信息，通过这种检索系统可以检索档案原文中的任何一个字、句、段、节等，也可直接输出档案全文。

（二）按检索方式分

脱机检索系统是将用户的检索提问集中起来，由系统操作人员统一输入，统一查找，再把检索结果打印出来分发给用户。利用者不能直接使用计算机参与检索过程，需要较长时间才能获得检索结果，适合于那些不需立即获得结果但要求较高检全率的检索要求。早期的计算机检索系统大多为脱机检索系统。

联机检索系统是以人机对话的方式，通过计算机终端和通信线路由检索人员直接对档案数据库进行检索。用户可以随时查找所需的档案信息，并能马上获得检索结果，还可随时修改检索提问，直到获得满意的结果为止。

（三）按服务方式分

定题检索系统是将用户提出的检索要求编成逻辑提问式输入计算机，组成提问文件存储在磁盘上，每隔一定时间对数据库中新收入的档案信息进行检索，并按一定的格式打印输出给用户。定题检索服务一般是以脱机方式进行的。

追溯检索系统是根据用户的检索要求，对数据库中积累的档案材料进行专题检索，可以普查若干年内与检索课题有关的所有材料，其检索可追溯到档案数据库所能提供的年代。

（四）按检索语言分

受控语言检索系统是采用分类表、词表等规范化的检索语言对标引和检索所用的词汇进行控制，检索时需通过分类表、词表将标引用语和检索用语进行相符性比较。

自然语言检索系统是直接采用自然语言存储检索档案信息，能够方便标引和检索，但要以计算机检索技术的高度发展为前提。

三、计算机档案检索系统的结构

计算机档案检索系统由若干专题数据库构成，集合了著录标引形成的电子检索信息。尽管各检索数据库检索信息的内容不同，但是其基本结构是相同的。

1. 字段、记录和文档

字段是档案著录项目信息在检索数据库中的称谓。记录是由若干字段组成的信息单元，一条记录在数据库中代表一个检索条目，在数据库中每一个记录都有一个记录号，类似于检索工具中的检索标识。文档是若干数量的记录构成的数据集合形式，一个文档相当于一种手工检索工具。

2. 顺排文档和倒排文档

顺排文档是以固定的字段，按输入顺序排列的文档。它是档案检索数据库的主题内容，相当于一个手工检索工具的全部检索条目。顺排文档处于无序状态，查找其中的检索信息，必须把全部记录从头至尾按顺序比对一遍，检索速度相对较慢。倒排文档是为解决顺序比对问题而编制的。它以检索标识为单位，列出含有此标识的所有记录号，相当于手工检索工具的专题索引，利用它可缩小计算机比对范围，提高检索的效率。

3. 基本索引和辅助索引

基本索引是指由数据库中的某些必备的字段组成的倒排文档，这些字段通常是具有检索意义的主题概念，如主题词字段、关键词字段等。辅助索引即除基本索引以外的其他倒排文档的字段。

四、计算机档案检索系统的开发

（一）计算机检索数据库的组织方式

自由文本方式即用自然语言深入揭示档案的知识单元，根据档案全文的自然状况直接设置检索点，通过计算机自动处理和组织档案信息。主要用于组织档案全文数据库。

主页方式是将相关档案信息集中组织在一起，以栏目的形式介绍各类对象。

搜索引擎方式即利用搜索引擎收集网络上的相关信息，利用索引软件对信息进行标引，创建可供利用者按关键词查询的 Web 页索引数据库。此方法收集的信息量庞大，但良莠不齐，查准率较低。

主题树方式是将档案检索信息按照既定的概念体系，分门别类地逐层展开，供利用者通过浏览方式层层遍历，直至找到所需要的信息线索，再通过信息线索连接到相应的网络档案检索信息。

（二）计算机档案检索系统开发的步骤

计算机档案信息检索系统开发的步骤包括：开发准备、系统分析、系统设计、系统实施、系统维护和评价。

1. 准备阶段

进行初步调查，组成专门的系统开发领导小组，制订系统开发计划。在深入调研的基础上，提出系统初步目标，并进行新系统开发的可行性研究，确定系统开发的方式。系统开发的方式有委托代理式、合作开发式、独立开发式等。

2. 系统分析阶段

在明确了系统的目标后进行工序分析，工作量分析，费用和时间分析，用一系列图表构造出系统的逻辑模型，并与文字说明一起组成系统说明书。

3. 系统设计阶段

进行计算机和人工过程的详细设计，包括选择合适的硬件、软件设备，进行代码设计、输入输出设计、程序模块设计和处理过程设计等。

4. 系统实验阶段

进行设备的选购、安装和调试、人员培训、程序设计和调试、数据库的建立、系统的调试和转换等工作。其中，数据收集、加工和录入等数据准备工作需要投入大量的人力，是建立计算机档案检索系统中最烦琐的工作，也是系统能否投入使用的关键。

5. 系统维护和评价阶段

系统调试完毕之后，须通过检验和验收。系统运行一段时间后还要对系统的质量和效益进行评价。系统评价指标包括输出信息的质量、系统的可靠性、开发和维护费用及经济效益、系统工作效率、服务质量、用户的满意程度等。系统的维护和评价须反复进行多次，使系统不断趋于完善。

（三）计算机档案检索系统开发的影响因素

1. 档案材料的基本情况

档案的数量、类型、特点和状况决定了系统的规模、数据库的类型、系统开发的进程，也对计算机硬件和软件的选配提出了要求。

2. 档案管理状况

现有的档案管理基础是计算机档案信息检索系统能否顺利开发的前提。例如，档案是否齐全、整理有序、鉴选得当，档案信息前处理工作的进展状况等都是直接的影响因素。

3. 用户需求

用户需求是整个系统的出发点，也是决定系统是否适用、达到较高利用效率的关键。用户需求状况还直接影响到系统结构与功能设计，例如，要实现自动标引，就需要建立可用词词库，并辅以词表管理功能。

4. 人员、设备、经费条件

系统开发过程中需要各方面的人才，包括系统分析人员、数据录入人员、计算机操作人员、程序设计人员、著录标引人员等。此外，经费充足、设备齐全等因素在系统开发中往往发挥着决定性作用。

5. 技术可行性

现有技术水平决定了系统能实现什么样的目标和功能，技术可行性反映在硬件、软件的性能，数据库管理系统、汉字输入技术等方面。

（四）计算机档案检索系统开发的注意事项

1. 随时考虑用户的实际需要

计算机档案信息检索系统开发的目的是为利用者提供高效、方便的检索服务。系统开发的成功与否取决于它能否满足用户的各种检索需要。因此，在系统的研制过程中应始终与实际应用部门保持联系，根据实际需要对研制过程中出现的偏差予以纠正，使系统具有较强的适用性。

2. 有计划、有步骤地实施系统开发工作

系统开发的每个阶段都有明确的工作任务，各个阶段之间，各个工作环节之间有着内在的逻辑关系和先后次序，只有严格按各个阶段的划分有步骤地完成规定的任务，才能保证系统开发的顺利进行。

3. 重视系统开发中各种材料的收集和保管

在系统开发过程中，无论是调查研究材料，还是系统设计方案、文字和图表等技术材料，或是系统测试报告、评价材料，与用户交流情况的说明等材料，都应认真收集、整理、妥善保管，它们都是系统研制开发工作的成果反映，也是以后工作的依据，对于系统的进一步完善及推广使用具有重要作用。

第十一章
档案利用

第一节　档案利用概述

档案利用，又称"档案利用服务"，简称"档案利用"，或称"提供利用"。档案利用是指通过一定的方法和手段提供档案信息，为社会各项事业服务的一项业务活动。档案利用工作的基本内容，包括了解和熟悉馆（室）藏档案信息的内容和成分，各种档案检索工具的使用方法；分析和预测社会对档案信息的需求特点，把握档案利用需求的发展规律；向档案用户介绍和报道馆（室）藏中相关的档案信息线索，积极开展档案咨询服务；向档案用户提供所需的档案文献。

一、档案利用的地位

档案利用是档案工作的中心任务。档案工作的目的并不是完成档案工作本身，而是为国家和社会公众服务，提供档案资源的利用。档案提供利用工作是档案工作中最重要的一项工作，是实现档案工作目的的主要手段。

档案利用对整个档案工作有检验和促进作用。在档案利用工作中，能够比较客观地发现和了解档案工作的其他业务环节的优缺点，如收集的档案是否齐全，整理是否科学，鉴定是否准确，保管是否安全等，从而促使我们采取有效措施改进档案管理工作。由于利用工作的开展，必然向档案工作其他业务环节提出相应的要求，如需要丰富馆藏，加强收集工作，提高检索速度，编制各种检索工具，采用先进的技术手段等。上述要求必然促进了各个工作环节的开展，使档案业务水平得到不断提高，科学管理工作不断加强。

档案利用是档案工作诸环节中最富有活力的一个环节。档案利用工作与广大利用者发生密切的联系，是档案工作联系群众、服务群众的纽带。一方面，通过提供利用工作把收藏的大量档案信息提供给利用者，满足多方面的需要，充分发挥档案的作用；另一方面，是对档案工作最实际、最有效的宣传，能扩大档案工作在社会上的影响，争取各方面的重视与支持。当前我国处于历史发展的新时期，档案事业要发展，档案工作要开创新局面，最重要的一环就是要搞好档案提供利用工作，使档案工作在建设物质文明和精神文明中作出应有的贡献。

档案利用工作虽然在档案工作中具有突出的地位，对其他各项业务工作产生深刻的影响，但也不能忽视其他各项业务工作对档案利用工作的作用。它们是档案利用工作的基础和前提条件，档案利用工作不能离开这些工作而存在和发展，只有做好了档案收集、整理、鉴定、保管、检索等工作，档案利用工作才有坚实可靠的基础，否则就会成为无源之水、无本之木，谈不上开展档案的利用工作。

二、档案利用的基本要求

（一）主动服务，转变观念

服务性是档案利用的根本属性，只有确立主动服务的观念，才能产生自觉的服务行动，从而使档案工作者在进行档案利用工作中发挥出应有的作用。档案工作者只有转变观念，主动融入社会，参与社会，并了解、把握档案用户的利用需求，才能增强应变能力，有效地开展档案利用工作。积极主动服务，以服务中心、服务大局、服务人民群众为原则，增强服务意识，丰富服务形式，改进服务条件。从推行接待服务公约到开展无假日服务，从简化查档手续到开展高层次定题服务，从开通档案查询向导热线到开展网上查档服务。

根据落实科学发展观和服务民生的要求，档案利用工作要转变过去重机关团体利用、轻个人利用，重为机关团体服务、轻为群众服务的传统观念，把解决人民群众最关心、最直接、最现实的利益问题作为档案利用工作的出发点和落脚点，注重个人和广大人民群众对档案的利用。针对近年来查阅房地产、劳模、招工、学历、公证、家史等档案用户日益增加的趋势，加强档案利用，制作专题目录，汇编出版政策，简化查档手续，完善服务设施，创新工作方法，为人民群众利用档案提供服务。

（二）熟悉档案，明晰需求

档案利用的开展，一方面需要了解档案用户是否有利用的需求，另一方面也需要档案馆（室）保存有可以利用的档案。这就要求档案工作者既要十分熟悉档案馆（室）内所保存的档案，也要适时去了解社会对档案的利用需求是什么。经过几十年的档案实践经验证明，档案利用工作的根本就是熟悉档案和了解需要，只有熟悉了本馆（室）的档案内容、馆藏结构等情况，同时结合档案利用需求来开展工作，才能够把档案利用工作由被动变为主动，及时、准确地满足档案用户需求。

熟悉档案，就是要熟悉档案馆（室）所藏档案的数量、成分、内容及存址，熟悉每一个全宗的档案形成和整理状况以及全宗与全宗之间的有机联系，熟悉各全宗档案所具有的利用价值。其中，要重点熟悉珍贵档案和特色馆藏。熟悉档案一般是通过档案工作各环节如收集、整理、鉴定、保管、统计和利用等来加深对本馆（室）档案情况的了解。只有全面熟悉本馆（室）的档案，才能在开展档案利用工作时减少盲目性，积极主动地提供档案服务。

明晰需求，就是要做好档案利用工作的预测工作。社会对档案利用的需要是多元化的，也是多变化的。在不同的发展时期，各行各业对档案的利用需求也是有所不同的。因此，档案部门应该在不同时期客观地对档案用户进行调查研究，充分了解档案用户的利用心理，适时改进档案利用工作，使档案馆（室）所提供的档案能够满足社会的需要，应该根据当前进一步深化改革的要求，以及当前党和国家各项工作的发展规划，通过调查走访相关部门，或者直接到群众中去征求意见，向各机关各部门了解他们在工作中的利用需求，如何利用等情况。这些工作对做好档案利用工作是十分必要的。

（三）正确处理提供利用与其他工作的关系

1. 正确处理档案提供利用与基础工作的关系

档案提供利用的过程，是档案为各项工作服务的过程，也是档案自身价值体现的过程。忽视业务基础工作，档案收集不齐全，整理不系统，保管不科学，鉴定不准确，就会影响提供利用工作。但只强调业务基础工作，不积极主动地开发档案信息资源，不开展档案利用工作，档案工作就会开展得不够全面，档案工作的目的就不够明确。档案利用工作和业务基础工作的关系是辩证统一的关系，二者互相联系，互相依存。只有同时搞好基础工作和提供利用工作，才能体现档案工作的重要意义。

2. 正确处理档案利用与保护工作的关系

档案所具有的社会价值与经济价值，要求把档案保护好，长期乃至永久地保存下去，以供党和国家以至整个社会的长远利用。然而档案寿命又是有限的，利用越频繁，对档案的损毁也会随之愈来愈厉害，从而加剧档案损毁的进程。从可持续发展来看，档案利用工作必须保证档案的物质安全，力求档案（尤其是珍贵档案）实体不受损坏，尽量延长档案寿命。因而，档案利用不能只强调档案利用工作而忽视了档案保护工作，但也不能只讲档案保护工作而限制了档案利用。只有既讲当前的利用，又讲长远的保存，实现广泛利用和长久保存相统一，才能保证档案利用工作的持续进行和不断发展。这就要求各级档案部门积极创造条件，充分利用现代科技手段，努力提高档案利用工作的现代化水平，尽快改善档案利用方式，在不影响档案利用效果的前提下，提倡用档案复制件、档案编研成果代替档案原件向档案用户提供服务。

3.正确处理档案利用与保密工作的关系

档案利用工作与档案保密工作的关系，看似是相互矛盾的，其实从根本上来说两者却是一致的，都是为了充分发挥档案在党和国家各项事业中的作用。档案利用工作应该特别注意解决好利用和保密之间的关系。国家保存档案的目的，是维护党和国家各项事业建设的历史原貌，同时为各行各业提供服务，充分发挥档案本身的凭证价值和情报价值。若将档案长期禁锢在档案馆（室）中，这就使得保存档案失去了意义。但是在利用档案时，要特别注意那些属于党和国家机密的档案，既要积极主动提供档案利用服务，充分发挥档案的价值，又要坚持保密原则，不泄露党和国家的秘密。在实际工作中，对什么档案要保密，什么档案不保密，以及档案的保密期限多长等问题，应该特别注意妥善处理。

三、档案利用的反馈控制

档案利用的反馈控制，是指通过反馈信息的收集和分析处理，对提供利用的各项内容及各种服务方式进行调整与完善，从而最大程度地实现科学、有效地开发利用档案资源的目的。

（一）收集反馈信息的途径

1.建立利用者意见箱，是收集利用者意见或建议的最为简便的措施之一

档案部门可以通过设置的意见箱获得反馈信息，及时发现提供利用工作的需要与问题。利用者意见箱的最大特点是随时性与客观性。利用者在利用档案的过程中，一旦发现问题或产生利用需求，可随时提供反馈意见，便于档案部门及时了解。意见箱是否达到此目的，取决于意见箱能否激发利用者的兴趣以及档案部门反映的及时与互动。为此，档案部门应该积极分析利用者的意见，及时公布分析结果。

2. 建立利用者座谈会制度

定期或随时召开利用者座谈会，是收集反馈信息的有效手段。其特点是直接性和交互性，为利用者及其反馈信息与档案人员创造了直接交流的机会。档案部门通过座谈会不仅可以获取反馈信息，还可以使利用者感到自己是档案资源开发利用工作的参与者。

3. 坚持利用情况登记制度

利用情况登记是档案部门多年形成的工作习惯。登记应该注重对利用情况的反映，一是利用者利用档案的数量、范围、时间及用途等；二是利用结果，即档案在现实工作中所发挥的作用及作用效果。为此，档案部门在办理利用手续时，应该要求利用者填写利用情况登记单，归还档案时，再请他们进一步补充利用效果信息，以便记录的档案利用信息能够发挥反馈作用。

（二）收集反馈信息的重点内容

1. 对开发利用服务质量的意见或建议

对开发利用服务质量的意见或建议指针对档案部门的服务状况的反馈信息。如提供方式是否方便利用者，是否易于利用者接受，档案人员的服务态度和工作能力，等等。这些信息能够从不同的角度为档案部门改善档案服务提供客观依据。

2. 交流媒介的利用效果信息

交流媒介的利用效果信息指针对档案信息产品发挥作用情况与程度的反馈信息。如编研成品是否准确地传播档案信息；档案应用取得的技术效益、经济效益和社会效益等。这些信息反映了档案利用的成效，经过有关部门的整理和宣传，不仅会成为档案部门进一步调整和完善开发利用工作的参照依据，而且还能增强档案意识，提高档案部门的社会地位。

3. 社会利用者对档案信息交流效果的反映

社会利用者对档案信息交流效果的反映，包括各项社会活动对档案信息的不同要求，党和国家的政策法规对档案利用的促进或制约，社会公众对科技项目及其档案资源知情权的要求等。

仅仅收集反馈信息并不等同于有效实施了反馈控制机制。档案部门应当迅速且有效地处理这些反馈信息，对于存在疑问或不确定性的信息点，应主动寻求与相关人员的沟通确认或深入讨论。在全面理解反馈内容的基础上，档案部门应对其进行细致地分析与归纳，进而根据分析结果逐一解决存在的问题，不断优化和调整档案信息交流工作的流程与策略。这一过程旨在促进信息反馈与信息交流之间的良性循环，确保档案工作的持续改进与高效运行。

第二节　档案利用方式

一、档案利用方式的选择

选择档案提供服务方式的目的，在于使档案信息有效地而不失原则地被利用者利用。为了达到这一目的，应该明确如下选择提供服务方式的基本要求。

（一）针对性要求

档案直接形成于社会实践活动，其管理与开发利用的最终目的，必须服务于社会实践活动的需要。首先，档案的提供服务方式应该适应社会实践活动的客观需要，特别是直接满足各类人员的利用需要。其次，档案提供服务的针对性表现为两个层次，其一是档案提供服务的经常性，其二是档案提供服务的偶然性。前者要求档案的提供服务方式应该立足于满足日常的利用需要；后者则要求档案的提供服务还能满足某些特殊利用需要。一般情况下，选择提供服务方式应该兼顾这两个层次，使它们互为补充。

（二）时效性要求

时效性是指单位时间内档案部门准确提供档案信息的速度，或利用者获得所需档案的时间。这里的时间概念与档案信息的传递速度和传递质量密切关联，它强调以最短的时间输出更多优质的档案信息。

选择提供服务方式，应尽量满足这一要求，使提供服务方式成为档案信息传输的最佳渠道，高效率地实现档案信息的传输。

坚持时效性要求，必须掌握各种提供服务方式的功能特点，了解传输信息的基本特点和传输要求，做好服务预测和服务准备，保证提供档案信息的及时和准确。

（三）可控制性要求

部分档案信息属于内部信息，在一定时间和范围内带有一定的机密性，某些档案信息还涉及国家秘密或企业的商业机密。因此，选择档案提供服务方式，必须考虑其可控制性的要求。

1. 控制利用的信息内容

提供服务方式是利用者有效利用档案信息的"助推器"。无控制机制的提供利用方式，非但不能实现科学有效地利用档案信息的目的，而且还会使档案的完整与安全失去必要的屏障，造成与档案资源开发利用目的背道而驰的结果。实际上，选择档案提供服务方式的意义本身就包含了提供和控制两种因素，提供是它的目的，控制是实现目的的保障，二者互为依存，缺一不可。

档案信息内容控制的实质，是对不同秘密程度的档案信息采取不同的提供方式，使提供服务方式适合档案信息的性质特点，既能使利用者获得所需要的档案信息，又能排除与利用者需求无关的或不宜向利用者提供的信息内容。

2. 控制档案的利用者

不同利用者在档案的需求与利用权限上存在很大差别。要使利用者既能用到与其身份或职能特征相符的档案信息，又能使利用者获得符合其利用权限的最大的利用便利，就应该本着内外有别的原则，对利用者实施控制。

3. 控制利用档案的时间

利用档案的时间在这里专指利用者占有档案实体的时间。为了满足利用的需求，利用者必须有足够的时间研究有关档案信息，但是无时间限制地占有档案材料，不仅影响其他利用者对档案的正常利用，而且不利于档案实体与信息的完整与安全。由于不同的提供服务方式对利用时间的控制力不同，如档案阅览对利用时间的控制能力最强，而出借对利用时间的控制相对弱些，因此，时间控制也是选择提供服务方式的重要依据。

二、传统利用方式

（一）档案阅览

档案阅览，是指档案馆（室）在特定的场所开辟阅览室，向有关档案用户提供档案信息的一种利用服务方式，它是目前我国档案部门提供档案利用服务的一种主要形式。

档案是历史记录的原始材料，一般都是独本、孤本，有的内容具有一定机密性，这决定了档案一般不宜外借。在阅览室利用档案有许多优点：一是便于保护档案材料的物质安全，不仅可避免档案的丢失，而且能减少档案的辗转、磨损，延长档案的寿命；二是有利于维护党、国家和各机构内部机密的安全；三是便于及时周转，提高档案利用率。

阅览室代表着档案馆（室）与档案用户发生直接关系，是档案工作发挥作用的主渠道，是档案馆（室）对外工作的窗口。外界通过它可以了解档案馆（室）的馆藏、管理和服务水平，档案部门通过它可以直接体察服务对象的要求和评价。因而，做好阅览室工作十分重要，一般应注意以下几点：

第一，阅览室的设置需兼顾优质服务和严格管理两个方面。阅览室既要适于阅览和从事研究，既便于调卷，又要明亮、宽敞和安静。一般应有服务台、阅览桌和存物处等服务设施，阅览桌以无抽屉为宜，便于管理人员必要的监护。为方便利用，还应准备历史、地理、政治、经济、文化和语言等方面的工具书，以及与所藏档案密切相关的参考材料。

第二，为维护阅览室秩序和档案的安全，阅览室应建立必要的规章制度。其内容包括严格掌握阅览室接待对象、档案材料的阅览范围、批准权限，并办理人事、档案索取和归还手续，档案用户爱护档案的若干具体规定等。

第三，档案工作者需要有良好的工作作风和扎实的业务基本功。档案工作者既要主动热情，急利用者之所急，又要熟悉政策，精通业务，如熟悉馆藏和各种检索工具等，善于对外接待。同时，还要有认真负责的精神，注意提醒档案用户遵守有关规定，在借出和收回档案时，仔细检查材料状况，维护档案的完整与安全。

第四，为了保密和保护档案，对于残旧、易损害和特别珍贵的档案，最好提供复制本。尚未整理的零散文件一般不外借，特殊情况必须借阅时，要逐件登记。对已整理编目而没装订的案卷，也要采取类似的控制。档案用户必须爱护档案，不得在文件上做任何记号和涂改。档案用户不能将档案带出阅览室外，阅毕的档案应及时归还。

（二）档案外借

档案一般是不借出馆外使用的，但是根据党政领导机关工作的需要，或某些机关必须使用档案原件当作证据，不能在阅览室利用档案，可以暂时借出去使用。机关档案室把档案借给本机关领导和内部各业务单位使用的情况，就更为常见。必要时，还可以采用"送卷上门"的服务方式。

档案外借使用应有严格的制度，经过一定的批准手续，借出使用的时间不宜过长，借出档案时要交接清楚，有登记签字手续，借用档案的单位或个人应承担保护档案完整性和安全性的义务，不得将档案自行拆散或变更次序，不得将档案转借、转抄、损坏、遗失，不得自行影印或复制，并要按期归还。档案馆（室）对借出的档案要定期检查了解借用单位对档案的保管使用情况，并在借出案卷的位置上，设置醒目的代卷卡片，指明借阅卷号、借阅时间、借阅单位和借阅人姓名，以利备查和督促借阅者按期归还。收回借出档案时，工作人员应认真清点，并在借阅登记簿上注销。如发现有被拆散、抽换、涂改、散失、污损等要及时报请领导处理。

（三）制发档案复制本

档案馆（室）提供档案为党和国家各项工作利用，既可以提供原件，也可以根据档案原件制发各种复制本。制发档案复制本，根据所需单位的不同用途，分为副本和摘录两种。副本是指同一文件的抄写或复印的复本，反映档案原件的所有组成部分；摘录是摘录文件内的某一段落，某个问题或某一事实，某一人物情况或某些数字的材料，只反映原件的某些部分。

制发档案复制本的方法大体可分为：手抄、打字、印刷以及摄影、静电复印等。必要时还可以仿制与档案原件的制成材料及其外形完全相同的副本。制发档案复制本提供利用具有较多的优点：首先，可以使利用者不到档案馆（室）就可以随时参考所需要的档案材料，为党和国家各级机关广泛利用档案创造了极为便利的条件；其次，制发档案复制本，可以在同一时间内，满足较多利用者的需要，使档案更充分地发挥作用；再次，用档案复制本代替档案原件提供利用，减少原件利用的次数，有助于延长档案的寿命。同时，制发档案复制本，由于数量的相应增加，即使档案原件由于天灾人祸毁损了，只要复制本能保存下来，也能起到彼失此存的效果，对档案的保存和流传有重要作用。

档案复制本的局限性，是利用者总想看到原件，有的还要作为凭证，对复制本感到不满足。由于科学技术的发展，复制本的质量和精确度大大提高，使复制本与正本没有多大区别，基本上可以满足需要。当然档案复制本的印发，不利于保密，容易辗转翻刻、复印或公布，档案部门不易控制，因此，在制发范围和批准权限方面应妥善处理。

制发档案复制本，是档案部门根据自己的设备条件和利用者的申请进行的，首先由申请者提出所要复制的档案，并说明复制的要求、份数和用途等，然后经过一定的批准手续加以复制。档案复制本必须和档案原件细致校对，并在边上或背后注明本档案馆（室）的名称，档案原件的编号，加盖公章，以示对复制本负责。

（四）档案展览

档案展览，是指档案收藏部门按照一定的主题，以展出档案原件或其复制品的形式，系统地揭示和介绍档案馆（室）藏中有关档案的内容与成分的一种利用服务方式。

展览的主要形式一般有两种：一是长期性的展览，即在档案馆内常设档案陈列室，陈列馆藏有关国家、民族、本地区、本馆历史的珍贵文献和档案材料；二是短期性的展览，就是档案馆根据形势需要和馆藏实际情况，积极配合国家重大政治活动、纪念活动、杰出历史人物纪念活动，举办各种专题档案展览。

档案展览的作用主要表现在两个方面：

第一，宣传教育的作用。经过选择和组织展出的典型材料，能以档案的原始性、生动性和形象性，给观众留下深刻的印象，起到生动的宣传教育作用。

第二，发挥档案特有的作用。参展的档案材料一般是经过精心挑选的，其中有的还属于档案中的珍品，能以原始性、丰富性和独有性，发挥档案特有的作用。

举办档案展览，既要突出思想性，又要体现一定的科学性、业务性和艺术性。为使其达到满意的效果，首先要选好展览主题，然后精心选取和组织材料，档案馆根据自身的条件，可在馆内设立长期的展览厅（室），陈列本馆保存的有关国家、民族和本地区、本馆历史的珍贵文件，使人们进入档案馆就能对档案有所了解，引起社会对档案的重视。档案馆平时应配合各种工作和有关的活动，酌情举办各种类型的档案展览，如历史档案展览、艺术档案展览以及各种专题展览；还可配合各种纪念活动，组织有关人物或事件展览等。档案室为配合当前的任务和机关有关的工作，可举办各种小型的展览，如工作或生产、科研成就、工作成果、公文质量、规章制度展览等。

档案展览可以由一个档案馆（室）单独举办，也可由几个档案馆（室）联合举办，或由有关单位联合举办；可经常性地长期陈列展出，也可以临时展出。展览陈列的地点和方式，可根据需要和条件，或固定展出，或巡回展出。要对入选档案合理分类，编写前言、各部分标题、提要和介绍。围绕主题查找和挑选展出的档案，是组织展览过程中最重要的一环。档案展览内容的思想性、科学性和展出的效果如何，往往取决于展出档案的内容和种类，要选择最有价值和最有意义的材料，特别是选择能正确反映历史事件、揭示事物本质的材料。选择展出档案时，需要对形成档案的历史环境、事件始末进行深入的了解和研究，只有以历史唯物主义的观点，在深入研究材料的基础上，选出的档案才能精练和正确地反映问题本质。

（五）档案目录

档案目录是联系档案用户与档案馆（室）的一种重要桥梁。档案用户只有借助一定的档案目录信息，才能顺利地实现其利用需要。由于档案信息的特殊属性，许多收藏在档案馆（室）的档案文件的信息内容和成分，档案用户知之甚少或知之不详。因此，档案收藏部门必须采取一定的服务方式，消除档案用户的需求障碍，促进其利用需求的产生与实现。实践表明，印发、出版、交换档案目录（索引、指南），是一种有效解决问题、提高库藏档案文件利用率的服务方式。

在机关、企业事业单位，档案室可以将本单位的工作、生产或科研等各项活动相关的档案目录，主动印发给有关领导和业务部门。通过这种服务，他们能够及时地了解可资利用的档案信息状况，以便有效地减少不必要的重复劳动，节约工时、人力和财力。

在档案馆工作中，亦可在了解社会利用需求的特点、发展趋势的基础上，有计划地出版档案目录、索引、指南等档案信息材料，有效地帮助档案用户了解馆藏档案信息资料状况，引导档案用户顺利地查找档案。

（六）制发档案证明

制发档案证明，是档案馆（室）根据档案用户需求，结合馆藏档案记载情况而出具相应书面证明材料的一种利用服务方式。在社会生活中，一些机关组织或个人为了处理或解决某个问题，需要档案馆（室）

提供档案中所记载的有关问题和事实的证明材料，如公安、检察、司法机关需要审理案件，个人需要有关身份、工龄、学历、财产等方面的证明材料。因此，档案馆（室）制发档案证明是满足各方面利用档案来说明一定事实的一种手段，也是档案馆（室）提供档案为党和国家机关、人民群众服务的方式之一。

制发档案证明具有很强的政策性和原则性，对申请书的审查和档案证明的编写，都要求严肃认真地对待。档案证明必须根据机关、团体或个人的申请才能制发。申请书须写明申请发给档案证明的目的，所要证明的事项及其发生的时间、地点等情况，以便对申请书进行审查，以及对证明材料进行查找与编写。档案证明应根据档案正本或可靠的抄本来编写。只有在没有正本或可靠抄本的情况下，才根据草案、草稿来编写，并在证明上加以标明，如未经签署、记录草稿或试行草案等。不论根据什么材料编写，都要在档案证明上注明材料出处和根据。档案证明的文字要确切明了，内容范围要限定，不能超出申请证明的问题而列入其他材料。

档案馆（室）是管理档案的机构，不是国家公证机关，它不能代替其他机关的职权和任务。档案馆（室）所发的档案证明，只是向有关机关或个人证明某种事实在本馆（室）所保存的档案中有无记载和如何记载的，不是直接对某种事实下结论或给予某种权力。因此，在编写档案证明上，以引述或节录档案原文为主要方法，如果必须由档案工作者根据档案内容综合或摘要叙述时，务必保证表述的准确性和真实性。书写档案证明的档案工作者不能擅自对材料进行解释，否则证明材料就失去真实性，不能起到凭证作用。如发现档案材料互相矛盾时，应将几种不同的材料同时列入档案证明中，以供使用者分析研究。

在档案证明中应写明档案证明接受者（申请者）以及制发档案证明的档案馆（室）的名称和证明制发日期。档案证明写好后，须经认真校对、审查批准后，加盖档案馆（室）或机关公章发出。制发证明需要注意：档案原件是制发证明的依据，引述原文是制发证明的方法，加盖印章是制发证明的标志。

（七）档案咨询

档案咨询，是指档案馆（室）根据档案解答问题的形式，向档案用户提供档案信息及有关情报的一种利用服务方式。

档案咨询的种类，可以从不同角度划分：

首先，按内容性质，可将档案咨询分为事实性咨询、指导性咨询与检索性咨询。事实性咨询，是指档案馆（室）解答档案用户关于特定的事项或数据的询问。指导性咨询，是指档案馆（室）对档案用户查阅档案时发生疑难问题时进行指导服务。检索性咨询，是指档案馆（室）根据有关档案用户的需求，主动地提供情报（包括相关的事实、数据、目录信息等）咨询服务。

其次，按难易程度，可将档案咨询划分为一般性咨询和专门性咨询。一般性咨询，是指对档案用户提出的关于档案馆（室）的基本情况，档案利用制度、所藏档案的种类及内容与成分等方面的询问所进行的解答服务。专门性咨询，是指根据对有关档案材料的分析研究结果，解答档案用户关于特定档案的研究价值、文件中记载的事实或数据的真实性与可靠性、文件中某些术语的含义，以及有关专题档案文件的范围等方面的询问。

最后，按咨询形式，可将档案咨询划分为口头咨询和书面咨询。口头咨询，是指以口头解答或电话答复档案用户的一种服务方式。书面咨询，是指以正式的书面材料解答档案用户的一种服务方式。

在实际工作中，只有将各种咨询服务的方式有机结合起来，才能有效地开展这项工作，及时解答档案用户提出的相关问题。

档案咨询的步骤，一般分为以下几个程序：

1. 接受咨询问题

面对档案用户在借阅档案时提出的问题，较简单和有把握的可立即回答；问题比较复杂的，要记录下来研究后再予以答复。无论档案用户当面或电话咨询，凡不能即席解答的，或让档案用户稍候，或另约时间。总之，应从方便档案用户出发，使之省时、省事，又获得满意的结果。必须指出的是，不是用户所提一切问题都要解答。如果所咨询的内容超出咨询范围的，或涉及党和国家机密，或属于家庭与个人隐私不宜公开的问题等，可以说明相关情况，谢绝解答。

2. 查找档案材料

根据档案用户提出的咨询问题，深入分析研究，确定查找范围，选定检索工具，明确检索途径和方法，查找有关的档案材料。

3. 答复咨询问题

经过一系列的工作，找到档案用户所需要的档案材料，即可答复咨询问题。答复咨询的方式，视具体情况分别采取直接提供答案，提供档案复制本，介绍有关查找线索等。提供档案材料时要注明出处，包括作者、文种、形成时间、档号（全宗号、目录号、案卷号、页号）等。若档案中对同一事实有不同记载，要全部提供给档案用户，由档案用户分析判断，决定取舍。

4. 建立咨询档案

回答咨询问题，应有目的地建立咨询档案。凡是重要的、有长远参考价值的，或者可能重复出现也解答不了的问题，都应做完整的记载，包括各种原始记录、解答咨询的过程、最后结果等。咨询档案对于全面掌握咨询情况，总结经验，改进工作，探索规律都有重要意义，是一种有参考价值的材料，应该持久地连续积累和发挥它的效益。

三、网络利用方式

网络利用是指档案部门运用信息技术，通过网络提供档案的一种利用服务方式。它具有综合性强、内容丰富、形式多样、传播迅速、方便快捷等特点，与传统利用方式相比，有明显的优越性：第一，有利于档案信息资源共享；第二，有利于提高档案利用率；第三，有利于档案原件保护。在网络环境下利用档案，可以打破单位、部门、行业、系统、地区的界限，实现档案信息资源共享。档案用户只要拥有一台可上网的计算机，便可随时随地浏览网上全球各类档案信息，包括文本、图片、音频、视频等多媒体信息。档案用户之间、档案馆（室）之间、档案用户与档案馆（室）之间的地理距离将因网络连接而消失，彼此之间的交流与合作将变得频繁而快捷。

（一）网络提供利用的措施

1.建立档案数据库

建立数据库是网络信息资源组织的重要方式。这种方式就是将要处理的数据经合理分类和规范化处理后，以记录的形式存储于计算机。建立数据库组织信息资源可极大地提高信息的有序性、完整性、可理解性和安全性。主要可建立以下两种数据库：

一是以馆藏档案数字化为基础的馆藏档案数据库。这种数据库在国外被称为"公用数据库"，通常用于馆藏档案的数字化建设项目，代表项目有美国杰斐逊档案数字化项目（Jefferson Digital Archives）、英国国家档案数据集数字化项目（UK National Digital Archive of Datasets）。

二是以归档电子文件为基础的电子文件数据库。这种数据库在国外被称为"公用信息系统"，通常用于电子文件和电子档案的数字化建设项目，代表项目有美国的数字档案馆项目和联邦政府电子档案馆项目。

2.建立网络档案检索系统

档案网络利用涉及多方面的内容，但其核心和关键环节是信息资源的有效检索。网络档案检索系统面临许多新的课题，如前期基础工作的组织与实施、信息检索系统的功能、适用于网络信息组织与管理的方法和技术、网络环境中对信息的筛选与过滤等。只有建立高效的网络档案检索系统，才能满足档案用户的需求。具体表现为：

一是满足档案用户查找信息的求全和求准需求。对查找信息的求全需求是指档案用户为了达到解决问题的目的而查找相关档案信息，需要尽可能掌握这一问题的全部材料，通过对这些材料的全面分析研究而得出结论。同时，无论是出于查证还是参考的需要，档案用户都希望所获得的档案信息是最具有针对性的，是和利用目的最有相关性的，这就是对查找信息的求准需求。

二是满足档案用户对利用速度的求快需求。档案用户为了能够顺利地解决问题，总是希望尽早地获得所需的档案信息。这种在最短的时间内查找到最全面、最准确信息的时效性需求，就是档案用户对利用速度的求快需求。网络档案检索系统的快速反应在一定程度上满足了档案用户的这种需求。

三是满足档案用户对利用途径的求易需求。档案用户对利用途径的求易需求被称为"档案用户需求心理的求变规律"。求易需求具体可以表现为：档案用户希望通过网络档案检索系统和预约调卷系统远程查阅档案；希望在利用档案时所要办理的手续相对简便；希望检索系统界面友好，能够容易地获取档案信息。

3. 建立档案信息网站

将经过选择的、系统的、符合专业体系的信息提供给档案用户以满足其对某一领域或某一方面信息需求的网站，其目标在于节省档案用户的查找时间和通信费用，提高查准率、查全率。档案网站在总体上具有以下基本功能：

（1）宣传功能

档案网站通过网络在档案机构和网上用户之间架起了一座桥梁。它可以充当档案机构的广告牌，通过网站宣传改善档案职业的社会形象。利用网站宣传档案工作主要的优点有：传递迅速，即时性、直接性突出；多媒体技术的应用，加强了网站的亲和力，容易被广大用户接受；具有极强的交互性、双向性，能取得较好的宣传效果；宣传面较广，受众广泛，可以到达全世界每一处能上网的地方；反馈渠道多样及时，灵活有效，如通过电子邮箱（E-mail）、电子布告栏（BBS）、即时通信软件（如QQ）等方式进行反馈；档案宣传和档案利用结合得比较紧密，宣传的同时也可以提供档案信息利用；支持档案用户主动选择的自由，更加人性化。

（2）服务功能

建设档案网站最大的动力和成果是对档案利用工作的拓展和延伸。当前，中央及地方各级档案馆进一步扩展了其教育与服务功能，将各级各类档案馆建成保管重要档案的基地和爱国主义教育基地，建成为改革开放和现代化建设事业提供档案信息服务的中心。档案网站蕴含丰富的馆藏档案信息资源，使档案用户能够借助网络实现即时的档案信息查询，并通过网络完成档案信息的传输服务。同时，档案网站发布的各种规范、指南、标准，对档案馆及档案专业技术人员的培训，档案学术论坛和研究成果的发布等信息对档案工作者开展工作、提高理论与实践水平，具有不可低估的作用。

（3）交流功能

档案网站的交流功能是指档案网站为档案机构之间和档案机构与档案用户之间的交流提供了一个平台。交流是网站提供个性化服务的前提条件，交流也促进了档案工作实践的进步和理论水平的提高。档案工作者通过 E-mail、QQ、微博、微信等方式与档案用户交流，及时收集、分析档案用户反馈信息，了解档案用户的个性化需求，才能不断改进工作，为档案用户提供更好的服务。

（4）教育功能

作为历史的原始记录，档案承载了最真实、生动的传统文化，有关民族历史、反抗侵略战争、革命先烈、建设祖国、对外交往等方面的档案材料是最好的爱国主义教材。档案网站可以通过展示档案馆丰富的馆藏，使档案馆成为具有自身特色的爱国主义教育基地。

（二）网络提供利用的方式

文件下载。将档案原件和二次、三次文献下载到用户终端桌面的计算机，利用者就可浏览获取自己所需要的档案信息。

网上数据库查询。档案馆将专题数据库置于网上，让数据库与网页连接，用户可以在档案网页上自由地检索相关档案信息。

网页浏览。用超文本信息组织方式，将档案信息编辑成网页，用户通过浏览网络、阅读文字、观看照片等各种方式接收档案信息。

定向网络传递。即定期将档案信息和编研成果传递给特定用户。

第三篇

高校附属医院档案管理实践篇

第十二章

高校附属医院档案管理实践

——以四川大学华西医院为例

第一节　四川大学华西医院档案管理概述

一、发展历程

档案工作是维护党和国家历史真实面貌、保障人民群众根本利益的重要事业。经验得以总结，规律得以认识，历史得以延续，各项事业得以发展，都离不开档案。四川大学华西医院［简称"医（学）院"］有着百余年发展奋斗史，其档案工作跟随时代和社会需要，经历了漫长的发展历程。

1972年起，医院人事处委派专人负责人事档案管理工作。

1984年5月，医院成立综合档案室，对全院综合档案进行统一管理。按照中央对档案要实行集中统一管理的规定和要求，委派专人收集医院1950年至1984年间散存在各职能科室的文书科研、财务基建等文件材料，清理鉴别并分类立卷，修补破损文件，处理虫蛀材料，整理各类案卷1 042卷（册）。同时，按照党和国家关于档案工作的方针政策和档案工作法规，制定医院档案管理工作的有关制度、办法和职责，使医院的档案管理工作逐步走上正轨。

1986年5月，经华西医科大学第一附属医院（四川大学华西医院前身）经华西医科大学批准，在四川大学华西医院院长办公室下设档案科，配专职档案员2名，兼职档案员18名；设办公室1间、库房2间，面积57 m²；五节铁皮档案柜20组，共计100节。

1994年5月，医院人事处将所管辖职工人事档案移交档案科，并配专职人事档案员1人，专设库房1间。至此，除病案和学生档案外，全院所有档案统一由档案科管理。

1998年9月，档案科搬迁至新址，办公条件大为改善，设办公室、阅览室、微机室、装订室各1间；综合档案库2间、人事档案库1间，库房面积达269 m²。

2003年8月，原摄影室保管的2万余张照片/底片档案全部移交至档案科。

2005年5月，医院撤销原财务部的临时档案库房，规定财务凭证按月移交至档案科。

2008年2月，医院购置档案管理系统，对库存档案进行系统化管理。

2011年11月，档案科搬迁新址，库房及办公空间达1 000 m²。

2022年5月至2024年1月，按照"存量数字化、增量电子化"的信息化发展战略，医院完成馆藏文书档案的数字化工作。

2022年5月，医院启动档案管理系统OA对接专项工作，实现收文、发文、合同、决议的实时在线归档。

二、医院档案科工作职责

贯彻执行有关档案工作的法律法规和方针政策，统筹医院档案工作，管理范围包括综合档案与专门档案。其中，医院管理的综合档案管理范围包括党群档案、行政档案、教学管理档案、科研档案、外事档案、出版物档案、财会档案、基建档案和仪器设备档案、后勤档案等，专门档案管理范围包括人事档案、伦理审查档案和职业健康监护档案。

制定医院档案工作规章制度与年度计划，并负责贯彻落实。

组织协调医院各部门档案工作，对院内立卷部门和档案分室进行业务指导、监督和检查。

负责征集、接收、整理、鉴定、统计、保管医院的各类档案资料。

编制检索工具，编研、出版医院档案和院史资料，开发档案信息资源。

组织实施医院档案信息化建设和电子文件归档工作。

开展医院档案的开放和利用工作。

开展医院兼职档案人员的业务培训。

三、成果简介

（一）档案编研成果丰硕

为全面贯彻落实习近平总书记对档案工作的重要批示精神，充分利用丰富独特的馆藏资源，医院档案管理人员围绕中心工作和时政热点，不断打造档案编研精品，推进档案文化建设，取得了丰硕成果。

21 世纪初，四川大学华西医院档案科除编制《案卷目录》《全引目录》《文件目录汇编》等常规检索工具外，还积极配合组织、人事、科研、财务等部门，查阅大量档案资料后编研《干部任免情况一览表》《组织机构沿革一览表》《博士人员情况一览表》《历年文件汇编》《科研课题鉴定成果目录》等材料，为医院各部门进行科学决策提供了可靠依据。同时，还充分发挥档案资源优势，配合医院院史与医院大事记编撰工作。

近年来，档案科紧紧围绕医院中心工作，立足馆藏，主动开发，完善制度，科学管理，建设队伍，成果丰硕。不仅系统梳理了 1950 年至今的档案材料并编制《干部任免情况》《组织机构沿革汇编》《医院各类委员会沿革汇编》，还集中进行了专题编研，包括《国家级、省级科研成果获奖情况汇编（1978—2022）》《医院缺陷管理汇编》《自动离职、辞职、除名人员汇编》《医院聘请客座教授情况汇编》等。

同时，对医院的珍贵历史档案进行全面系统整理和深度开发。系统整理华西医科大学附属第一医院附设卫生学校、华西医科大学附属第一医院卫生职业学校相关档案，进一步完善和更新了医院的历史发展脉络。在此过程中，整理出华西医科大学附设卫生学校及职高学员名册（1981—2003）、成都私立仁济高级护士职业学校历届毕业学生名册（1918—1950），不仅为校友信息的更新和维护提供了有力支持，还为华西护理教育的发展历程提供了重要的参考价值。

　　未来，医院将持续加大档案信息资源开发力度。在档案数字化基本完成的基础上，根据需求导向、创新开放、确保安全的总体要求，统筹馆藏资源，进行深度档案信息资源开发，更好地服务于医院的长远发展和文化建设。

（二）档案管理制度完备

　　医院领导历来重视档案管理工作，并将其看作是衡量医院管理水平的一个重要指标。四十余年来，医院的档案工作始终坚持集中统一管理的原则，由历届党委书记或院长分管，院办主任直管，档案科具体负责。

　　医院于 1987 年和 2001 年分别印发《华西医科大学附属第一医院档案管理办法》和《医院综合档案管理办法》。2022 年，为推进院内档案工作规范化、标准化、信息化建设，提高档案管理水平，充分发挥档案作用，更好地为医院医疗、教学、科研、党政管理、后勤等各项工作服务，根据《中华人民共和国档案法》《高等学校档案管理办法》《卫生档案管理暂行规定》和《四川大学医疗卫生档案管理实施细则（试行）》等有关法律法规和文件精神，医院印发院内规范性文件《四川大学华西临床医学院 / 华西医院档案管理办法》。

　　医院将档案工作规范化管理作为提升医院管理水平的一项重要内容，根据医院实际情况建立健全了各种工作制度，如《基本建设项目档案管理办法》《财会档案管理办法》《科学技术档案管理办法》《档案安全保密制度》《档案借查阅制度》《库房管理制度》《档案统计工作制度》《档案鉴定工作制度》《安全消防制度和工作流程》等。

　　为加强档案工作管理，医院将"各职能处室未按档案管理的有关规定及时归档""借阅档案未及时归还"等情况纳入医院缺陷管理,有效地促进了档案管理制度在全院执行落实。自 2023 年起,为进一步提高大家对归档工作的重视程度,医院将归档工作完成质效纳入《机关职能部处党建工作与事业发展融合考核指标细则》中,完成归档工作的及时性、规范性和完整性与部门年终考核成绩挂钩。

(三)档案利用优质高效

医院档案是医院历史发展的见证,对于研究医院发展史、总结经验教训、规划未来发展都具有不可替代的作用。2005 年 10 月,医院通过了四川省档案行政执法检查,并获得 94 分的佳绩。医院申报的"利用科技档案作凭证节约投资"和"利用科技档案凭证追回多收费用"获 2004—2005 年度四川省开发科学技术档案信息资源成果一等奖和三等奖。2005—2007 年度医院档案工作被评为四川大学档案工作先进集体。

2019 年,国务院办公厅正式发布《关于加强三级公立医院绩效考核工作的意见》,标志着国家对三级医院绩效考核发力,在管理模式上由粗放的行政化管理转向全方位的精细化管理。在具体的考核操作上,三级公立医院绩效考核手段主要是数据的收集与分析。这无疑对医院档案管理提出了更高要求,公立医院档案管理水平直接关系到三级公立医院绩效考核结果,所以全面、系统、科学、规范的档案管理和高效、准确的档案利用服务是公立医院绩效考核的重要支撑。

2020 年,国家卫生健康委颁布的《三级医院评审标准(2020 年版)》对医院评审工作指出,各医院应根据评审细则,做好原始数据的备查工作。现场查阅档案资料是医院等级评审中专家现场评审的重要内容,因此做好档案资料的科学、规范化管理和服务利用是等级评审的重要内容,是医院等级评审的基础条件,也是确保医院等级评审成功的关键因素之一。

国务院办公厅《关于推动公立医院高质量发展的意见》明确提出,应全面提高医院现代化管理水平。档案管理作为管理者的重要抓手,档案管理能力的提升可以助推医院现代化管理水平的提升。职能部门提高档案管理的科学性及规范性对于医院制定并践行良好的规章制度具有促进作用。同时，职能部门通过建立有序翔实的档案资料，通过总结分析和深度开发，可以为医院及部门发展规划提供信息支撑。

　　档案管理是医院实现现代化管理的必经之路，也是职能部门重要的管理抓手，可体现出医院的管理质量水平。档案科是医院管理的具体组织机构，也是医院档案管理的重要机构，对部门档案资料全面、系统、科学、规范的管理和有效利用，可以为公立医院的高质量发展提供有力支撑。在历次的三级医院绩效考核、三级医院复审、大型医院巡查等业务工作中，医院档案管理部门均积极响应、高效反馈，有效保障了各项工作的顺利开展，为医院高质量发展提供了有力的信息支撑。

（四）前端控制理论促进档案人才培养

　　20 世纪 80 年代，法国著名档案学者 C. 诺加德提出前端控制理论，此理论是对文件生命周期理论的继承和发展。文件生命周期理论指出，文件从形成到销毁或永久保存是一个连续的过程，这个过程可以分为若干阶段，包括文件的制作形成、现行使用、半现行状态以及最终的保存或销毁。在文件的每个阶段，因其特定的价值形态而与服务对象、保存场所和管理形式之间存在一种内在的对应关系。这种关系强调了文件运动过程的前后衔接和各阶段的相互影响。

　　前端控制理论强调在文件形成阶段就进行管理介入，包括建立标准统一、密切相关的管理流程和保障体系。在档案管理工作实践中，医院非常重视文件形成、流转传输过程中的前端控制，对文件形成各环节的关键岗位、关键人员进行档案管理宣传培训。

　　针对文件现行阶段的管理需要，医院高度重视对领导干部档案意识的培养，利用多种形式开展教育引导工作。特别是在全院科级以上干部会上，院领导会专门安排档案科人员为全院干部宣讲档案工作的重要性，列举档案收集不齐造成工作被动的典型事例，使各级各部门领导切实增强了档案意识，明晰了档案工作的重要性。

　　针对文件半现行阶段的管理需要，医院按年度组织全院专、兼职档案人员专题培训会，使专、兼职人员掌握科学高效的归档方法，明确归档范围及保管期限。充分利用各类网络平台，组建线上工作沟通群，及时响应兼职档案员年度归档工作中的各种需求，极大提高了各立卷部门归档工作的质量和效率。

针对文件非现行阶段的管理需要，医院招聘专业的档案管理人员，积极向高校档案馆学习交流，参与国家档案局、中国档案学会、地方档案局（馆）的定期培训，订阅档案学行业纸质期刊，综合多种方式获取最新的档案管理知识和行业资讯。

（五）推动双套制—电子档案单套制归档

20 世纪 90 年代以来，随着政府信息化、办公自动化及各类电子业务系统的应用，电子文件开始在办公业务及其他业务系统中大量出现，但是电子文件的可靠性和证据力方面难以保障。从传统档案管理的视角来看，电子文件不可信任，不可作为长期保存的对象。因此，出于对文件证据要求及长久可读的考虑，电子文件转换成纸质文件实行"双套归档"，即以某种形式（主要是打印）将电子文件固化到传统存储介质（主要是纸张）上成为档案行业的共识。

随着社会信息化和政府信息化的深入，以及数字政府和数字经济的迅速发展，"双套制"在整个社会数字化转型的大趋势下已不合时宜，电子文件单轨制运行、单套制归档成为亟需研究和探索的问题。2012 年发布的《电子档案移交与接收办法》和 2015 年发布的《会计档案管理办法》都对电子文件的移交与归档提出了新要求，强调将电子文件及其元数据共同归档，明确符合条件的电子会计资料可仅以电子形式保存。2016 年发布的《电子文件归档与电子档案管理规范》（GB/T 18894—2016）取消了对"双套制"的强制性要求，同年发布的《全国档案事业发展"十三五"规划纲要》明确提出，要在有条件的部门开展"单套制"管理试点。此后，国家档案局发布的《机关档案管理规定》和《国家档案局关于修改〈电子公文归档管理暂行办法〉决定》进一步明确提出"电子文件可以仅以电子形式进行归档""符合国家有关规定要求的电子公文可以仅以电子形式归档"等相关规定。2020 年新修订的《中华人民共和国档案法》第三十七条明确规定"电子档案应当来源可靠、程序规范、要素合规""电子档案与传统载体档案具有同等效力，可以以电子形式作为凭证使用"。此外，三大诉讼法也明确将电子数据纳入证据的范围。由此可见，电子文件单套归档、保存和利用已经具备了充分的法律依据，成为深化档案工作数字转型服务于政务信息化及社会信息化的关键。

医院档案管理顺应信息技术发展和工作方式方法的需要，于 2022 年同时启动了存量档案数字化和增量档案电子化两项专项工作，以推动纸质单套制—双套制—电子单套制归档模式转变的实现。截至 2024 年 1 月，医院已完成 66 475 件共计 832 894 页馆藏文书档案的数字化工作，有效提高了档案管理的效率和质量，同时促进了信息资源的共享和保护。截至 2024 年 5 月，医院已完成 10 267 条收文、发文、合同、决议的实时在线传输，初步实现了公文的在线归档。目前，医院采用双套制归档模式，在线归档的公文、合同等需要按照年度和部门分类，同步归档一套纸质版本。未来，在医院电子证照、电子印章、数字签名逐步完善的基础上，将计划积极推进电子单套制归档。

第二节　高校附属医院档案管理制度示例

一、四川大学华西医院档案管理办法

四川大学华西医院自 1993 年 12 月起，实行医学院、医院"院院合一""两块牌子、一套班子"的领导管理体制，因此医院档案管理办法实际以"四川大学华西临床医学院（华西医院）"名义印发，相关内容见下。

第一章　总则

第一条　为加强四川大学华西临床医学院（华西医院）的档案工作，推进院内档案工作规范化、标准化、信息化建设，提高档案管理水平，充分发挥档案作用，更好地为医（学）院医疗、教学、科研、党政管理、后勤等各项工作服务，根据《中华人民共和国档案法》（中华

人民共和国主席第 47 号令）、《高等学校档案管理办法》（教育部第 27 号令）、《卫生档案管理暂行规定》（卫办发〔2008〕24 号）、《四川大学档案管理办法（试行）》（川大馆〔2013〕1 号）和《四川大学医疗卫生档案管理实施细则（试行）》（川大馆〔2013〕9 号）等有关法律法规和文件精神，结合本院实际，特制定本办法。

第二条　医（学）院档案是指建院以来，医（学）院在从事医疗、教学、科研、党政管理、外事活动、基本建设、财务管理以及其他各项活动中直接形成的对医（学）院和社会有保存价值的各种形式和载体的文件材料。

第三条　医（学）院档案工作是办好医（学）院的重要基础工作之一，是医疗、教学、科研、管理等各项工作的重要组成部分，纳入医（学）院整体发展规划，实行统一领导，集中管理。

第四条　医（学）院档案工作由院长分管，院长办公室直管。分管院长的主要职责：

（1）贯彻执行有关档案管理的法律法规和方针政策，批准医（学）院档案工作规章制度。

（2）将档案工作纳入医（学）院整体发展规划，促进档案信息化建设与医（学）院其他工作同步发展。

（3）建立健全与办学办医规模相适应的档案机构，落实人员编制、档案库房、发展档案事业所需设备以及经费。

（4）研究决定医（学）院档案工作中的重要奖惩和其他重大问题。

第五条　院长办公室直管档案工作，其主任的主要职责：

（1）制订、实施医（学）院档案工作中长期发展规划。

（2）组织、协调院内各立卷部门的档案工作，确保档案管理工作的有效运行和科学发展。

（3）贯彻、执行医（学）院档案工作各项规章制度，为医（学）院档案工作的发展创造良好条件。

（4）监督、检查医（学）院档案工作，组织、开展医（学）院档案工作评估。

第六条　参照四川省档案局《四川省档案工作规范化管理办法》

（川办函〔2017〕170号）、《四川省档案工作标准化管理评价办法》（川办函〔2023〕3号）的要求，开展档案工作规范化、标准化管理，不断提高档案管理水平。医（学）院对各立卷部门的档案工作实行考核和评估，并纳入医院党建工作与事业发展融合考核指标体系。

第二章　管理体制及机构职责

第七条　医（学）院在院长办公室下设档案科。档案科是负责全院档案管理和进行组织、协调和管理的职能部门，是为广大员工和社会提供档案信息服务的业务部门。

第八条　医院实行档案材料形成部门立卷的归档制度。立卷部门是指形成档案材料并立卷的职能部门。

档案分室是指由立卷部门根据需要独立设立的档案管理机构，管理对象为需要特殊保管条件或利用频繁且具有一定独立性的档案。档案分室接受档案科的业务指导、监督和检查。

第九条　档案科配专职档案人员。院内各立卷部门应确定本部门档案管理分管领导，同时配备兼职档案人员。兼职档案人员应在岗位职责中明确其档案管理任务。

第十条　档案科、档案分室、部门分管领导及专兼职档案人员的主要职责。

（一）档案科的主要职责

（1）贯彻执行有关档案工作的法律法规和方针政策，综合规划医（学）院档案工作。

（2）制定医（学）院档案工作规章制度和年度计划，并负责贯彻落实。

（3）组织协调医（学）院各部门档案工作，对院内立卷部门和档案分室进行业务指导、监督和检查。

（4）负责征集、接收、整理、鉴定、统计、保管医（学）院的各类档案资料。

（5）编制检索工具，编研、出版医（学）院档案和院史资料，开发档案信息资源。

（6）组织实施医（学）院档案信息化建设和电子文件归档工作。

（7）开展医（学）院档案的开放和利用工作。

（8）开展医（学）院兼职档案人员的业务培训。

（9）利用医（学）院档案资料开展多种形式的宣传教育活动。

（二）档案分室的主要职责

（1）贯彻执行国家、行业、医（学）院档案工作的法律法规和方针政策，综合规划本部门档案工作。

（2）负责征集、接收、整理、鉴定、统计、保管由本部门管理的各类档案资料。

（3）组织实施本部门档案信息化建设和电子文件归档工作。

（4）做好本部门档案安全和保密工作。

（5）接受档案科的业务指导、监督和检查。

（三）部门分管档案工作领导的主要职责

（1）指定本部门兼职档案人员。

（2）支持部门的文件收集工作和兼职档案人员的保管、归档工作。

（3）审查立卷完毕的档案，做好案卷批存工作。

（四）档案科专职档案人员的主要职责

（1）贯彻执行国家关于档案工作的法令、政策和规定，完成上级主管机关下达的其他有关档案业务工作。

（2）负责规划、协调医（学）院档案工作，并负责对医（学）院各部、处、室、科等部门的档案工作进行监督、指导和检查。

（3）制定和组织实施医（学）院关于档案工作的规章制度，加强档案工作的规范化、标准化建设，提高档案综合管理水平。

（4）负责征集、接收、整理、鉴定、统计和保管医（学）院各类档案及有关资料。

（5）维护档案的完整与安全，做好档案的安全防范、修复、复制、保护工作。

（6）开展档案的开放或利用工作。

（7）负责编辑档案参考资料，编制检索工具，积极开发档案信息资源。

（8）负责组织医（学）院专、兼职档案人员的业务学习和培训。

（9）开展档案宣传工作和利用者教育工作。

（10）开展档案理论和档案业务的学术研究，组织和参加院内外档案业务研讨、交流和协作活动。

（五）立卷部门兼职档案人员的主要职责

（1）按照医（学）院有关规定，做好本部门档案材料的收集、整理、归档工作，保证移交的档案材料齐全、系统、规范。

（2）负责本部门的档案材料的分类、组卷、编目、登记和利用等工作。

（3）做好本部门档案安全和保密工作。

（4）接受档案科的业务指导、监督和检查。

第十一条　医（学）院档案人员应当遵纪守法，爱岗敬业，忠于职守，掌握现代化档案管理设备操作技能，定期参加档案业务、技术培训。

第十二条　医（学）院专职档案人员实行专业技术职务聘任制或者职员职级制，享受医（学）院教学、科研和管理人员同等待遇。

第十三条　对长期接触有毒有害物质的档案人员，按照法律法规的有关规定采取有效的防护措施，防止职业中毒事故的发生，保障其依法享有工伤社会保险待遇以及其他有关待遇，并按照有关规定予以补助。对档案人员中的涉密人员，按照有关规定予以专项补助。

第三章　档案的管理

第十四条　文件材料的归档范围。

（1）党群类：主要包括医（学）院党委、工会、团委、民主党派等组织的各种会议文件、会议记录及纪要；各党群部门的工作计划、总结；上级机关与医（学）院关于党群管理的文件材料。

（2）行政类：主要包括医（学）院行政工作的各种会议文件、会议记录及纪要；上级机关与医（学）院关于行政管理的文件材料。

（3）教学管理类：主要包括未移交给上级档案馆反映教学管理等活动的文件材料。

（4）科研类：院内项目及未移交给上级档案馆的科研材料，按《科学技术研究档案管理规定》（国家档案局、科技部第 15 号令）执行。

（5）基本建设类：按《建设项目档案管理规范》（DA/T 28—2018）、《四川大学华西临床医学院（华西医院）基本建设工程档案资料收集、整理及归档管理办法》（川医基〔2021〕19 号）执行。

（6）仪器设备类：主要包括各种国产和国外引进的精密、贵重、稀缺仪器设备的全套随机技术文件以及在接收、使用、维修和改进工作中产生的文件材料。

（7）产品生产类：主要包括医（学）院在产学研过程中形成的文件材料、样品或者样品照片、录像等。

（8）出版物类：主要包括医（学）院自行编辑出版的学报、其他学术刊物的审稿单、原稿、样书及出版发行记录等。

（9）外事类：主要包括医（学）院派遣有关人员出席国际会议、出国考察、讲学、合作研究、学习进修的材料；医（学）院聘请的境外专家、教师在教学、科研等活动中形成的材料；医（学）院开展校际交流、中外合作办学、境外办学及管理外国或者港澳台地区专家、教师、国际学生、港澳台学生等的材料；医（学）院授予境外人士名誉职务、学位、称号等的材料。

（10）财会类：按《会计档案管理办法》（财政部第 79 号令）、《电子会计档案管理规范》（DA/T 94—2022）执行。

（11）实物类：主要包括上级领导来医（学）院视察、检查、指导工作和境内外知名人士来医（学）院参观访问的题词、题字等手迹材料；境外、院内外的团体、个人和校友捐赠的纪念物品；院内各单位和个人荣获国家、省、市级各类奖品(奖状、锦旗、奖杯等)，以及其他有保存价值的实物。

（12）人事类：纳入医（学）院管理的教职工人事档案，按照中共中央组织部《干部人事档案材料收集归档规定》（中组发〔2009〕12 号）和中共中央办公厅 2018 年印发的《干部人事档案工作条例》执行。

上述归档的档案材料包括纸质、实物、电子、照（胶）片、录像

（录音）带等各种载体形式。

第十五条 各立卷部门的兼职档案员应当按照纸质和电子文件材料的自然形成规律，对文件材料系统整理组卷，编制页号或件号，制作卷内目录，向档案科移交。档案科应积极协助和配合做好上述工作。

第十六条 对纸质和非纸质档案材料同步归档，归档的档案材料包括纸质、电子、照（胶）片、录像（录音）带以及实物等各种载体形式。归档的档案材料应当质地优良，书绘工整，声像清晰，符合有关规范和标准的要求。其中，电子文件的归档要求按照国家档案局《电子公文归档管理暂行办法》（国家档案局第 14 号令）和《电子文件归档与电子档案管理规范》（GB/T 18894—2016）执行。

电子文件应当连同元数据一并收集。收集的元数据应当符合国家档案局 2014 年印发的《数字档案室建设指南》、《文书类电子文件元数据方案》(DA/T 46—2009)、《照片类电子档案元数据方案》（DA/T 54—2014）、《录音录像类电子档案元数据方案》（DA/T 63—2017）等规定。

第十七条 按照国家档案局、国家发展和改革委员会 2006 年印发的《重大建设项目档案验收办法》的要求，未经档案验收或档案验收不合格的重大建设项目，不得进行或通过项目的竣工验收。

按照《重大活动和突发事件档案管理办法》（国家档案局第 16 号令）的要求，加强重大活动和突发事件档案管理工作，确保重大活动和突发事件档案的完整收集、安全管理和有效利用。

第十八条 档案材料归档时间。

（1）各立卷部门形成的档案材料，应按档案科的规定在次年 9 月底前整理立卷后移交归档。

（2）专门档案按照档案科的归档时间执行（基建档案、财务档案、科研档案等）。

（3）各立卷部门形成的实物档案应即时归档。

（4）重大活动档案应当在活动结束后 2 个月内归档。

第十九条 档案科按照国家档案局《机关文件材料归档范围和文书档案保管期限规定》（国家档案局第 8 号令）结合医（学）院管理实

际确定档案材料的保管期限。对保管期限已满、已失去保存价值的档案，经医（学）院档案科会同相关部门鉴定并登记造册报院长批准后，予以销毁。未经鉴定和批准，不得销毁任何档案。

第二十条　档案科应采用先进的档案保护技术，防止档案的破损、褪色、霉变和散失。对已经破损或字迹褪色的档案，应当及时修复或复制。对重要档案和破损、褪色修复的档案应当及时数字化，加工成电子档案保管。

第二十一条　职工对其从事教学、科研、管理等职务活动所形成的各种载体形式的档案材料，应当按照规定及时归档，任何个人不得据为己有。对于职工个人在其非职务活动中形成的重要档案材料，档案科可以通过征集、代管等形式进行管理。根据需要，档案科可以提供档案寄存服务。

第二十二条　加强医（学）院档案资源建设，征集与医（学）院有关的各种档案史料。实物档案原则上由医（学）院档案科集中管理。

第二十三条　档案科对档案和资料的保管情况定期检查，消除安全隐患，遇有特殊情况，应当立即向分管档案工作的院长办公室主任报告，及时处理。档案库房的技术管理工作，应当建立健全有关规章制度，由专人负责。

第二十四条　档案科加强档案统计工作，认真执行档案统计年报制度。

第二十五条　医（学）院档案服务外包工作，应当严格限定社会化服务范围，严格审核服务供方的信息安全保障能力和业务资质，并接受档案主管部门监督、指导和检查。

医（学）院档案服务外包工作限于档案整理、传统载体档案数字化、纸质档案数字复制件全文识别、电子档案管理技术支持等辅助性工作，且应当符合《档案服务外包工作规范》(DA/T 68—2020) 规定。

第二十六条　档案科协同立卷部门依据本办法制定各类档案管理实施细则。

第四章　档案的利用与公布

第二十七条　档案科按照国家有关规定公布档案。未经医（学）院授权，其他任何组织或者个人无权公布医（学）院档案。

属下列情况之一者，不对外公布：

（1）涉及国家秘密的。

（2）涉及专利或者技术秘密的。

（3）涉及个人隐私的。

（4）档案形成部门按规定限制利用的。

第二十八条　凡持有合法证明的单位或者持有合法身份证明的个人，在表明利用档案的目的和范围并履行相关登记手续均可以利用已公布的档案。

境外组织或者个人利用档案的，按照国家和医（学）院的有关规定办理。

第二十九条　查借阅档案，按照档案科的规章制度执行。

第三十条　档案科提供利用的重要、珍贵档案，一般不提供原件。如有特殊需要，应当经相关负责人批准。

加盖档案科专用公章的档案复制件，与原件具有同等效力。

第三十一条　档案科设立专门的阅览室，并编制必要的检索工具，比如开放档案目录、全宗指南、馆藏介绍、计算机查询系统等。

第三十二条　档案科是医（学）院出具档案证明的唯一机构。

档案科应当为医（学）院和社会利用档案创造便利条件，用于公益目的的，不得收取费用；用于个人或者商业目的的，可以按照有关规定合理收取费用，其收费标准应经有关部门审查批准。

社会组织和个人利用其所移交、捐赠的档案，档案科应当无偿和优先提供。

第三十三条　寄存在档案科的档案，归寄存者所有。医（学）院档案科如果需要向社会提供利用，应当征得寄存者同意。

第三十四条　档案科积极开展档案的编研工作。出版物、档案史料和公布档案，应当经档案材料形成部门同意，并报请分管档案工作的院长办公室主任批准。

第三十五条 档案科采取多种形式，积极开展档案宣传工作、院史研究工作。

第五章 档案信息化建设

第三十六条 医（学）院应当加强档案信息化工作，将档案信息化工作纳入医（学）院信息化工作总体规划。

档案信息化工作应当与医（学）院信息化工作、档案科信息化建设协调配合，实现系统互联互通，资源共享共用。

第三十七条 医（学）院应当开展数字档案室建设，统筹传统载体档案数字化、电子文件归档和电子档案管理工作。数字档案室建设按照《数字档案室建设指南》执行。

第三十八条 医（学）院应当建立档案数字化常态机制，有序开展档案数字化工作。

档案数字化应当符合真实性管理要求，数字化过程的元数据应当收集齐全，数字复制件应当保持原貌并纳入电子档案管理系统统一管理。

第三十九条 纸质档案数字化按照《纸质档案数字化规范》（DA/T 31—2017）执行，录音录像档案数字化按照《录音录像档案数字化规范》（DA/T 62—2017）执行。其他传统载体档案数字化参照有关规定执行。

医（学）院应当积极实施纸质档案数字复制件的全文识别，将现有图像数据转化为文本信息，便于检索和开发利用。

第四十条 医（学）院应当开展室藏传统载体档案目录数据库建设，数据库质量符合《档案著录规则》（DA/T 18—2022）等标准规范要求。

各门类传统载体档案目录数据应当与相应数字化元数据、电子档案管理系统相应元数据库融合管理。

第四十一条 医（学）院电子文件归档与电子档案管理按照《电子文件归档与电子档案管理规范》（GB/T 18894—2016）执行，确定职责与分工开展电子文件归档与电子档案管理工作。

第四十二条 医（学）院配备的网络基础设施、系统硬件、基础软件、安全保障系统、终端及辅助设备应当满足档案信息化的管理需要并适当冗余，方便扩展。

医（学）院应当配置独立的专业服务器和专用存储设备。服务器和存储设备应当满足高效、可用、可扩展等要求。

第四十三条　医（学）院的办公系统和其他业务系统应当嵌入电子文件分类方案、归档范围与保管期限表和整理要求，在电子文件形成时自动或半自动开展鉴定、整理工作，实施预归档。

电子档案管理系统应当功能完善、适度前瞻，满足电子档案真实性、可靠性、完整性、可用性管理要求。电子档案管理系统基本功能和可选功能应当参照《数字档案室建设指南》《数字档案室建设评价办法》《电子文件管理系统通用功能要求》（GB/T 29194—2012）以及相关要求执行。

第四十四条　医（学）院根据实际需要为电子档案安全存储配置在线存储系统。在线存储系统应当实施容错技术方案，定期扫描、诊断存储设备。

第四十五条　医（学）院根据实际需要制定电子档案备份方案和策略，采用磁带、一次性刻录光盘、硬磁盘等离线存储介质对电子档案实行离线备份。具备条件的，应当对电子档案进行近线备份和容灾备份。

医（学）院根据需要制定电子档案转换与迁移方案和策略，转换与迁移活动应当记入电子档案管理过程元数据。

第四十六条　医（学）院统筹开展传统载体档案数字化、电子文件归档与电子档案管理的安全保密工作，采取有效措施严防信息篡改、丢失、外泄。涉密档案进行数字化、涉密电子文件归档与电子档案管理应当严格遵守保密规定。

第四十七条　医（学）院应当加强档案信息化人才队伍建设，完善各学科档案人才队伍结构，进行档案人员的信息技术培训。

第六章　条件保障

第四十八条　医（学）院档案工作所需经费列入医（学）院预算，

保证档案工作的正常需求。

第四十九条　医（学）院档案库房应当配备防火、防盗、防尘、防潮、防光、防高温、防有害生物、防有害气体的必要设施，确保档案安全。

存放涉密档案应当设有专门库房或专柜，由专人负责管理。

第五十条　医（学）院根据需要设立档案管理现代化、信息化、智能化设施设备专项经费，保障档案信息化建设与医（学）院信息化建设同步进行。

第七章　附　则

第五十一条　根据《档案管理违法违纪行为处分规定》（国家档案局第30号令）和《四川大学华西临床医学院（华西医院）缺陷处理办法》，对档案管理中未按时归档、故意拖延和明显瞒报漏报等行为，视情节轻重给予院内处罚；有违法违纪行为的责任人员，依法给予处分；构成犯罪的，由司法机关依法追究刑事责任。

第五十二条　本办法由医（学）院授权档案科负责解释。

第五十三条　本办法自公布之日起执行，原《四川大学华西临床医学院（华西医院）档案管理办法（试行）》（川医院〔2022〕39号）同时废止。

二、档案工作安全保密制度

为了维护档案的完整与安全，加强档案的安全保密工作，建立严格的安全制度，根据《中华人民共和国档案法》《中华人民共和国保守国家秘密法》等要求，制定本制度。

第一条　档案管理员须增强"依法治档""依法保密"的意识，贯彻执行党和国家的各项保密法律法规，严格遵守安全保密制度，保守国家秘密，杜绝泄密、失密、丢失档案的现象，确保档案材料的秘密、安全与完整。

第二条　查（借）阅医（学）院档案，均需出示有效身份证件，完整填写档案查（借）阅登记表，依据调阅权限和档案密级调阅或出借。

第三条　职工因特殊需要查阅本人档案情况，必须出示有效身份证件，由档案管理员查阅告知。

　　第四条　因工作需要查阅档案，一律在档案阅览室查阅。不得将档案带入公共场所，不得让无关人员接触档案，不得增删、涂改、毁损、抽取、转借和丢失档案。涉密档案（由"院保密办"单独保管）和未开放的档案一般不得复印、摘抄，确为正常工作需要，须经有关领导批准。

　　第五条　在打印、复印文件和资料时，应树立保密意识，妥善保存。不得随意将文件、资料内容泄露给无关人员，打印、复印错误的重要档案应及时销毁、不得乱丢乱放。

　　第六条　查阅人不得传播涉密档案内容，严禁将涉密档案内容在互联网上公布。严禁通过网络途径、无保密措施的有线和无线通信等传递涉密档案内容。严禁在公共场所和私人交往中谈论涉密档案内容。

　　第七条　对已超过保管期限的档案，由档案科提出存毁意见，造册并上报院领导批准，组织相关人员鉴定，两人以上共同监销。未经鉴定和批准不得随意销毁档案。

　　第八条　保密期限已满的档案，要及时做好解密或升密工作，力求做到既安全保密，又有效利用。

　　第九条　档案科是机要性单位，档案库房是存放档案的重要场所，实行专人管理。非档案管理员严禁进入档案库房。

　　第十条　档案管理员每天上下班对办公室、库房、门窗、电器、电源进行检查，下班后关闭门窗和电源总开关，杜绝不安全隐患，发现异常情况及时报告和处理，做好安全隐患登记。

　　第十一条　档案库房必须安装安全设施，严禁烟火。易燃、易爆、腐蚀物品等杂物不得携入库房，切实做好防尘、防火、防盗、防潮、防高温、防光、防蛀、防霉工作。

　　第十二条　档案管理员发现失密、泄密事件要及时报告并采取补救措施，避免或减轻损害。对违反本制度并造成档案安全事故和失密、泄密的，对直接负责的主管人员和其他直接负责人员依法给予处分。构成犯罪的，移送司法机关依法追究刑事责任。

三、档案鉴定销毁制度

为加强医（学）院档案管理工作，根据《中华人民共和国档案法》、《机关文件材料归档范围和文书档案保管期限规定》（国家档案局8号令）的要求，对保管期限已满的档案应进行鉴定销毁，确保档案的生命周期、最大效用和正确保管，特制定本制度。

第一条　档案鉴定工作是甄别和判定档案价值，并据以确定档案"存毁"的工作，必须根据党和国家制度的鉴定工作原则和标准，采取严肃、慎重的态度进行。档案销毁，是对经严格鉴定确无保存价值的档案，进行销毁的行为。

第二条　医（学）院档案鉴定，应从医院和学校及其员工的利益出发，以党的方针、政策为指导思想，用全面的、历史的、发展的、效益的观点认识和评估档案的价值。

第三条　鉴定工作应有组织、有领导地进行，严禁任何单位和个人自行销毁档案。由分管领导、办公室主任等组成档案鉴定委员会，档案科会同有关业务部门组成档案鉴定小组，负责领导、组织档案价值鉴定工作和审查鉴定结果。

第四条　档案鉴定分为初步鉴定和期满鉴定，初步鉴定在立卷归档阶段进行，期满鉴定在定期档案保管期限已满的情况下进行。

各立卷部门在归档时，须按照《机关文件材料归档和不归档的范围》要求，剔除确无保存价值的文件，即"不归档文件"，并由其自存2年后销毁，或转作参考资料使用。

对属于归档范围的档案文件，各立卷部门应严格按照《关于文书档案保管期限的规定》和《文书档案保管期限表》的原则和标准，准确地确定其保管期限。

期满档案的剔除销毁：凡接收归档后的案卷，档案科均须逐卷进行检查复核，并对其保管期限不妥的案卷，予以重新更正。

第五条　期满鉴定时，要采用直接鉴定法，逐件逐卷地审查文件具体内容，准确地判定其价值。鉴定小组应以医（学）院和社会利用为出发点，以反映该档案形成者的主要职能活动为核心，以档案内容为依据，综合衡量，全面考证，判定其价值，提出存毁意见。

第六条 鉴定工作人员必须认真学习，正确、完整地掌握档案的归档范围、保管期限和一般性的文件材料，根据所藏档案的保管期限定期复审期满的档案，由鉴定小组明确向鉴定委员会提交期满档案"存毁"的书面报告。

第七条 鉴定工作完成后，对没有保存价值或保管期限已满失去利用价值需要销毁的档案，必须编制销毁清册和撰写销毁申请，由档案鉴定小组签意见，报请档案鉴定委员会批准。

第八条 对已到保管期限，但经鉴定尚需继续保存的档案，可延长保管期限。

第九条 档案销毁时，须由档案科委派监销人员（两人及以上），并在销毁登记册上签字、盖章。到指定地点监销，将档案化浆或火化，确保销毁现场不留档案痕迹。

第十条 鉴定、销毁报批材料，销毁清册留存档案科归档并永久保存。

四、职工人事档案管理规定

根据中共中央办公厅《干部人事档案工作条例》和教育部《普通高等学校档案管理办法》等有关规定，为加强人事档案的规范化、科学化管理，使人事档案更好地为医院的管理工作服务和为社会提供服务，特制订本规定。

第一条 本规定所称人事档案包括干部档案和工人档案。干部、工人档案是各级党委（党组）和组织人事等有关部门在党的组织建设、人事管理、人才服务等工作中形成的，反映个人政治品质、道德品行、思想认识、学习工作经历、专业素养、工作作风、工作实绩、廉洁自律、遵纪守法以及家庭状况、社会关系等情况的历史记录材料。人事档案是医院档案的一个重要组成部分。

第二条 人事档案工作是教育培养、选拔任用、管理监督和评鉴人才的重要基础，是医院组织人事工作的重要组成部分。人事档案业务上接受组织人事部门的领导。

第三条　医院档案科对全院人事档案按照医院人员编号分类进行管理。

第四节　组织部、人力资源部及有关管理职能部门应确定一名负责人分管干部人事档案工作，并确定一名兼职档案员负责收集、鉴定、移交等工作。

第五条　人事档案的收集鉴别与归档。

（1）干部档案材料的归档范围按中组部关于印发《干部人事档案材料收集归档规定》的要求执行。工人档案参照此规定执行。

（2）医院各部处室形成的干部、工人档案材料，应在材料形成的一个月内，及时送医院组织部或人力资源部审查、鉴别、汇总后交档案科归档。

第六条　人事档案材料的载体须统一使用 16 开型（长 260 mm，宽 184 mm）或国际标准 A4 型（长 297 mm，宽 210 mm）的公文用纸，材料左边应留出 20 ～ 25 mm 装订边。文字须是铅印、胶印、油印或用蓝黑墨水、黑色墨水、墨汁书写，不得使用圆珠笔、铅笔、红色及纯蓝墨水和复写纸书写。档案材料中各项目需填写齐全。

第七条　根据安全保密、便于查找的要求，人事档案应严密、科学地保管。人事档案库房要做到"八防"（防盗、防火、防潮、防尘、防虫、防鼠、防高温、防强光），每半年核对一次档案，保证档案的绝对安全。

第八条　对人事档案应有登记和统计制度，建立各类档案登记册、编制检索工具。档案的接收、移出、转递必须严格手续，有案可查。

第九条　人事档案应按中组部下发的《干部档案整理工作细则》的规定，对档案材料进行鉴别、分类、整理和立卷、入库。

第十节　严格按照规定办理查（借）阅手续，严格遵守保密制度和查（借）阅规定。

第十一条　人事档案的转递应通过机要交通办理，不准邮寄，更不能交本人自带。

干部、工人档案的转递：调入干部、工人的档案由人力资源部接收，交档案科审档后登记造册（一式两份），送交档案科，双方办理交接手续。如发现档案中有短缺材料，由人力资源部负责催收。调出干部、工人的档案凭人力资源部通知由档案科办理。

五、其他档案管理制度

（一）综合档案查（借）阅规定

为了严格执行《中华人民共和国档案法》与《中华人民共和国保守国家秘密法》，确保档案的安全、完整、系统，进一步做好医院档案利用工作，特制定本制度。

第一条　院内员工因工作需要查（借）阅档案，须向档案科出示有效身份证件，提出查（借）阅申请，如实填写《查（借）阅档案登记表》中的查档范围及目的，履行必备手续，即可查（借）阅。

第二条　外单位查阅档案，必须出具注明查阅档案范围及事由的单位介绍信，其手续同第一条。

第三条　本单位工作人员借阅档案必须办好手续后方可取走，外单位工作人员需借阅档案的，必须经领导同意，并签批意见，办完借阅手续后取走。

第四条　查阅档案一般在档案阅览室进行，且仅限批准内容，禁止查阅与其目的、范围无关的内容。

第五条　查阅具有秘密或涉及研究成果，专门档案材料等，应严格执行《中华人民共和国档案法》《中华人民共和国保守国家秘密法》有关条款和本院《保密工作管理制度》及其有关制度，并办理专项查阅手续（作者单位（个人）查阅例外）。涉密档案按涉密档案室的相关规定执行。

第六条　专门档案等原则上不外借、不摘抄、不复制，特殊情况应严格执行相关保密制度，其手续同第五条。

第七条　查（借）阅档案者如需摘抄、翻印、复制，必须经档案管理员同意。摘抄、翻印、复制重要档案，须经分管领导或者办公室主任同意，档案科核查并加盖公章，方可生效。

第八条　查（借）阅档案必须自觉爱护档案，不得折叠、圈点、勾画，严禁涂改、增减字句、污损、抽取调换、撕毁、遗失档案。

第九条　借阅档案的期限为 10 天，续借期为 10 天，逾期须另办借阅手续。

第十条　档案科应严格履行监督职能，定期或不定期抽查借出期间档案的保管、使用等情况。

第十一条　归还查（借）阅档案时，档案管理员必须认真检查有无缺损等意外情况，待确认档案完整无损后办理销借阅手续，若有毁损等情况发生应立即向领导汇报，以采取补救措施。

（二）职工人事档案查（借）阅规定

为了有效地保护和利用职工档案，更好地为职工服务，根据《中华人民共和国档案法》《干部人事档案工作条例》等规定，特制定本制度。

第一节　查（借）阅职工人事档案，应完整填写《人事档案查（借）阅申报表》，按职工管理权限办理相关审批手续。

第二条　严禁查阅本人及其亲属的档案，严禁用电话查询和答复档案内容。

第三条　严禁查（借）阅直属上级和非本部门人员的人事档案（组织人事、纪检监察部门除外）。

第四条　查阅职工人事档案的人员，未经批准不得擅自拍摄、抄录或复制档案内容。确需摘录或复印，必须征得档案管理员的同意。抄录、复制职工人事档案，须经档案科核查并加盖公章，方可生效。

第五条　查（借）阅职工人事档案的人员，严禁涂改、圈划、增添、污损、抽取、折叠或撤换档案材料，严禁泄露或擅自对外公布档案内容。

第六条　查阅职工人事档案必须在档案科进行，档案不得带出档案阅览室。严禁在材料上放置茶杯、墨水瓶或其他可能污损档案的物品。阅档时禁止吸烟。

第七条　只批准查（借）阅职工人事档案部分内容的，不得翻阅全部档案，阅后要经档案管理员检验，当面归还。

第八条　组织、人事等部门有特殊情况需借出时，须按职工管理权限进行审批，借出的档案必须妥善保管，不得转借他人，不得给无关人员翻阅，借出时间不得超过 10 日，限时归还。逾期使用者，应办理续借手续。

第九条　本院职工因工作需要查（借）阅职工人事档案的，须经组织部、人力资源部、院办领导批准后方可查（借）阅。外单位查（借）阅人须为中共党员，持有效身份证件及所在单位党委开具的《借阅档案介绍信》，信中注明阅档人姓名、职务、政治面貌及阅档理由并加盖公章，经组织部、人力资源部、院办领导批准后方可查（借）阅。

第十条　对需出具出生证明、亲属关系证明、学历证明等事宜，利用者须出示有效身份证件，由档案科代为查阅，加盖档案证明章方可生效。

第十一条　归还职工人事档案时，档案管理员必须认真检查有无缺损等意外情况，待确认档案完整无损后办理销借阅手续，若有毁损等情况发生应立即向领导汇报，以采取补救措施。

第十二条　查（借）阅干部人事电子档案。建立干部信息管理系统，当职工信息发生变化，应及时更新，保证信息内容及时、准确、翔实，信息检索迅速、查询方便快捷。干部人事电子档案的提供利用，应按查阅档案的相关规定，填写《干部人事档案查（借）阅申报表》和《干部档案查（借）阅登记表》。

（三）档案库房管理制度

为了最大限度地延长档案的寿命，加强档案库房的科学管理，有效地提供档案信息进行利用，根据《档案库房技术管理暂行规定》的基本要求，特制定本规定。

第一条　档案库房管理制度应贯彻"以防为主，防治结合"的方针，对档案实行科学保管和保护，切实有效地防止和减少档案的自然损毁和人为损坏。

第二条　档案库房是保存档案的重要场所，由档案科负责管理。

除档案管理员外，其他人员不能随意进入档案库房，如工作确实需要，由档案管理员陪同进出。库房和档案柜钥匙妥善保管，人离落锁。档案管理员调离工作时，应认真办理交接清点手续。

第三条　严格遵守《档案工作安全保密制度》，严防破坏和窃密。档案进出库房，要履行登记手续，包括档案收进入库，库存档案调出室外及日常的调阅、归还。

第四条　做好库房的防尘、防火、防盗、防潮、防高温、防光、防蛀、防霉工作。新接收入库的档案要严格检查，对有虫蛀、发霉及其他问题的档案须经技术处理后方可入库。对档案库房投放的防虫、防霉药剂等，要定期检查，根据实际情况更换过期药物。档案库房要配置窗帘，减少光照。

第五条　库房内安置温湿度计，每天定时测记。档案库房（含胶片库、磁带库）的温度控制在 14 ～ 24℃，相对湿度控制在 45% ～ 60%。保存母片的胶片库温度应控制在 13 ～ 15℃，相对湿度控制在 35% ～ 45%。超出标准范围时，要及时采取自然通风或机械除湿、降温等措施进行调控。

第六条　定期清点库存案卷，核实账、物是否相符，发现案卷短缺或长期借出未归还的，及时追查。对期满档案进行鉴定，并提出存毁意见。

第七条　档案库房须有醒目的报警装置、消防器材等。定期检查用电设备和消防设施状况，发现问题及时报修或更新。

第八条　库房内应定期清扫，不得堆放与档案无关的物品。库房内严禁吸烟或携带火种入内，库房周围严禁存放易燃易爆物品。

第九条　库房内要保持整洁、美观。柜架摆放合理，成行地垂直于有窗户的墙面摆放，并与墙面保持一定距离（一般柜背与墙不小于 10 cm，柜侧间距不小于 60 cm）。

第十条　库房无人时，除必须持续工作的保温、保湿、消防、防盗等电子设备外，应关闭用电设备，锁紧门窗。上下班要检查门窗，注意防盗。

第十一条　出现火灾、洪涝灾害、突发性群体事件和危害公共安全事件等危及档案安全的险情时，应立即报警，同时向主管领导报告，开展抢险、转移等保护措施。

（四）档案统计工作制度

为了及时、准确地掌握医（学）院档案工作的发展状况，科学地预测未来与服务利用，进一步提高档案管理的整体水平，根据《中华人民共和国档案法》《中华人民共和国统计法》等有关规定，特制定本制度。

第一条　档案统计是指对档案数量、保管状况、鉴定情况、利用情况及档案科基本情况的统计。要建立健全上述各种情况的日常登记簿，定期进行统计分析。

第二条　统计工作中要保证统计资料的准确性，如实反映客观情况，确保无遗漏、无差错。统计资料应当真实、准确、完整，支持以可视化方式显示，便于统计分析。

第三条　本院档案统计工作采用的形式主要有：

①卷内目录：用来登记和统计单份文件的数量；

②案卷目录：用来登记和统计案卷的数量；

③出入库记录：用来登记出入库案卷的数量；

④档案数字化统计：用来登记和统计纸质档案数字化的数量；

⑤档案工作基本情况统计：以表格、数字等形式登记和统计档案机构、人员、设备和其他业务情况。

第四条　对有关部门要求上报的定期和不定期的各类档案工作统计报表要及时、准确地上报。

第五条　各类档案的日常统计工作由分管的档案管理员负责统计，档案科科长要严格把关。

第六条　档案统计以年为周期。平时注意积极收集资料，做好单项的统计；半年做好各项工作的初步统计；年终进行全面、系统的统计。

第七条　档案统计报表一律用钢笔清晰、工整书写，各类档案统计报表及综合统计报表除上报相关部门外，需留一份存档备查。

第八条　依据登记统计的材料，档案科科长向领导和相关部门反映情况、汇报工作，为档案工作的发展趋势进行科学决策提供依据，实行统计监督。

第三节　综合档案管理

一、综合档案管理组织架构

医院始终坚持集中统一管理的原则，建设有院长分管，院长办公室直管，档案科具体负责，各职能部门参与的四级综合档案管理组织架构（图 12-1）。

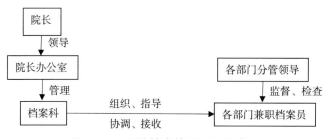

图 12-1　医院档案管理组织示意图

综合档案归档工作实行文书或业务部门（档案材料形成部门/科室）立卷归档制度，档案科配专职档案人员负责全院档案管理、进行组织协调、提供档案信息服务，组织、指导、协调各职能部门的归档工作并接收移交的档案。各职能部门分管领导指定兼职档案员，在其监督之下执行归档任务。截至 2024 年，医院共设立了 43 个立卷部门，配备 43 名兼职档案员。

医院综合档案包含党群档案、行政档案、教学管理档案、科研档案、外事档案、出版物档案、财会档案、基建档案和仪器设备档案、后勤档案等，各种档案实行集中统一管理（图 12-2。医院院长办公室下设的档案科负责主管所有的档案工作及档案的接收、保管和利用，并对各部门的档案实行监督和指导。各部门长期设有专人负责兼管各种档案材料的收集、整理、归档工作。全院收发文按照责任部门进行分发，由各部门兼职档案员负责分类、组卷、归档。两个以上部门共同开展工作时，形成的文件材料统一由主办部门立卷归档。非主办部门应将有关该项工作形成的全部文件材料，移交主办部门统一立卷归档，

必要时可复制副本备查。临时机构或已撤销的部门所形成的文件材料
应于机构撤销前，做好本部门文件材料的整理工作，及时移交医院档
案科保存，任何人不得带入其他单位或部门。

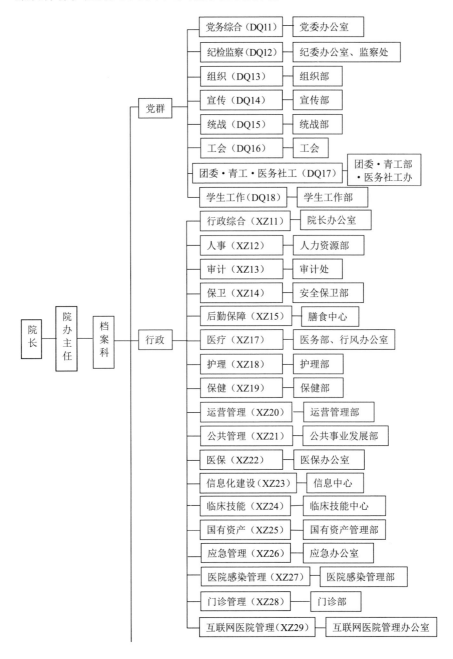

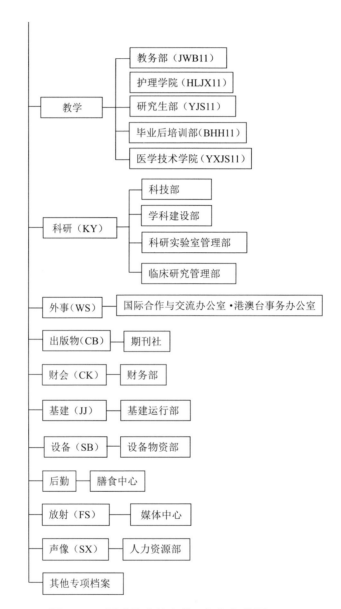

图 12-2　医院综合档案管理组织架构图

二、归档范围及保管期限表

为贯彻落实《"十四五"全国档案事业发展规划》档案资源建设

相关要求，国家档案局印发了《关于全面推行机关档案分类方案、文件材料归档范围和档案保管期限表三合一制度的通知》（档函〔2022〕58号），要求各地区各部门要结合实际，进一步规范机关档案门类划分、统一档案分类方法、理顺档案整理要求，组织做好相关编制和审查工作，不断提升机关档案资源的科学化、规范化、标准化水平，到"十四五"末期在机关全面实行三合一制度。

三合一制度全称为机关档案分类方案、文件材料归档范围和档案保管期限表三合一制度。三合一制度是规范和指导档案形成与收集、整理与归档、鉴定与销毁等工作的一项基本档案制度。全面推行三合一制度，对于进一步提升机关档案基础业务和信息化水平，建设覆盖面更加广泛、内容更加丰富、结构更加优化的档案资源体系，维护国家档案资源完整与安全，促进档案事业健康长远发展具有重要意义。

长期以来，档案科与医院各职能部门保持密切沟通，持续强化对档案归档工作的指导和监督，多形式调动各部门工作的积极性，编订了符合实际工作需要的三合一制度。秉承"应归尽归"的原则，双方定期商定部门归档范围，并严格落实，确保所有档案都能及时归档。同时，坚持定期收集与不定期收集相结合的方式，落实档案收集工作。在坚持年度收集统一征集档案的基础上，及时归档整理阶段性工作产生的档案，如党代会等产生的档案资料，保证档案归档的及时性和全面性，避免归档不及时、部分档案因时间原因遗失等问题的发生，有效提高了档案馆藏的数量和质量。

确定归档文件材料范围的过程中始终遵循以下基本原则：坚持"以我为主"的基本思想，保证归档文件材料的内容能够真实地再现医院的历史轨迹，客观地反映医院的职能工作和管理活动；正确分析文件材料内容的现实作用和历史作用，客观地分析文件材料内容本身所具有的留存价值，准确地界定其是否应该归档保存；了解和掌握本部门文件材料形成的方式方法，从而确定本单位应归档文件材料的载体形态。

依据以上原则，医院实行的各种档案归档范围及保管期限表如下表12-1至12-55所示。医院不归档的文件资料如表12-56所示。

党群档案

表 12-1　党务综合（DQ11）归档范围和保管期限表

序号	类目名称	保管期限
1	上级党组织有关党的建设的文件材料	—
	（1）有领导重要批示、与医院直接相关的	永久
	（2）其他重要的	长期
	（3）一般的	短期
2	本院党代会文件材料：	
	（1）大会计划、通知、工作报告、议程、决议、总结、记录、发言稿、领导讲话稿、照片、录音；大会主席团、秘书长和代表、列席人员名单；候选人登记表和情况介绍；大会选举办法，选举结果和上级批复等	永久
	（2）会议简报、会议情况、反映记录、小组会议记录等	长期
	（3）参考文件；工作人员名单；工作证；代表证、列席证及选票式样	短期
3	医院党委会、党委常委会、书记办公会、党委中心组会议记录（包括会议记录本、会议纪要、会议决议等）	永久
4	党委工作计划、报告、总结（包括经验总结）	永久
5	党委发布的决定、办法、指示、批转、通报和通知	永久
6	党务工作相关的规章制度	永久
7	以党委名义召开的工作会议材料	永久
8	上级党委和医院党委调研、检查、巡视医院工作形成的材料	永久
9	党委相关同志在院内的重要讲话稿、出席上级召开会议发言稿	永久
10	党群系统启用印章的文件和印模	永久
11	党群系统重要统计材料	永久
12	各总支工作计划、总结、报告、请示及批复	长期
13	群众来信、来访及处理材料	长期
14	党委与有关机关联系、协商工作的来往文件	长期

续表

序号	类目名称	保管期限
15	直属支部工作计划、总结、重要报告、经验介绍、调查材料、会议记录和统计表	长期
16	医院评先评优材料	长期或短期
17	党委牵头的专项工作	长期或短期
18	党委保密、秘书工作的有关文件；保密工作委员会工作会议（包括例会和临时工作会议）的会议纪要（保密办留存）	长期

注：由党委办公室负责归档。

表 12-2　纪检监察（DQ12）归档范围和保管期限表

序号	类目名称	保管期限
1	上级纪委监察关于纪检监察工作的文件材料：	—
	（1）有领导重要批示、与医院直接相关的	永久
	（2）其他重要的	长期
	（3）一般的	短期
2	纪委、监察工作相关的规章制度（纪检监察工作规范、议事规则、规定、办法、实施细则）	永久
3	纪委监察工作计划、报告、总结、调查材料及重要统计	永久
4	纪委监察召开工作会议的相关材料（专册归档院纪委会通知、议题资料、签到、会议记录、会议纪要及其决议、决定执行情况）	永久
5	纪检监察工作形成的文件材料	长期
6	党员、干部违纪违法案件和其他重要案件受理、调查、核实、审理和提出的处理意见材料	永久
7	党员处分、复查材料	长期
8	群众来信、来访文件材料及本单位的处理结果：	
	（1）有领导重要批示、有重大影响的	永久
	（2）其他重要的	长期
	（3）一般的	短期

注：由纪委办公室·监察处负责归档。

表 12-3 组织（DQ13）归档范围和保管期限表

序号	类目名称	保管期限
1	上级关于组织工作的指示、决定、通知、简报：	—
	（1）有领导重要批示、与医院直接相关的	永久
	（2）其他重要的	长期
	（3）一般的	短期
2	组织部工作总结、计划、调研报告、调查材料	永久
3	组织工作相关的规章制度	永久
4	落实上级制发的有关文件材料	长期
5	党组织成立、换届选举及选举结果的请示和批复等材料	永久
6	各总支、支部委员名册	永久
7	党员名册	永久
8	干部名册	永久
9	吸收新党员、预备党员转正或取消资格、党员退党的材料	永久
10	党支部书记、党务骨干专题培训资料	长期
11	院党校学习、教育、管理的文件材料	短期
12	党建考核有关材料	长期
13	党建品牌建设相关材料	长期
14	七一表彰等重大党内评优活动资料	长期
15	主题教育有关材料	长期
16	组织工作统计材料（党统材料、支部信息采集表、党费收支公示等）	永久
17	干部任免、调动、决定、批复、通知等（包括上级批准的，附任免呈报表）	长期
18	干部选任纪实材料	永久
19	干部考核结果	长期或短期
20	全院干部培训相关资料	永久
21	外派挂职干部人才名册、选拔任用、考核、培训等相关材料	长期
22	管理后备人才名册、选拔任用、考核、培训等相关材料	永久或长期
23	社会重大事件中由组织部负责记录的专项文件材料	永久或长期
24	基层党组织党建研究相关材料	长期

注：由组织部负责归档。

表 12-4 宣传（DQ14）归档范围和保管期限表

序号	类目名称	保管期限
1	上级关于宣传工作的文件材料：	—
	（1）有领导重要批示、与医院直接相关的	永久
	（2）其他重要的	长期
	（3）一般的	短期
2	宣传工作计划、决定、报告、通知和总结	永久
3	宣传工作相关的规章制度	永久
4	职工思想政治工作动态及调查材料	长期
5	理论学习的决定、通知、计划、总结	长期
6	反映本院重大活动的剪报及图表	永久
7	宣传教育管理相关的材料	长期
8	年度网络报告	长期

注：由宣传部负责归档。

表 12-5 统战（DQ15）归档范围和保管期限表

序号	类目名称	保管期限
1	上级关于统战工作的文件材料：	—
	（1）有领导重要批示、与医院直接相关的	永久
	（2）其他重要的	长期
	（3）一般的	短期
2	统战工作计划、决定、报告、通告和总结	永久
3	统战工作相关的规章制度	永久
4	统战工作情况调查、典型材料、统计报表	永久
5	本院各级人大代表、政协委员名单（册）及审批材料	永久
6	台、港、澳和侨务工作材料	长期
7	各民主党派成员和负责人名册及有关材料	长期
8	统战工作重要会议记录	长期

注：由统战部负责归档。

表 12-6 工会（DQ16）归档范围和保管期限表

序号	类目名称	保管期限
1	上级关于工会工作的文件材料：	一
	（1）有领导重要批示、与医院直接相关的	永久
	（2）其他重要的	长期
	（3）一般的	短期
2	工作计划、报告、决定、重要通知、总结、统计材料	永久
3	工会工作相关的规章制度	永久
4	会员代表大会的有关文件（通知、名单、报告、决议、选举结果、领导讲话、大会发言等文件）	长期
5	表彰工会先进集体个人的材料	长期
6	处分会员的材料	长期
7	工会委员会会议记录、纪要	长期
8	会员名册	长期
9	协会负责人、工会组长名册	长期
10	经费预、决算	长期
11	妇女工作材料	长期
12	组织职工开展的活动及获奖材料	长期
13	家属工作材料	长期

注：由工会负责归档。

表 12-7 团委·青工·医务社工（DQ17）归档范围和保管期限表

序号	类目名称	保管期限
1	上级关于共青团、青年工作、医务社工的文件材料：	一
	（1）有领导重要批示、与医院直接相关的	永久
	（2）其他重要的	长期
	（3）一般的	短期
2	团代会文件（通知、名单、工作报告、决议、选举结果、领导讲话、大会发言和大会通过的文件）	永久

续表

序号	类目名称	保管期限
3	团委、青年工作、医务社工的工作计划、报告、总结及规章制度	永久
4	共青团干部任免	长期
5	团委工作典型调查材料	长期
6	先进团支部、优秀团员表彰和奖励材料	长期
7	处分团员的材料及复查材料	长期
8	批准入团、离团材料及名单	长期
9	团干部名单	长期
10	团员名册	长期
11	团委会议记录、纪要、简报等材料	长期
12	团委牵头进行的重大活动的有关材料	长期
13	社会活动、勤工俭学、社会实践的有关材料	长期
14	青工、医务社工等工作形成的其他文件材料	长期

注：由团委·青工部·医务社工办负责归档

表 12-8　学生工作（DQ18）归档范围和保管期限表

序号	类目名称	保管期限
1	上级关于学生工作的文件材料：	—
	（1）有领导重要批示、与医院直接相关的	永久
	（2）其他重要的	长期
	（3）一般的	短期
2	学生工作部年度工作计划、总结及招生就业信息	永久
3	学生工作有关的规章制度	永久
4	新生录取名单、毕业生名单	永久
5	学生思想政治工作相关文件材料	长期
6	学生个人、集体奖励相关材料	长期

注：由学生工作部负责归档。

行政档案

表 12-9　行政综合（XZ11）归档范围和保管期限表

序号	类目名称	保管期限
1	上级有关医院行政管理的综合性文件材料：	—
	（1）有领导重要批示、与医院直接相关的	永久
	（2）其他重要的	长期
	（3）一般的	短期
2	全院性的规章制度	永久
3	医院年度、学期工作计划、报告、总结	永久
4	院长办公会、院长书记碰头会议记录、纪要、决议	永久
5	全院性的工作会议、座谈会文件	长期
6	院领导在会上的重要讲话和参加院外会议发言稿	长期
7	本院事业规划、计划及上级批复	永久
8	本院评估材料	永久
9	本院向上级的请示及其批复	长期
10	有关全院性工作的调查材料和经验总结	长期
11	启用印章的文件及印模	永久
12	本院与外单位签订的各种合同、协议：	—
	有效期长、战略意义重大的合同，比如战略合作协议、联盟协议等	长期
	有效期短的事务性合同，服务合同、捐赠协议等	短期
13	本院大事记、简报、信息、动态、年鉴	永久
14	院史工作材料	永久
15	院庆工作材料	永久
16	普选工作材料	短期
17	车辆工作的有关文件材料（机动车调拨、保险、事故、转让等文件材料）	短期
18	总值班记录	长期
19	综合缺陷处理委员会的工作及会议材料	长期
20	分院区综合管理材料、新院区筹建过程中的文件材料	长期
21	全院制定、修改、废止规章制度工作材料（部门自行留存）	长期

注：由院长办公室负责归档。

表 12-10　人事（XZ12）归档范围和保管期限表

序号	类目名称	保管期限
1	上级机关有关人事工作的文件材料：	—
	（1）有领导重要批示、与医院直接相关的	永久
	（2）其他重要的	长期
	（3）一般的	短期
2	人事工作的规章制度	永久
3	人事工作计划、报告总结、调查材料、会议记录	永久
4	关于机构、编制规划、计划报告及上级批复	永久
5	院内机构设置、变化的文件材料	永久
6	表彰和奖励先进集体、先进教职工的材料	永久或长期
7	处分教职工的材料和复查、撤销处分的材料	永久或长期
8	师资培养、师资管理、教师进修、教师工作量的相关材料	长期
9	教师业务考核材料	长期
10	人事统计报表	永久
11	教职工名册	永久
12	考核名册、工资名册	永久
13	教职工评定、聘任专业技术职称材料及上级批复	长期
14	教职工工资调整材料、名册	长期
15	教职工院内调动材料	长期
16	教职工的录用、调入的有关材料（包括转移行政、工资关系介绍信、聘用合同）	长期
17	教职工调出的有关材料（包括转移行政、工资关系介绍信）	长期
18	教职工援外和支援边远地区材料	长期
19	教职工退职、离职、辞职和出国的有关材料	长期
20	教职工退休及有关荣誉证书授予工作的材料	长期
21	教职工退休后重新工作的材料	长期
22	教职工福利工作的材料	长期
23	教职工商调函件	长期

续表

序号	类目名称	保管期限
24	职工社保、医保相关的文件、材料、报表	长期
25	1·3·5人才项目材料	长期

注：由人力资源部负责归档。

表 12-11　审计（XZ13）归档范围和保管期限表

序号	类目名称	保管期限
1	上级有关审计工作的文件材料：	—
	（1）有领导重要批示、与医院直接相关的	永久
	（2）其他重要的	长期
	（3）一般的	短期
2	审计相关的规章制度	永久
3	审计工作计划、总结、调查报告	永久
4	审计工作统计年报及重要报表	永久
5	审计业务工作材料	长期
6	审计外购服务采购文件	长期
7	内部控制业务工作材料（比如：内部控制报告、内部控制手册、风险评估报告）	长期

注：由审计处负责归档。

表 12-12　保卫（XZ14）归档范围和保管期限表

序号	类目名称	保管期限
1	上级有关安全保卫工作的文件材料：	—
	（1）有领导重要批示、与医院直接相关的	永久
	（2）其他重要的	长期
	（3）一般的	短期
2	工作计划、总结、安保专项工作报告	永久
3	安全保卫相关的规章制度	永久

续表

序号	类目名称	保管期限
4	本院师生员工案件的调查材料及上级的批复	长期
5	重点区域的安全保卫、消防工作	长期
6	治安刑事案件专门档案及历年案件统计资料（部门留存）	长期
7	保卫工作简报	长期

注：由安全保卫部负责归档。

表 12-13 后勤保障（XZ15）归档范围和保管期限表

序号	类目名称	保管期限
1	工作计划、总结、规章制度	永久
2	食品安全相关文件材料	长期
3	供应商合同（食材、职工服务部）	长期

注：由膳食中心负责归档。

表 12-14 医疗（XZ17）归档范围和保管期限表

序号	类目名称	保管期限
1	上级关于医疗管理、防病治病、药品管理、防疫保健、妇幼卫生、计划生育、环境保护、中医中药等工作的有关文件材料：	—
	（1）有领导重要批示、与医院直接相关的	永久
	（2）其他重要的	长期
	（3）一般的	短期
2	医疗工作计划、总结、规章制度、决定、决议、通报、请示、报告、批示、调查研究、检查工作等的材料、医疗技术常规、操作规程、质量标准	永久
3	开展新医疗技术及检查项目形成的材料	永久
4	开展医疗合作医疗辅导形式的协议书、合同、聘书、工作计划、总结等	长期
5	各类报表和统计分析资料	永久

续表

序号	类目名称	保管期限
6	医疗纠纷的投诉材料、起诉书、回复意见、鉴定报告、判决书等材料	永久
7	地方病、职业病及肿瘤、心血管病等疾病防治的专题材料	永久
8	医疗工作相关的重要会议记录	长期
9	人民群众来信、来访及处理意见的材料	长期
10	医德医风和行业作风相关的材料（年度考核结果）	长期
11	医疗缺陷处理委员会的材料（缺陷处理决定书、会议纪要）	长期
12	1·3·5新技术基金项目材料	长期

注：由医务部、行风办公室负责归档。

表 12-15　护理（XZ18）归档范围和保管期限表

序号	类目名称	保管期限
1	护理部年度、阶段工作计划及总结	永久
2	护理工作相关的规章制度	永久
3	护理人力资源结构、管理人员、机动人员、离退人员情况	长期
4	运营情况、床护比	长期
5	员工满意度调查情况	长期
6	护理工作相关的指示、通知等材料	长期
7	科室年终考核评分、护士长考核评分	长期
8	重大活动、检查工作及会议等相关材料	长期
9	进修、规培护士名册、统计数据	长期
10	重大护理差错、事故讨论记录、检查、处理材料等	永久
11	护理人员培养考核的计划、总结材料	永久

注：由护理部负责归档。

表 12-16　保健（XZ19）归档范围和保管期限表

序号	类目名称	保管期限
1	工作计划、总结、会议纪要、规章制度、表彰先进等	永久
2	医疗保健科研项目材料	长期
3	医疗保健工作材料	长期
4	保健对象健康档案（部门自行留存）	长期
5	医疗保健体检材料	短期
6	医疗保健任务材料	短期
7	医疗保健资金材料	短期

注：由保健部负责归档。

表 12-17　运营管理（XZ20）归档范围和保管期限表

序号	类目名称	保管期限
1	上级关于运管工作的文件材料：	—
	（1）有领导重要批示、与医院直接相关的	永久
	（2）其他重要的	长期
	（3）一般的	短期
2	运管部年度工作计划、总结	永久
3	运营管理相关的重要会议纪要	永久
4	运营管理相关的规章制度	永久
5	运营管理相关的评估报告	永久
6	运营管理助理及秘书名单	长期
7	运营管理助理及秘书的年度考核结果	长期

注：由运营管理部负责归档。

表 12-18　公共管理（XZ21）归档范围和保管期限表

序号	类目名称	保管期限
1	公共事业部年度工作计划、总结、对外合作工作总结、远程教育及继续教育工作总结、资产盘点表	永久

续表

序号	类目名称	保管期限
2	落实上级文件、通知的有关材料	长期
3	上级关于公共事业部工作的指示、决定、公函、批复、通知	永久
4	公共事业管理相关的规章制度	永久
5	公共事业管理相关的会议纪要、请示、回函、说明	永久
6	项目资料（会议纪要、请示、批复、函、项目任务书、总结材料、结题报告、获奖证书、评估材料）	永久
7	医联体及专科联盟年度工作年报、总结等资料	长期
8	远程业务资料	长期
9	科研课题资料	长期
10	医联体管理论坛资料	长期
11	网络联盟医院院长论坛资料	长期
12	网络联盟医院合作协议书、对口支援协议书	长期
13	重要工作大事记、简报	长期

注：由公共事业发展部负责归档。

表 12-19　医保（XZ22）归档范围和保管期限表

序号	类目名称	保管期限
1	工作计划、总结、请示与上级批复、报告、统计报表	永久
2	医保管理相关的规章制度	永久
3	医保管理相关的重要会议纪要	永久
4	与医保局签订的协议	长期
5	医保办发给临床的告知	长期
6	医保办拟发给职能部门的工作沟通、协调文件	长期
7	上级单位下发需要执行的文件	长期

表 12-20　信息化建设（XZ23）归档范围和保管期限表

序号	类目名称	保管期限
1	上级关于信息化建设工作的文件材料：	—
	（1）有领导重要批示、与医院直接相关的	永久
	（2）其他重要的	长期
	（3）一般的	短期
2	本院信息化工作计划、总结、请示与上级批复、统计报表	永久
3	工作计划、总结	永久
4	信息管理相关的规章制度	永久
5	信息化建设大事记	永久
6	信息建设相关的重大项目材料	永久
7	与外单位签订的合同、协议	永久
8	需求管理文档、需求评审会议纪要、一般项目文档、科研临时数据提取申请表、HIS系统权限申请表等	长期

注：由信息中心负责归档。

表 12-21　临床技能（XZ24）归档范围和保管期限表

序号	类目名称	保管期限
1	国家卫生健康委、教育部、国家医学考试中心、省医考办等上级单位下发的文件材料：	—
	（1）有领导重要批示、与医院直接相关的	永久
	（2）其他重要的	长期
	（3）一般的	短期
2	工作计划、总结、请示及上级批复	永久
3	国家级实验教学示范中心、国家级虚拟仿真实验教学中心年度报告	永久
4	临床技能中心荣誉资质证书、文件	永久
5	临床技能中心职能活动相关的规章制度	永久
6	教学、科研项目申报书	长期
7	国家医学考试中心组织的各类考试、研究的总结报告	长期

续表

序号	类目名称	保管期限
8	购买、领用耗材和设备，设备维修的申请报告	短期
9	与院外单位合建项目合同、合作协议	永久
10	设备技术协议和使用协议	长期

表 12-22　国有资产（XZ25）归档范围和保管期限表

序号	类目名称	保管期限
1	工作计划、总结、请示与上级批复、报告、统计报表	永久
2	国有资产年度分析报告、所属企业年度审计报告、年度报表	永久
3	国有资产管理相关的规章制度	永久
4	医院的重大专项材料	永久
5	对外合作的合同、协议	长期
6	出租、出借租赁合同	长期
7	接受捐赠审批资料及合同	长期
8	房屋土地产权证	长期
9	资产报表、处置和出租出借等统计报表	长期

注：由国有资产管理部负责归档。

表 12-23　应急管理（XZ26）归档范围和保管期限表

序号	类目名称	保管期限
1	上级有关应急救援方面的文件材料：	—
	（1）有领导重要批示、与医院直接相关的	永久
	（2）其他重要的	长期
	（3）一般的	短期
2	工作计划、决定、报告、通知和总结	永久
3	应急救援相关的规章制度、流程	永久

续表

序号	类目名称	保管期限
4	反映重大事件的工作记录、照片、总结等材料	永久
5	应急救援获奖表彰文件材料	永久
6	应急救援队员名册、后勤保障材料	永久
7	救援任务的相关材料	长期
8	应急救援预案和各类图纸等资料	长期
9	应急救援演练的方案、计划、总结	长期
10	宣传教育计划、培训计划、救援物资、器材、设备清单等	长期
11	应急管理相关的重要会议材料	长期

注：由应急办公室负责归档。

表 12-24　医院感染管理（XZ27）归档范围和保管期限表

序号	类目名称	保管期限
1	上级关于院感管理、清洁消毒、环境卫生学采样、质控检查工作的文件：	—
	（1）有领导重要批示、与医院直接相关的	永久
	（2）其他重要的	长期
	（3）一般的	短期
2	工作计划、总结、决定、通报、请示、报表	永久
3	感染管理相关的规章制度	长期
4	本院发布的与院感相关的文件材料	永久
5	传染病监测的报表和统计分析材料	长期
6	传染病疫情暴发等突发公共卫生事件的工作记录、总结	永久
7	医院感染管理相关的重要会议纪要（含院感委员会、多重耐药菌联席会）	永久

注：由医院感染管理部负责归档。

教学管理档案

表 12-25　教务（JWB11）归档范围和保管期限表

序号	类目名称	保管期限
1	上级下达的有关教学工作的文件材料：	一
	（1）有领导重要批示、与医院直接相关的	永久
	（2）其他重要的	长期
	（3）一般的	短期
2	年度工作计划、总结、统计报表	永久
3	教学改革、培养目标、培养规格、学制等方面的指示、规定、办法	永久
4	学院规划、实施计划、有关教学的规章制度、会议记录、调研报告、简报、总结	永久或长期
5	教学检查、评估和各级优秀教学质量评奖材料	长期
6	专业实习手册、评分手册、考核手册	永久
7	学生奖励材料、学生处分材料	长期
8	教学缺陷处理委员会的工作材料（会议记录、缺陷处理决定书）	长期

注：由教务部负责归档。

表 12-26　护理学院（HLJX11）归档范围和保管期限表

序号	类目名称	保管期限
1	上级下达的有关护理教学的文件材料：	一
	（1）有领导重要批示、与医院直接相关的	永久
	（2）其他重要的	长期
	（3）一般的	短期
2	护理学院年度工作计划、总结、申报表	永久
3	护理学院业务工作的相关规章制度	永久
4	护理学院新生基本信息统计表	永久

续表

序号	类目名称	保管期限
5	护理自考本科新生名单	永久
6	本科学生毕业论文成绩登记表	永久
7	四川大学毕业生（可授予学士学位）名单汇总表	永久
8	护理资料自考本科办理毕业证名单	永久
9	护理学院院领导签批件	永久
10	护理学院各类申报原始表	永久
11	护理学院人事变动信息	永久
12	1·3·5护理发展项目材料	长期

注：由护理学院负责归档。

表 12-27 研究生（YJS11）归档范围和保管期限表

序号	类目名称	保管期限
1	上级下达的有关研究生教育与管理的文件材料	
	（1）有领导重要批示、与医院直接相关的	永久
	（2）其他重要的	长期
	（3）一般的	短期
2	研究生院年度工作计划、总结	永久
3	本院研究生工作的规章制度	永久
4	在读、留学、毕业研究生名册	永久
5	导师名册	永久
6	学位评定分委会会议纪要	永久
7	授位决议	长期
8	学生奖励材料、学生处分材料	长期

注：由研究生部负责归档。

表 12-28　毕业后培训（BHB11）归档范围和保管期限表

序号	类目名称	保管期限
1	上级下达的有关规范化培训和进修工作的文件材料：	—
	（1）有领导重要批示、与医院直接相关的	永久
	（2）其他重要的	长期
	（3）一般的	短期
2	部门工作计划、总结及部门人员岗位职责等	永久
3	规范化培训、进修制度	永久
4	部门会议纪要、毕业后专委会会议纪要	永久
5	规范化培训学员基础数据（历年规培学籍注册数据、结业数据等）	永久
6	历年进修学员名册	永久
7	规范化培训评优名单	永久
8	规范化培训医师轮转安排	永久
9	规范化培训导师制文件材料	永久
10	规范化培训岗前培训资料	长期

注：由毕业后培训部负责归档。

科研档案

表 12-29　科研（KY）归档范围和保管期限表

序号	类目名称	保管期限
1	科研行政管理文件材料	长期
2	科研计划管理文件材料	长期
3	科研成果管理文件材料	永久
4	院士工作站管理文件材料	永久
5	1·3·5转化基金、博后基金、前沿医学基金、老年疾病临床医学研究中心等基金项目材料	长期

续表

序号	类目名称	保管期限
6	申报奖励阶段：	—
	（1）科研成果奖励申报与审批材料	永久
	（2）科研成果获奖材料（奖状、证书）原件或影印件	永久
7	横向课题科技合同：	—
	（1）审批单与承诺书	永久
	（2）合同原件	永久
	（3）结题登记表及相关结题附件	永久
	（4）合同其他附件（情况说明、伦理批件等）	永久
8	专利成果相关文件材料：	—
	（1）专利证书	永久
	（2）国知局下发的相关通知书文件（包括专利受理通知书、费用减缓审批通知书、办登通知书、授权通知书等）	永久
9	科研缺陷处理委员会的工作材料（会议记录、缺陷处理决定书）	长期

注：由科技部负责归档。

表 12-30 学科建设（KY）归档范围和保管期限表

序号	类目名称	保管期限
1	学科建设办公室年度工作计划、总结	永久
2	学科建设管理文件材料	永久
3	医院管理研究创新基金项目的材料	长期
4	1·3·5学科卓越发展项目材料	长期
5	1·3·5交叉学科项目材料	长期

注：由学科建设部负责归档。

表 12-31　科研实验室（KY）管理部归档范围和保管期限表

序号	类目名称	保管期限
1	上级关于科研实验室管理工作的文件材料：	—
	（1）有领导重要批示、与医院直接相关的	永久
	（2）其他重要的	长期
	（3）一般的	短期
2	科研实验室管理部工作计划、总结	永久
3	科研实验室管理的规章制度	永久
4	转化医学国家重大基础设施管理相关的材料	长期
5	落实上级工作的报告、请示、回函、说明等	永久
6	科研实验室管理表彰、奖励	永久
7	科研实验室管理的重要会议纪要、工作大事记	长期
8	与外单位签订的合同、协议	长期

注：由科研实验室管理部负责归档。

表 12-32　临床研究（KY）归档范围和保管期限表

序号	类目名称	保管期限
1	临床研究管理部年度工作计划、总结	永久
2	临床研究管理相关的材料	永久
3	生物样本库管理相关的材料	永久
4	伦理管理相关的材料	永久
5	自然人群队列研究管理相关的材料	永久
6	方案设计与统计工作相关的材料	永久
7	中国临床试验注册中心管理相关的材料	永久
8	1·3·5孵化项目材料	长期

注：由临床研究管理部负责归档。

外事档案

表 12-33 外事综合（WS）归档范围和保管期限表

序号	类目名称	保管期限
1	上级关于外事工作的文件材料：	—
	（1）有领导重要批示、与医院直接相关的	永久
	（2）其他重要的	长期
	（3）一般的	短期
2	本院外事工作规章制度、计划、总结、简报等	永久
3	外事工作统计报表等	永久
4	外事工作会议材料	长期

表 12-34 出国（境）（WS12）归档范围和保管期限表

序号	类目名称	保管期限
1	上级对出国（境）人员的有关文件材料	长期
2	出国（境）人员考察、访问材料	长期
3	出国（境）讲学、研究人员有关材料	长期
4	出国（境）进修、留学取得学位及研究成果论文和各类证书（影印件）	永久
5	国际比赛、竞赛	长期

表 12-35 来校（WS13）归档范围和保管期限表

序号	类目名称	保管期限
1	上级邀请、聘请外籍人士的计划、批复和来往函件	长期
2	外国党政官员、各界人士来院参观访问的文件材料	长期
3	外籍教师、专家、学者及友好人士来院讲学的讲稿、教材等材料	永久
4	来院进修、短期培训研究的外籍人士有关材料	长期
5	国际比赛、竞赛	长期

表 12-36　国际合作与会议（WS14）归档范围和保管期限表

序号	类目名称	保管期限
1	中外合作院际交流协议、合同、项目纪要材料、备忘录	永久
2	授予外籍人员名誉称号的材料	永久
3	国际会议的有关材料	长期

表 12-37　外国留学生工作（WS15）归档范围和保管期限表

序号	类目名称	保管期限
1	录取审批材料（四川大学保存）	永久
2	学籍登记表、学籍卡片（四川大学保存）	永久
3	教学计划、大纲、安排（四川大学保存）	长期
4	学习情况、成绩及评语（四川大学保存）	永久
5	学位论文及学位证书复印件（四川大学保存）	长期
6	学生名册	永久
7	学生去向及有关材料	长期
8	学生表彰、奖惩情况	长期

注：由国际合作与交流办公室·港澳台事务办公室负责归档。

出版物档案

表 12-38　出版综合（BC11）归档范围和保管期限表

序号	类目名称	保管期限
1	期刊社工作规划、计划、报告、总结、简报和重要会议记录	永久
2	期刊社各项规章制度、各类统计报表	永久
3	期刊管理相关的材料	长期
4	上级有关编辑出版工作的重要文件	长期
5	上级召开的编辑出版工作会议重要文件	长期

表 12-39　出版物（CB12-15）归档范围和保管期限表

序号	类目名称	保管期限
1	编辑出版合同、协议书	长期
2	出版请示和批复	长期
3	封面设计图样	短期
4	期刊原件	永久
5	出版发行记录	短期
6	获奖或受查处情况的文件材料	长期
7	有参考价值的读者来信、重要评论	短期

注：由期刊社负责归档。

财会档案

表 12-40　财会综合（CK11）归档范围和保管期限表
（执行中华人民共和国财政部 国家档案局第 79 号令《会计档案管理办法》）

序号	类目名称	保管期限
1	上级有关财务会计工作的文件材料：	—
	（1）有领导重要批示、与医院直接相关的	永久
	（2）其他重要的	长期
	（3）一般的	短期
2	财务管理规定、计划、总结、请示、批复等文件	长期
3	基金管理工作文件	长期
4	财务管理方面的其他材料	短期
5	会计移交清册	长期
6	财会档案移交保管清册	永久
7	财会档案销毁清册	永久
8	财会档案鉴定意见书	永久

表 12-41　会计报表（CK12）归档范围和保管期限表

序号	类目名称	保管期限
1	决算报表（含基建综合决算）	永久
2	预算会计报表	永久
3	年度以上规划表、分配计划、测算表	永久
4	年度以上各种统计报表（含工资报表）	永久
5	季报以下各种计划、统计报表	10年

表 12-42　会计账簿（CK13）归档范围和保管期限表

序号	类目名称	保管期限
1	涉及外事会计账簿	30年
2	总账	30年
3	预算内账簿（含明细账、分户或登记账）	30年
4	预算外账簿（含明细账、分户或登记账）	30年
5	本院专项基金账簿	30年
6	日记账 其中：现金、银行存款日记账	30年
7	固定资产明细账（卡片）	报废清理后保管5年

表 12-43　会计凭证（CK14）归档范围和保管期限表

序号	类目名称	保管期限
1	涉及外事的会计凭证	30年
2	预算内各种原始凭证、记账凭证	30年
3	预算外各种原始凭证、记账账单	30年
4	本院基金各种原始凭证、记账凭证	30年
5	银行存款余额调节表	10年
6	会计拨款凭证及其他会计凭证	10年
7	银行对外账单	10年
8	涉及债权、债务及清理完毕的凭证	30年

表 12-44 工资清册（CK15）归档范围和保管期限表

序号	类目名称	保管期限
1	工资发放名册、卡片	永久
2	工资转移、证明、通知存根	永久
3	各种奖金、奖学金、贷学金、助学金、名册、卡片等	30年

注：由财务部负责归档。

基建档案

表 12-45 基建综合（JJ11）归档范围和保管期限表

序号	类目名称	保管期限
1	上级有关基建工作的文件	—
	（1）有领导重要批示、与医院直接相关的	永久
	（2）其他重要的	长期
	（3）一般的	短期
2	基建工作规章制度	长期
3	基建工作计划、总结、简报	长期
4	基建工作总体规划	永久
5	基建工作年度（季度）总结、统计报表	长期

表 12-46 基建项目工程资料（立项报建资料）（JJ12-1）归档范围和保管期限表

序号	类目名称	保管期限
1	可行性研究报告（或项目建议书）及上级批复	永久
2	调研资料及项目评估研究报告	永久
3	立项有关的会议纪要、文件资料等	永久
4	规划选址意见书	永久
5	用地意见函及建设用地批准书	永久
6	建设用地规划许可证及其附件（用地红线图）	永久
7	国有土地使用证	永久
8	建设用地放线通知单（书）、地形测量和拨地测量成果报告	永久

续表

序号	类目名称	保管期限
9	规划设计条件通知书及并联审查意见	永久
10	环评、稳评、水保、能评、交评报告及批复	永久
11	报规设计方案审查文件、《建设工程规划许可证》及附图（盖规划骑缝章的总平）	永久
12	岩土工程地质勘察报告	永久
13	初步设计文件（含初设概算）及审查批复	永久
14	有关行政主管部门（人防、消防、环保、卫生、环保等）批复文件或协议	永久
15	施工图设计相关的文件及相关计算书	长期
16	施工图审查意见	长期
17	招标备案通知书	长期
18	勘察设计施工监理等中标通知书	长期
19	定位放线交接单	永久
20	工程质量监督、安全监督手续	永久
21	建设工程施工许可证等	永久
22	甲方组织的关于现场安全、质量、进度管理的会议纪要等	永久
23	电气安全检测报告、消防检测报告、空气质量检测报告等	永久
24	工程质量竣工验收报告（五方责任主体）	永久
25	并联验收意见（消防、环保、卫生、市政、人防、园林等）	永久

表 12-47　基建项目工程资料（招投标文件及合同）（JJ12-2）归档范围和保管期限表

1	各类前期咨询、招标代理、勘察、设计、施工、工程监理等招投标文件	长期
2	各类前期咨询、招标代理承包合同	永久
3	勘察、设计、施工承包合同，工程监理委托合同	永久

表 12-48 **基建项目工程资料（财务文件）（JJ12-3）归档范围和保管期限表**

1	工程投资估算、初设概算、施工图工程量清单。	长期
2	工程竣工结算书、审计报告	永久
3	工程竣工结算备案表	永久

表 12-49 **基建项目工程资料（施工竣工资料）（JJ12-4）归档范围和保管期限表**

1	工程开工报审表、单位工程开工报告	长期
2	施工组织设计、工程技术要求、图纸会审纪要、技术要求	长期
3	设计变更	永久
4	控制图设置、定位测量、机槽开挖线测量、高程控制	永久
5	地勘记录和勘测平面布点图、验槽和地基处理记录、桩基施工及试桩记录	永久
6	各类施工材料、预制构件质量证明文件及试验报告	长期
7	土壤、砂浆、混凝土、钢筋接头、套筒、植筋等施工试验记录	长期
8	基础及主体、钢结构、防水、高程控制等隐蔽工程检查记录	永久
9	预检工程检查、混凝土搅拌养护、沉降观测、结构吊装、预应力、竣工测量	永久
10	施工试验记录及工程质量事故处理记录，检验批、分部分项工程的质量验收记录	永久
11	设备、产品质量检查、安装记录、合格证	长期
12	预检记录及隐蔽工程检查记录	永久
13	室外安装、给排水、通讯、电力、消防等合格资料，施工方案、验收记录等文件	永久
14	室外环境道路、绿化、公共设施等相关竣工图纸、技术方案、验收记录等文件	永久
15	工程概况表、竣工总结	永久
16	单位工程质量验收记录，勘察文件、设计文件质量检查报告	永久
17	竣工验收报告、竣工验收备案表	永久
18	工程质量保修书	永久

表 12-50 基建项目工程资料（竣工图）（JJ12-5）归档范围和保管期限表

1	总平竣工图：建筑总平图、竖向布置图、给排水、电气等管网综合图、设计总说明	永久
2	建筑、结构、装饰装修、电器、智能化、给排水、空调通风、医疗气体等各专业竣工图	永久

表 12-51 基建项目工程资料（监理资料）（JJ12-6）归档范围和保管期限表

1	监理大纲、监理规划或监理实施细则	长期
2	监理总控制计划	长期
3	质量控制：不合格整改通知、事故报告及处理意见、监理通知单	长期
4	进度控制：工程开工/复工审批表、停工令	长期
5	造价控制：预付款报审与支付、月进度付款报审及支付	长期
6	分包资质：分包、供货、试验等单位资质材料	长期
7	工程延期和费用索赔报告及审批	长期
8	合同变更材料、合同争议、违约报告和处理意见	长期
9	监理月报、专题报告、会议纪要	长期
10	监理工作总结，工程质量评估报告	长期

注：由基建运行部负责归档，基建项目完成一项移交一项。

设备档案

表 12-52 设备（SB）归档范围和保管期限表
（执行中华人民共和国政府采购法）
SB11 综合

序号	类目名称	保管期限
1	上级有关仪器、设备的政策、业务管理工作文件：	—
	（1）有领导重要批示、与医院直接相关的	永久
	（2）其他重要的	长期
	（3）一般的	短期
2	设备物资部工作计划、总结	永久
3	仪器、设备管理的规章制度	长期

表 12-53 仪器设备项目（SB12）归档范围和保管期限表

序号	类目名称	保管期限
1	申购报告、计划、论证报告(论证会文件、记录等)	15年
2	上级或主管领导批复和准购批示	15年
3	订购合同(复印件)和会谈纪要、记录等	15年
4	验收报告及文件材料	15年
5	重大事故的调查分析及处理意见	与设备共存
6	技术改造和开发过程中形成的技术文件材料	与设备共存

注：由设备物资部负责归档。

放射健康监护档案

表 12-54 放射工作人员职业健康监护（FS）档案归档范围和保管期限表

序号	类目名称	保管期限
1	放射工作人员在上岗前、在岗期间、离岗时、受到应急照射或事故照射时的职业健康检查表	终身
2	职业性放射性疾病患者和受到过量照射放射工作人员的医学随访观察	终身
3	工伤鉴定意见及结论	终身

注：由人力资源部负责归档。

声像档案

表 12-55 声像（SX）归档范围和保管期限表

序号	类目名称	保管期限
1	本院领导在任期间工作、出访、接待、重要会议等	长期
2	历届党、政、工、团、学重大会议开幕、闭幕、会议发言、讨论等	长期
3	上级领导来院视察、调研、参观、座谈等	长期
4	国内外有影响的专家教授及社会名人来院参观、访问、讲学	长期

续表

序号	类目名称	保管期限
5	本院各类大型学术会议开幕、闭幕、大会发言、报告、讨论等	长期
6	本院院庆、重大纪念日等庆祝活动	长期
7	民主党派及华侨组织的重大活动等	长期
8	反映科研进程、特征、试验情况及课题验收获奖等	长期
9	科研成果示范推广情况	长期
10	由宣传部等部门形成的反映本院面貌历史及变迁	长期
11	新建工程开工、建设、竣工	长期
12	国际合作与交流	长期
13	应急救援等重大活动	长期
14	各类先进集体、先进个人奖励情况	长期
15	以上类别中未包括但涉及本院医疗、教育、科研、管理等确有保存价值的声像载体材料	长期

注：由媒体中心自行保存。

表 12-56　不归档的文件材料
按照《机关文件材料归档范围和文书档案保管期限规定》
（国家档案局第 8 号令）执行

序号	类目名称
1	上级机关的文件材料中，普发性不需本机关办理的文件材料，任免、奖惩非本机关工作人员的文件材料，供工作参考的抄件等
2	本机关文件材料中的重份文件，无参考利用价值的事务性、临时性文件，一般性文件的历次修改稿、各次校对稿，无特殊保存价值的信封，不需办理的一般性群众来信、电话记录，机关内部互相抄送的文件材料，本机关负责人兼任外单位职务形成的与本机关无关的文件材料，有关工作参考的文件材料
3	同级机关的文件材料中，不需贯彻执行的文件材料，不需办理的抄送文件材料
4	下级机关的文件材料中，供参阅的简报、情况反映，抄报或越级抄报的文件材料

第四节　专门档案管理

专门档案是人们通过创造性劳动选取并保存下来以备查考的各种专门文件有机体系的总称。专门文件是指机关、企业事业单位及其他社会组织，在从事某些专业性活动中，为了实现相关的职能目标而制作和使用的，具有比较稳定的文种和记录目的的各种载体类型的数据、信息记录。专门档案的范围主要有两个方面：一是各专门事业中形成的档案，二是在各专门领域中形成的档案。

专门档案兼有档案的历史记录性、原始性、凭证性和参考性、定向积累性、有机联系性等特点，但也有其特殊属性，比如专业性、现实性、独立性、规范性和准确性。

（1）专业性。专门档案的专业性主要体现在形成领域和内容性质两个方面。

（2）现实性。各种专门档案都具有突出的现实使用价值。在现实的管理活动中会频繁地使用这些档案来保证工作的持续性、稳定性和高效性。

（3）独立性。专门档案的独立性，是指专门档案有时可以作为各全宗的一个相对独立的部分而存在并发挥作用。在专门档案的形成过程、内容属性及作用性质等方面都表现出突出的独立性特征。

（4）规范性。专门档案的名称、格式，以及形成过程和内容组织等方面均具有较为突出的规范性特征。

（5）准确性。档案内容要真实准确，所记录的数据和信息必须同客观实际情况保持动态的统一。

专门档案的产生应当是随着专业性业务活动的兴起而出现的。可以说，没有科学的专业性活动，就不会出现相应的规范性的专业档案。对于高校附属医院，兼有医院和高校医学院两套职能，其档案管理工作会涉及病历档案、干部人事档案、伦理审查档案和职业健康监护档案等。由于高校附属医院的病历档案通常由病案科系统管理，管理体系上与其他档案管理相对独立，本书重点介绍人事档案、伦理审查档案和职业卫生档案。

一、人事档案

人事档案是各级党委（党组）和组织人事等有关部门在党的组织建设、人事管理、人才服务等工作中形成的，反映个人政治品质、道德品行、思想认识、学习工作经历、专业素养、工作作风、工作实绩、廉洁自律、遵纪守法以及家庭状况、社会关系等情况的历史记录材料。

人事档案是教育培养、选拔任用、管理监督干部和评鉴人才的重要基础，是维护人才合法权益的重要依据，是社会信用体系的重要组成部分，是党的重要执政资源，属于党和国家所有。目前个人需要的司法公正、职称申报、个人证明开具、退休手续办理等都要用到人事档案。

（一）人事档案概述

1. 人事档案的特点

人事档案实行"依规依法、全面从严"的管理方式，有全面性、现实性、真实性、动态性、保密性、权威性的特征。

（1）全面性。人事档案收存当事人的履历、自传、鉴定（考评）、政治背景、入党入团、奖励、处分、任免、工资等方面的有关文件材料，因此，它能记录当事人个人成长、思想发展的历史，能展现当事人家庭情况、专业情况、个人自然情况等各个方面的内容。总之，人事档案是当事人个人信息的储存库，它概括地反映当事人个人全貌。

（2）现实性。人事档案记述和反映的是当事人现实的生活、学习及工作活动情况。组织、人事、劳动部门在现实生活中，为了考察和正确使用当事人，要经常查阅人事档案。反映现实与为现实工作服务，是人事档案的一个重要特点。

（3）真实性。真实性是人事档案现实性的基础和前提。人事档案必须做到整体内容完整齐全，个体材料客观真实，才能为用人部门提供优质服务。人事档案包含了当事人从入职到离职期间的各种信息，如履历、自传、考评、政治背景、入党入团、奖惩、任免、工资等方面的文件材料。这些资料能够全面地记录当事人的个人成长和思想发展状况，展现当事人的家庭情况、专业技能和工作经历。

（4）动态性。历史在发展，社会在前进，每个人的情况也在不断地发生变化，包括年龄的增长、学历与学识的提高、职务与职称的晋升、工作岗位与单位的变更、奖励与处分的状况、在岗下岗及离退休等。因此，人事档案应当"与时俱进""档随人走""人档统一"。人事档案工作必须注意做好新材料的收集补充，力求缩短档案与当事人实际情况的"时间差"，人事档案管理要做到及时收集、鉴别、整理和归档新的材料。

（5）保密性。人事档案的内容涉及个人功过等诸多方面情况，有的从侧面反映了一些重大历史事件，有的是个人向组织汇报而不能向他人（包括家庭成员）言及的内心隐秘；等等。有些人员，如担任不同级别的党和国家的领导职务，或者身负外交、国防、安全、公安、司法等特殊任务，其人事档案往往涉及党和国家的机密。因此，人事档案属于党和国家的机密，必须严格保密，防止泄露给无关人员。

（6）权威性。人事档案是根据国家法律法规和党内法规建立的，反映了个人的政治品质、道德品行、工作实绩等重要信息，因此具有权威性。

2. 人事档案的作用

当事人考察组织、人事工作的根本任务是知人善任、选贤举能，而要知人，就要全方位地了解人。了解的方法，除了直接考察该人员的现状外，还必须通过人事档案掌握其全面情况。可以说，人事档案为开发人力资源、量才录用、选贤任能提供了信息与数据。

个人凭证由于种种原因，在现实生活中，有关部门和人员有时会对当事人有错误的认识和做法，甚至造成冤假错案或历史遗留问题。作为当事人历史与现实的原始记录，可以为查考、了解和处理这些问题，提供可靠的线索或凭证。

人事档案是在组织、人事部门中形成的，其中还有当事人自述或填写的有关材料，因此内容真实、情节具体、时间准确。在研究党和国家人事工作，研究党史、军事史、地方史、思想史、专业史以及撰写名人传记等方面，具有很高的史料价值。

3.人事档案的分类

人事档案的分类是根据人事档案所反映的内容和形式特征，分门别类、系统组织与揭示人事档案材料的一种方法。人事档案分为正本和副本，依据《干部人事档案工作条例》《企业职工档案管理工作规定》，主要分为正本十类、副本七类（表12-57）。

表 12-57　人事档案十大类及正本、副本内容表

类别	内容	正本	副本
第一类：履历类材料	履历表和属于履历性质的登记表等材料，比如干部履历表、简历表；干部、职工、教师、医务人员、军人、学生等各类人员登记表；个人简历材料	√	√
第二类：自传和思想类材料	自传、参加党的重大教育活动情况和重要党性分析、重要思想汇报等材料，领导干部个人有关事项发生变化的报告表等材料	√	—
第三类：考核鉴定类材料	个人鉴定；毕业鉴定；在重大政治事件、突发事件和重大任务中的表现材料；定期考核材料，年度考核登记表，援藏、援疆、挂职锻炼等考核材料；工作调动、转业等鉴定材料；后备干部登记表（提拔使用后归档）等材料；经济责任审计结果报告	√	√
第四类：学历学位、专业技术职务（职称）、学术评鉴和教育培训类材料	主要包括学历学位材料；培训材料；职业（任职）资格材料；（聘）专业技术职称（职务）材料；反映科研学术水平的材料	√	√
第五类：政审、审计和审核类材料	政治历史情况审查，领导干部经济责任审计和自然资源资产离任审计的审计结果及整改情况、履行干部选拔任用工作职责离任检查结果及说明，证明，干部基本信息审核认定、干部人事档案任前审核登记表，廉洁从业结论性评价等材料	√	√

续表

类别	内容	正本	副本
第六类：党、团类材料	《中国共产党入党志愿书》、入党申请书、转正申请书、培养教育考察，党员登记表，停止党籍、恢复党籍，退党、脱党，保留组织关系、恢复组织生活，《中国共产主义青年团入团志愿书》、入团申请书，加入或者退出民主党派等材料	√	
第七类：表彰奖励类材料	表彰和嘉奖、记功、授予荣誉称号，先进事迹以及撤销奖励等材料	√	√
第八类：违规违纪违法处理处分类材料	党纪政务处分，组织处理，法院刑事判决书、裁定书，公安机关有关行政处理决定，有关行业监管部门对干部有失诚信、违反法律和行政法规等行为形成的记录人民法院认定的被执行人失信信息等材料	√	√
第九类：工资、任免、出国和会议代表类材料	录用材料；任免、调动、授衔、军人转业（复员）安置、退（离）休材料；辞职、辞退、罢免材料；工资待遇材料；出国（境）材料；党代会，人民代表大会，政协会议，人民团体和群众团体代表会议，民主党派代表会议形成的材料。此类材料先按材料性质再按实践顺序排列，依次是工资情况的材料—任免材料—出国、出境材料—各种代表会登记表—聘用、录用、转干、转业材料—待遇、退（离）休、退职材料	√	√
第十类：其他可供组织参考的材料	毕业生就业报到证、派遣证，工作调动介绍信，国（境）外永久居留资格、长期居留许可等证件有关内容的复印件和体检表等材料	√	

　　说明：人事档案的副本是由正本中对应类别主要材料的重复件或复印件构成，除以上十类外，正本中其他类别多余的重要材料也可归入副本。

　　首次参加工作被录用或者聘用为党政领导干部、机关公务员、参照公务员法管理的机关（单位）工作人员（工勤人员除外）的，由相应的人事档案工作机构以其入党、入团，录用、聘用，中学以来的学籍、奖惩和自传等材料为基础，建立档案正本，并且负责管理。

　　干部所在单位或者协管单位干部人事档案工作机构根据工作需

要，可以建立副处级或者相当职务以上干部的干部人事档案副本，并且负责管理。副本由正本主要材料的复制件构成，正本有关材料和信息变更时，副本应当相应变更。

（二）人事档案管理

1. 人事档案管理环节

人事档案是人事工作中的主要任务之一，具体包括收集、鉴别、审核、整理、编目、技术加工、保管、利用和转递等环节。

（1）收集

收集环节遵循《干部人事档案材料收集归档规定》和《中共中央组织部关于完善干部人事档案材料的通知》，成套材料必须头尾完整，缺少的档案材料应当进行登记并及时收集补充，收集的归档材料一般应当为原件。

（2）鉴别

鉴别环节主要是甄别材料的真伪，判定材料有无保存价值，确定其是否归入人事档案。本着"去伪存真、取之有据、舍之有理"的原则，对不符合要求的材料进行转出、退回、留存、销毁等处理。

（3）审核

鉴别之后，按照《关于进一步开展干部人事档案审核工作的通知》和《关于进一步从严管理干部档案的通知》等文件精神，对已归档和整理过的人事档案进行审查核定，逐页逐项地核对材料内容和有关信息特别是"三龄两历一身份"。"三龄"指年龄、工龄、党龄，"两历"指学历和工作经历，"一身份"指干部身份。通过审查"三龄两历一身份"以确保档案内容真实可靠、信息准确无误、材料完整齐全。

（4）整理

人事档案的整理参考《干部人事档案工作条例》，严格按照本章节人事档案分类中对于十大类的解读进行分类并排列。

人事档案分类排列，要求排列次序有条理，应保持材料之间的有机联系，使同一类的各材料成为一个有机整体。从个体来说，每份材料应有固定位置；从整体来说，同一类别下的材料，脉络分明、方便利用，能适应人事档案材料不断增加的特点，便于及时补充新材料，又不破坏原有的排列顺序。

人事档案材料的排列顺序，可以大致分为以下三类：

按材料形成时间排序。正本材料的第一类、第二类、第三类、第四类、第七类和第十类均采用此方法排序，其中第七类应将组织部门的审批材料放在奖励材料的前面。

按材料内容（问题）的主次关系进行排列。第五类政审材料、第八类惩处材料均依据此方式进行排列，依次是上级批复—结论—本人对结论的意见—调查报告—证明材料—本人交代材料等。第六类材料的排列顺序为：入党、入团志愿书应排在入党、入团的其他材料之前。例如：入党志愿书—入党申请书—入党转正申请书—党员登记表。

按材料内容结合时间进行排序。第九类依据此方式进行排列。由于第九类材料众多，内容性质相对集中，下设了四小类，分别是工资待遇材料、调动任免与离退休材料、出国出境材料、其他材料。在这四小类中，均按形成的时间顺序进行排列。

（5）编目

每一类材料排好顺序后，要编制类号和顺序号。

每个类别中的档案材料排序后，要用铅笔在每份材料首页的右上角编上类号和序号，并在其右下角逐页编写页数。

页数的计算方法为，凡有图文的页面，每面为一页，有封面的材料从封面开始计算。空白纸和托裱用的衬纸不计页数。复制件和原件应视为一份材料，统一编写页数。

（6）技术加工

人事档案材料和目录采用国际标准 A4 型（长 297 mm，宽 210 mm）的公文用纸，材料左边应当留有 25 mm 装订边，字迹材料应当符合档案保护要求。

对纸张破损或字迹材料不符合要求的档案，采用复印、扫描、拍摄等方法进行复制。

幅面过大的档案材料应进行折叠或剪裁。

幅面过小的材料应进行托裱，装订边过窄或装订线内有文字的材料应加边。

拆除档案材料上的订书钉、曲别针、大头针等金属装订物。

装订好的档案，档案目录置于卷首，卷内材料排列顺序与目录相符。

档案材料应左边、下边对齐，在左侧打3孔装订，中间孔距上、下孔（从孔中心算起）83 mm，下孔距材料底边54 mm，孔中心距左边沿12 mm，孔直径为5 mm。

档案袋规格为320 mm×235 mm×30 mm、320 mm×235 mm×40 mm和320 mm×235 mm×50 mm 三种。

（7）保管

人事档案的保管以安全保密、便于查找为总体要求，需要建立专用库房和配备设施，建立档案登记统计制度，采用先进技术实现安全保管。

（8）利用

本人及其亲属办理公证、诉讼取证等有关个人合法权益保障的事项，可以按照有关规定提请相应的组织人事等部门查阅档案。复制、摘录的档案材料，应当按照有关要求管理和使用。

按照《干部人事档案工作条例》第三十一条的规定，人事档案的利用服务主要涉及以下七个方面：

① 政治审查、发展党员、党员教育、党员管理等；

② 干部录用、聘用、考核、考察、任免、调配、职级晋升、教育培养职称评聘、表彰奖励、工资待遇、公务员登记备案、退（离）休、社会保险、治丧等；

③ 人才引进、培养、评选、推送等；

④ 巡视、巡察，选人用人检查、违规选人用人问题查核，组织处理党纪政务处分，涉嫌违法犯罪的调查取证、案件查办等；

⑤ 经具有干部管理权限的党委（党组）、组织人事部门批准的编史修志，撰写大事记、人物传记，举办展览、纪念活动等；

⑥ 干部日常管理中，熟悉了解干部，研究、发现和解决有关问题等；

⑦ 其他因工作需要利用的事项。

（9）转递

人事档案转递按照转递的数量分为零星转递和批量转递。转出流程为：登记—注销—填写通知单—包装密封签章—转出；转入流程为：审核通知单—在回执上签字—登记—入库。

人事档案转递遵循"迅速及时、准确无误、安全保密"的原则，必须以任免文件或调动通知书等依据，转递材料必须齐全完整，一次转出，不能分批进行，不得扣留缓转。同时，转递工作须符合有关规定和要求，对于不符合规定要求的，接收单位有权拒收。

2. 人事档案管理体制

我国现行的人事档案管理体制是：工人档案由所在单位的劳动劳资部门管理，学生档案由所在学校的教务和学生工作部门管理，军人档案由各级军事政治部门管理。干部档案则按干部管理权限集中统一管理，各级组织人事部门都有明确的管理权限。分管哪一级干部，就管哪一级干部的人事档案。

人事档案工作事情分块管理，即干部档案工作的领导与指导，由各级党委的组织部负责。企业职工档案工作由所在企业的劳动职能机构负责，接受劳动主管部门的领导与指导，学生档案工作由所在学校的有关部门负责，接受教育主管部门领导与指导，军人档案工作由各级政治部门负责领导与指导。

以高校附属医院为例，高校拥有医院院领导和各党总支书记的人事任免权，则高校档案馆对应管理对应干部人事档案。高校附属医院拥有医院内部职工的人事任免权，且医院有专门的人事档案管理机构和人员，则对应管理院内职工的人事档案。干部人事档案的管理接受医院组织部门的指导与领导，职工人事档案的管理受医院人事部门的指导与领导。

（三）干部人事档案专审与数字化

1. 干部人事档案专项审核

自党的十八大以来，在系列重要讲话中习近平总书记都着重强调了"党要管党，才能管好党；从严治党，才能治好党"。我们党历来高度重视选贤任能，始终把选人用人作为关系党和人民事业的关键性、根本性问题来抓，抓就要从入口抓起，要从干部队伍的源头抓起，干部人事档案就是关键的第一抓手。

2014 年中央巡视组两轮巡视，被巡视的 20 个省（区、市）中有 15 个存在干部人事档案造假问题。伪造和篡改干部人事档案，是一种严重的腐败行为，不仅侵蚀了档案作为凭证的公信力，而且污染社会风气，干扰组织选人用人的公平公正，影响政治生态健康。2014 年 10 月起，中央组织部在全国范围内，分批次部署开展干部人事档案专项审核工作，坚决整治干部人事档案涂改造假问题，确保干部人事档案真实、准确、完整、规范，维护干部人事档案的严肃性和公信力。

随着专项工作的开展，2015 年 11 月，中共中央组织部印发《干部人事档案造假问题处理办法（试行）》，贯彻全面从严治党、严明纪律、细化措施，对于干部人事档案造假问题的情形认定、处理原则、处理措施、有关要求等作出明确规定。2018 年 8 月修订的《中国共产党纪律处分条例》中增加了对不如实填报及篡改、伪造个人档案资料行为的处分规定。相继出台的整治政策，不断强化了档案管理制度的严肃性、权威性，为严肃查处、惩治干部人事档案造假问题提供了依据和标准。

2021 年起，为响应习近平新时代中国特色社会主义思想和党的十九大号召，紧跟新时代党的组织路线，落实"全国干部人事档案工作会议"及《干部人事档案工作条例》中的有关要求，贯彻中共中央组织部和教育部关于深入开展干部人事档案专项审核工作相关文件的精神，按照学校专项审核工作方案的整体安排，医院根据干部人事档案管理权限划分，在院内系统开展了针对具有副高级及以上专业技术职称人员人事档案专项审核工作。

2. 干部人事档案专项审核原则

（1）突出重点

医院对干部人事档案进行全面审核，此处指普通干部人事档案，重点审核出生时间、参加工作时间、入党时间及程序、学历学位、工作经历、聘（录）用手续、奖惩情况、家庭主要成员及重要社会关系等基本信息和材料，尤其注意对档案材料是否涂改造假、重要材料是否缺失、重要信息是否前后矛盾进行查核。

（2）明确导向

坚持问题导向是审准审实干部人事档案必须遵循的重要方法。审核过程中，坚持问题导向，脑中有问题是前提，既要想到共性问题，又要想到个性问题，带着可能出现的问题对档案材料逐卷、逐页、逐项地审核登记，注重把握材料的整体性、关联性和逻辑性，仔细甄别原始材料和最早材料，认真较真求真，反复对比和斟酌，及时建立问题台账。

（3）严守纪律

把严守政治纪律和政治规矩放在第一位，坚决反对干部人事档案专项审核中的形式主义、官僚主义，把工作做实、做深、做细。本着对党的事业负责、对历史负责、对干部负责的态度，在《干部人事档案工作条例》的基础上，严格遵守档案管理各项规章制度，按照政策和程序办事，涉及个人、近亲及其他有利害关系人员的档案必须回避。在专项审核工作中坚持原则、从严把关，参与审核工作的人员都要签订保密责任书，确保做到对干部档案信息以及审核结果等严格保密，把好每本档案的审核关口。

3. 干部人事档案专项审核工作流程

（1）组织筹备

医院组建成立干部人事档案专项审核工作领导小组和干部人事档案专项审核工作小组（下文称"专审小组"），制定《医院人事档案专项审核工作方案》，保证分工明确，组员各司其职，高效率、高质量地完成审核工作。

干部人事档案专项审核工作业务性极强，需要从事这项工作的人员掌握熟练的专业知识。为此，经请示，医院组织学校人事处人事档案科、成都市人才交流中心举办了专场业务培训，就干部人事档案"三龄两历"等重要信息审核的具体要求、政策规定、业务流程，以及通过审核档案发现问题如何解决等相关认定原则一一做了讲解。培训内容针对性强，以实践与理论相结合的方式进行授课，提高了医院审核人员的业务水平和审核能力，为专项审核顺利开展做好了准备。

（2）审核登记

根据学校下发审核范畴名单，医院专审小组采取组队审核形式，进行交叉初、复审。在初、复审阶段，主要以教职工个人人事档案为基础和主要依据，根据《干部档案审核情况登记表》《干部人事档案专项审核材料完整性登记表》《干部人事档案专项审核认定表》《干部（职工）基本信息审核表》等相关表格要求的内容为指导，逐卷逐页审核档案材料，逐项逐条填写相关表格，核实"三龄两历"等重要信息，医院本次专项审核工作中，每一份档案经过两人三次以上的查阅审核。

《干部人事档案专项审核情况登记表》对于档案中"三龄两历"、奖惩情况、家庭成员记载情况等信息，有详细的审核及填写要求，这也是专项审核工作的重点内容。

《干部人事档案专项审核材料完整性登记表》内容涵盖了当事人自中学之后，各阶段形成的一些必要材料。根据档案材料进行对照填写，以供后期查漏补缺工作开展。

（3）信息汇总

在初、复审基础上，对于档案中存在涂改涉嫌造假、原始材料填写不规范、记录不完整，或者是前后信息不一致需要研判认定的，填写《干部人事档案专项审核认定表》，分类建立《参加工作时间不一致情况一览表》《出生年月不一致情况一览表》问题台账，对如出生时间、参加工作时间、入党时间等不一致的具体情况作出说明，并提出初步处理意见，为后续研判提供依据。

（4）材料补充

根据前期初、复审结果，梳理档案材料缺失情况，建立教职工材料缺失台账，通过教职工本人提交，联系医院院办、组织部、统战部等相关材料形成部门协助，以及对外函调原始户籍材料、学历学位认证、物证鉴定等方式进行材料增补。

在此环节的工作开展中，基于为教职工减负以及增强档案材料真实性的原则，专审小组分类形成《干部人事档案专项审核材料补充登记表》，包括个人补充部分、部门补充部分等。出现教职工个人补充部分无法补回情况时，则由专审小组整理形成《需外调材料情况登记表》，汇总需外调单位信息，后续集中通过对公函调等方式再次增补，为相关问题的研判、认定提供依据。

（5）调查核实

对档案信息存疑情况，由教职工本人作出书面说明，专审小组采取查阅医院文书档案、多方联系、对公函调等方式开展调查，涉及需要外出调查的，安排专人，集中、分批次前去调查，根据调查结果，结合增补材料，对教职工档案进行再审工作。

（6）研判认定

干部人事档案专项审核工作领导小组和工作小组会在此阶段召开专题认定会议，主要对重点疑难问题进行综合研判和认定，对档案存在涂改或材料涉嫌造假的，形成最终处理意见。根据认定会认定结果，形成《干部（职工）基本信息审核表》，表格包含教职工准确的三龄两历、亲属关系等具体信息，由本人确认签字，若存在本人意见与组织认定意见不一致、拒不签字的，以组织认定意见为准。

（7）整理归档

按照分类管理原则，专审工作中形成的相关材料分为人事档案材料和文书档案材料。

人事档案材料包括专审过程中增补收回的工作证明、学籍材料、奖惩材料、户籍材料等。根据医院人事档案归档流程，将形成材料认真鉴别后整理盖章，形成材料清单目录，完成归档入库工作。

文书档案材料包括专审过程中形成的审核信息登记台账、个人说明材料、组织认定和处理材料等，在专审工作阶段性总结时，汇总成册形成《人事档案专项审核工作材料汇编》，供日常信息利用，以及为专审工作"回头看"做准备。

4. 干部人事档案专项审核标准

（1）出生时间

现行认定干部出生时间的主要政策依据是《中共中央组织部、人事部、公安部关于认真做好干部出生日期管理工作的通知》（组通字〔2006〕41 号）。根据文件精神，出生时间认定的总体要求是"原则上不改、造假的纠正"，认定标准主要有以下四点：

① 公平公正

坚持政策面前人人平等、一视同仁，不让造假者得利，更不能重复得利。

② 最先最早

严格执行上述文件规定，即"对个别干部的出生日期，档案记载与户籍登记不一致的，应当以干部档案和户籍档案中最先记载的出生日期为依据"。"最先记载的出生日期"是指干部档案和户籍档案中最早形成材料记载的出生日期。

③ 调查取证

对存在涂改、虚填（填大或填小）等难以认定的情况，专审小组向公安部门发出对公函件，申请协助提供原始户籍档案影印件或相关证明。原始户籍档案材料形成时间早于干部人事档案的，以原始户籍档案为依据；原始户籍档案材料形成时间晚于干部人事档案的，须调阅干部人事档案早期材料以及干部出生证明、干部近亲属档案等辅助材料进行查核，取证的原始依据材料须是原件且无涂改。

④ 组织认定

全面调查取证后，医院专审领导小组和专审工作小组，根据调查核实结果，召开专题认定会，进行集体研究、综合研判，对当事人的出生时间作出认定。

对于出生时间的审核标准，须在把握以上四点要求的基础上根据实际情况妥善处理。档案中记载出生日期的早期材料无形成时间的，可按照干部人事档案相关材料形成的逻辑顺序（如初中毕业生登记表早于高中毕业生登记表）进行推定。若可以推断出最早材料，可将其作为出生日期的认定依据，若无法推断出最早材料，可按上文调查取证标准进行核实。涉及出生日期农历公历换算问题的，干部人事档案最早材料记载的干部出生日期注明了农历（阴历、古历或农历）等字样的，可以按换算后的公历（阳历）时间认定。

（2）参加工作时间

参加工作时间的认定一般以派遣证（报到证）、就业通知书、转正定级表、劳动合同、聘用合同、入职审批材料、入伍审批材料、"上山下乡"审批材料、县级以上劳动人事部门审批招录等材料为认定依据。在审核过程中遇到的特殊情况主要有以下五点：

① 对参加工作时是下乡知识青年的，《劳动人事部关于解决原下乡知识青年插队期间工龄计算问题的通知》（劳人培〔1985〕23号）规定，原下乡知识青年"参加工作的时间，从下乡插队之日算起"。其认定依据为下乡知识青年的有关审批材料或真实有效的证明材料。

② 参加工作时在人才市场、劳务市场办理人事代理手续的，根据《人力资源和社会保障部办公厅关于公务员考录中基层工作经历起始时间界定的意见》（人社厅发〔2010〕59号）有关精神，在人才市场、劳务市场办理人事代理手续的人员，可依据其与有关单位签订的劳动合同约定的起始时间确定参加工作时间。

③ 在民营企业参加工作、签订劳动合同且缴纳城镇职工基本养老保险，但没有办理人事代理手续的，在《中华人民共和国劳动合同法》（2008年1月1日起施行）施行前被民营企业招用的，以首次签订劳动合同之日或企业办理录用手续之日作为认定依据进行认定；在《中华人民共和国劳动合同法》施行后招用的，以用工之日作为认定依据进行认定。

④ 对于有参军入伍经历，或者有部队院校学习经历的，按照《中华人民共和国兵役法》规定："军人服现役年限计算为工龄"，认定依据为《参军登记表》等入伍审批相关材料。

⑤ 就业报到证（派遣证）记载的就业报到时间与《转正定级表》记载参加工作时间不一致，一般以《转正定级表》记载的参加工作时间为准。

（3）入党时间和党员身份

党章明确规定："入党时间为经上级党委批准后，党员大会接收为预备党员之日。"主要依据材料：《入党申请书》《入党志愿书》《党员登记表》等。根据中共中央组织部组织局编著的《党员管理手册》记载，不同时期入党时间确认标准如下。

① 1969年4月1日至1977年8月11日：入党时间为上级党委批

准之日，无预备期，党龄同时开始计算。

② 1977 年 8 月 12 日至 1982 年 9 月 5 日：入党时间为上级党委批准为预备党员之日，预备期一年，党龄从转正之日算起。

③ 1982 年 9 月 6 日至今：入党时间为支部大会接收为预备党员之日（须经上级党委批准），预备期一年，党龄从转正之日算起。

民主党派成员的入党（会、盟、社）时间和成员身份。民革党员入党时间为支部大会通过之日；民盟盟员、民建会员、民进会员、农工党党员、致公党党员、九三学社社员的入党（会、盟、社）时间为地市级以上（含地市级）组织批准之日；台盟盟员入盟时间为省级以上（含省级）组织批准之日。干部人事档案中须有相关审批材料或真实有效的证明材料。

（4）学历学位

中央一贯要求干部选拔任用不唯学历，在干部工作中，为便于管理，将干部的学历学位按全日制教育和在职教育予以区分。对干部取得的高等教育学历学位，区分的基本原则和条件如下：

① 干部在参加工作之前所取得的学历学位，按照国家教育部门关于学历学位的有关规定，属于普通全日制教育的，按全日制教育掌握；其他情况，一般接在职教育掌握。

② 干部在参加工作之后所取得的学历学位，按全日制教育掌握的，一般须同时符合以下条件：

通过参加全国统一的普通高校招生考试入学、达到录取分数线、经省级招办批准录取；

学习期间采取全天在校学习方式（即全脱产学习）；

学习期间须与原单位脱离工作关系和工资关系，转递本人档案；

毕业时颁发普通高等学校学历证书和学位证书，并重新派遣。否则一般按在职教育掌握。干部在国（境）外、军队院校取得的学历学位等，在区分全日制教育和在职教育时，可参照上述规定掌握。

③ 同等学力认定

同等学力人员申请硕士学位的，从 1995 年起必须通过全国外国语水平统一考试；从 1999 年 9 月 1 日起，在部分学科范围内申请硕士学位的同等学力人员，还须通过学科综合水平全国统一考试。其硕士学位认定依据为学位课程认定成绩表和授予硕士学位的审批材料，其中，2006 年以前申请硕士学位的还须有通过国家组织的外国语水平统一考试和国家统考科目成绩合格证书（通知单）的复印件。

同等学力人员申请博士学位的，目前没有国家组织的水平认定考试。其博士学位认定依据为学位课程认定成绩表和授予博士学位的审批材料。

④ 学历学位认证

国内学历由教育部全国高等学校学生信息咨询与就业指导中心认证（中国高等教育学生信息网）；国内学位由教育部学位与研究生教育发展中心认证（中国学位与研究生教育信息网）；国（境）外学历学位由教育部留学服务中心认证（中国留学网）。需要认证的，可向相应认证机构申请认证，由认证机构出具相应的认证报告。

5. 专项审核主要问题

（1）档案材料不齐全、不规范

干部人事档案材料收集是一个长期、动态的过程，医院人事档案材料形成单位多，如聘用、调动、培训、考核、职称评审、工资调整等材料归属人事部门收集审核；提拔任用、政审、入党等材料归属组织部门收集审核；民主党派材料归属统战部门收集审核；学历提升的学历学位材料归属学籍档案部门收集审核；主持各类科研项目或申报各级各类奖项等材料归属科技部门收集审核；规范化培训相关材料归属毕业后培训部门；因公出国（境）审批表，在国（境）外表现情况或鉴定等材料归属外事部门等。人事材料具有形成时间分散，审批时间跨度大的特征，医院因为兼具教学与临床任务，日常工作繁重，导致材料管理与形成部门往往无法及时完成干部人事档案材料的归档，双方材料归档渠道不够通畅。

一方面，医院专审范畴内人员主要构成为高层次人才，大多具有丰富的学习工作经历，所以档案材料变动过程曲折，存在经过多次流转、转档不彻底的情况。另一方面，由于年代久远，部分机构合并或已不存在，无论是档案材料形成和管理的部门还是档案所有者，都普遍缺乏对人事档案重要性的认识。尤其是对人事档案材料归档范围不了解，造成在形成档案材料时不够严谨、审核档案材料时不够规范，导致了材料的缺失或信息的失准，给人事档案专项审核过程中的"三龄两历"等信息的认证和材料查漏补缺造成了不便。

（2）档案材料记载信息不一致

"三龄两历"是专项审核的重点，随着工作的推进，发现在不同时期的形成材料中记载的信息存在着不同程度的前后不一致，主要有以下几种情况：

出生时间不一致。不同历法时间的记录方式不一致。在年龄的记载上，部分教职工存在不同历法时间差异或虚实岁换算误差导致的前后信息不一致。入团志愿书中记载出生时间不一致。《中国共产主义青年团章程》提到，十四周岁以上才可以申请加入共青团。由于对申请入团的人员有年龄上的要求，部分教职工为尽早入团，在填写入团志愿书时会将年龄"改大"，而入团志愿书往往作为认定出生时间的最早材料依据，从而在干部人事档案中出现出生时间不一致的情况。笔误或其他原因所致。部分教职工在填写材料时会因笔误或材料由他人代写，造成出生时间前后不一致。也有极少数教职工存在因入学、复读、入伍、入党等其他原因而将年龄改大或改小导致的前后信息不一致。

参加工作时间不一致。重要材料缺失。因历史沿革原因，部分教职工缺少如知青下乡登记表、招工审批表、转正定级表等作为首次参加工作时间的重要材料。签署劳动合同时间延后。在专审中发现，部分用人单位实际工作中有用工试用期，在签署劳动合同时，会以试用期过后的时间作为参加工作时间，导致合同中记载参加工作时间不是个人实际参加工作时间。填写信息不谨慎。由于教职工本人对参加工作时间记忆不清晰，或由于档案材料填写人员不够谨慎，导致填入档案的工作材料记载参加工作时间不一致，在专审中发现大部分为月份差异。

入党时间不一致。误将转为正式党员的时间填报为入党时间。填报入党时间应为预备党员时间，而并非正式党员转正时间，通过转为正式党员的时间其实是党龄起始时间。入党志愿书等重要党籍材料丢失。党组织关系转移过程中，由于档案个人或相关工作人员的失误，导致入党志愿书等重要党籍材料丢失，从而无法认定入党时间。教职工本人对自身入党时间记不清。由于部分教职工对自身入党时间不清晰，导致档案中入党时间填写不一致。

学历学位不一致。一方面，学籍档案的转递是由学校、单位或人才市场做交接，不经由本人转递，大部分档案原始材料有且只有一份，因疏忽或不严谨导致的干部人事档案中学籍材料不完整情况普遍存在，其中报考攻读学位研究生登记表和授予学位证书等必要材料缺失最为常见。另一方面，在职教育如函授、自考、电大、同等学力申请学位等各种学习方式形成的学籍档案未完整装档移交或交于本人手中，因未妥善保管，造成此类学籍材料普遍缺失。

除此之外，部分教职工对于全日制学历概念理解有误，所以填写全日制学历与在职学历出现偏差，相关审核部门未对学历学位信息认真审核把关就盖章归档，导致出现学历学位信息不一致情况。

（3）工作经历不连贯

部分教职工工作履历较为复杂，存在工作变动手续不准确、不完备的情况，并且由于工作变动材料没有及时装入个人档案，有的因年代久远、机构已不存在、单位丢失了材料等特殊原因无法补充，造成工作经历断档。

6. 主要问题的解决方案

（1）强化档案意识

干部人事档案由于其保密性要求，个人不能直接接触档案，导致大多数人对人事档案及工作内容不了解，因此要注重档案宣传，揭开干部人事档案的神秘面纱。

通过档案宣传，一方面可以提高教职工对人事档案的认识，强化档案意识，教职工在日常学习工作中认真对待各类需要归档的材料，把该归档而未归档的滞留在自己手中的材料尽快归档，从而减少档案形成环节的材料缺失及填写内容不一致问题。另一方面，可以提高干部人事档案管理层、工作人员以及档案材料形成部门对人事档案的认识，以达到提高档案意识的目的，进而推动干部人事档案工作的有序开展。

加强档案宣传可以从以下方面着手：①定期开展人事档案专题讲座。让教职工意识到人事档案是个人成长经历的真实记载和反映，是具有法律效力的凭证和依据，与自己息息相关，从而注重个人档案材料的积累。②借助医院公共宣传平台，发布干部人事档案的相关法律法规、规章制度、涵盖内容、小知识等，多视角地宣传人事档案工作，让教职工逐步了解档案，从而达到重视档案的目的。

（2）全面推进人事档案数字化

互联网时代，干部人事档案管理的数字化升级势在必行，数字化的开发利用，为档案查阅提供了便利，也大大提高了工作效率。通过电子档案的查阅不仅省时省力，而且可以通过减少翻阅纸质档案从而实现保护原始档案材料的目的，又可以在一定程度上杜绝档案信息被涂改造假。

若要实现这一目标，医院要结合干部人事档案管理工作实践，推进专业设备与技术的数字化升级，改变以往传统档案管理模式，从而有效减少干部人事档案问题的发生率。人事档案管理部门应加快构建相应的档案数据库，重点引进数字化的档案管理系统，结合相关保密规定来选定部分人事档案对公开放，按照一定的利用权限经过身份认证和审核提供信息查询服务，接受监督，构建"不敢造假、不能造假、不想造假"的长效机制。

7. 干部人事档案数字化

随着信息化和数字化技术的不断发展，档案数字化已经成为一种趋势。特别是对于干部人事档案，它们往往包含了干部的工作经历、业绩评价、学习背景等重要信息，是干部选拔任用、考核评价的重要依据，其利用频率相对较高、流动性相对较低，非常适用于利用数字化技术以提高其管理效率和利用价值。其优势主要有以下几点：一是数字化的人事档案可以通过计算机系统进行快速检索和查询，能够大大提高工作效率，减少传统纸质档案查找和整理的时间。二是数字化的干部人事档案可以通过网络进行共享和交流，方便各部门之间的信息共享和协同工作。三是数字化的档案数据可以方便地进行统计和分析，为组织提供有力的数据支持，有助于做出更科学的决策。四是有效防止档案的遗失和损坏，确保档案的安全性和稳定性。

干部人事档案数字化是指采用扫描仪等设备对干部人事档案进行数字化加工，将其转化为可存储在磁盘、光盘等存储介质并能被计算机识别，以数字方式可信、可取和可用的数字图像或数字文本的处理过程。

（1）干部人事档案数字化工作原则

干部人事档案数字化工作，需要遵循以下基本原则：

真实性。应确保干部人事档案数字化后的内容与纸质档案在内容上一致，确保档案数字化过程中档案信息不被更改。原始图像应保留原纸张颜色、污损情况和文字修改痕迹等原始信息。

完整性。应确保数字化前后与纸质档案一致，档案数字图像数量与纸质档案数量相符。

可用性。应确保数字档案可被查找、检索、呈现等，满足相关业务的要求。确保数字档案的连续性，维护其可跟踪、可回溯、可关联、可被发现和可被再用，数据链不出现断裂。

安全性。应建立身份认证体系、加密存储体系及数据流传输方式等安全保密管理机制，确保档案信息的安全。干部人事档案数字化过程应完整记录，可查询、可追溯。档案图像数据应得到有效保护，不被非法利用、更改或销毁。档案原件不受损毁。

（2）干部人事档案数字化工作流程

档案复核。按照《干部人事档案工作条例》《干部档案整理工作细则》等文件规定，对现有干部人事档案进行严格规范的整理，查漏后补齐相关材料。

人员建库。针对审查合格的干部人事档案，参照《干部任免审批表》填写说明。进行人员基本信息录入，包括：姓名、性别、民族、出生日期、身份证号，单位及现任职务等，每一个记录对应一个人。

目录建库。根据统一的档案目录格式进行档案类号、序号、材料名称、材料形成时间、页数、备注等信息项进行内容录入。

档案扫描。根据纸质档案材料的具体情况，采用合理的扫描方式进行扫描，扫描仪需符合《平板式扫描仪通用规范》（GB/T 18788—2008）的规定，亮度和对比度为中值，无偏移，扫描色彩模式应采用真彩色 24 位 RGB 雄式扫描。扫描分辨率不低于 300 dpi。

原始图像处理。对扫描后的图像进行纠偏处理、裁边处理、图像拼接等图像处理，要求在距离显示器 25 ～ 40 cm 内观看图像没有明显偏斜，文字方向符合阅读习惯。扫描后的图像无产生的白边或黑边，数字档案图像完整。

优化图像处理。使用计算机软件或人工方式对原始图像数据进行处理，得到优化图像数据，以得到更佳的视觉效果或与原始图像的视觉效果相持。原始图像中带有印章的图像区域、身份证、学历证件、复印件及带有防伪技术的原始图像，要保证较好辨识效果，需要人工进行处理。

数据存储。图像数据采用 JPEG 格式存储，原始图像数据存储时，进行图像数据压缩，压缩率 ≥ 80%，优化图像数据不讲进行缩，原始图像数据和优化图像数据分不同文件夹保存。

数据验收。对全部数字档案成品进行质量验收。

数据备份。对验收合格的干部人事档案，其人员基本信息、档案目录信息、原始图像数据、优化图像数据等内容进行备份。

二、伦理审查档案

（一）伦理审查档案概述

临床试验是人类预防控制疾病、维护增强健康、拯救延长生命以及改善和提高生活质量所必需的一项工作。尽最大限度保护受试者的合法权益，各国或组织的《药物临床试验质量管理规范》（GCP）都把《赫尔辛基宣言》作为临床试验中保护受试者的道德伦理准则。临床试验方案与修改及其他有关文件必须经伦理委员会批准；在开始试验研究之前，必须获得每一受试者的知情同意；受试者在试验过程中发生不良事件时，必须及时给予救治，伦理委员会都应介入其中，并全程跟踪。

　　伦理审查档案是医疗机构伦理审查过程中的实体表现，在以上一系列伦理审查业务活动中形成的需要保存的文件即为伦理审查档案，具体包含管理文件及项目审查文件两大类。

　　1. 临床研究伦理审查发展历史

　　伦理审查的发展历史可以追溯到二战后的纽伦堡审判。在这场审判中，全世界首次对纳粹医生在集中营进行的非人道实验进行了公开的谴责和审判，这次审判不仅揭示了医学实验中的伦理问题，还催生了第一部关于人体实验的国际伦理准则——《纽伦堡法典》。

　　《纽伦堡法典》明确规定了人体实验的基本伦理原则，如必须获得受试者的自愿同意、实验必须力求避免给受试者带来肉体和精神上的痛苦和创伤等。这些原则为后来的伦理审查提供了基本的框架和指导。该法典随后被《赫尔辛基宣言》所替代，成为最早的 GCP 雏形。《赫尔辛基宣言》全称《世界医学会赫尔辛基宣言》，该宣言制定了涉及人体对象医学研究的道德原则，是一份包括以人作为受试对象的生物医学研究的伦理原则和限制条件，也是关于人体试验的第二个国际文件，比《纽伦堡法典》更加全面、具体和完善。随着科技的发展和社会的进步，伦理审查的范围和深度也在不断扩大和深化。进入 21 世纪，随着全球化和国际合作的加强，临床研究伦理审查也呈现出国际化和标准化的趋势。国际组织如世界卫生组织（WHO）和国际医学科学组织理事会（CIOMS）等积极推动临床研究伦理审查的国际合作和标准制定工作，以确保全球范围内的临床研究都符合伦理要求。同时，国际组织和机构也加强了合作和交流，共同推动临床研究伦理审查的国际化发展。在这一阶段，临床研究伦理审查的内容也得到了进一步的扩展和深化。除了对研究方案的伦理性和合规性进行审查外，还开始关注研究参与者的权益保护、数据安全和隐私保护等方面的问题。此外，随着跨机构合作和数据共享的增多，临床研究伦理审查也面临着新的挑战和机遇。

　　伦理审查逐渐涉及科研、医学等多个领域，并涵盖了许多复杂的伦理问题，如隐私保护、知情同意、利益冲突等。这些问题需要伦理审查委员会进行深入的讨论和权衡，以确保研究活动能够在遵循伦理原则的前提下进行。

总体来说，伦理审查档案的发展历史与伦理审查的发展历史都是一个不断进步和完善的过程。它随着社会和科技的发展而不断发展，以确保科学研究的伦理性和受试者的权益得到充分保障。

2. 伦理审查委员会的组建和运作

在高校附属医院中，伦理审查委员会是负责审查和管理伦理问题的专门机构。对于档案管理而言，伦理审查委员会需要明确其在档案管理中的职责和权力，以确保档案管理的合法性和合规性。

伦理审查委员会的成员应具备广泛的专业背景，包括医学、法律、伦理学等领域。他们应熟悉档案管理的法律法规和标准，并具备丰富的实践经验。在审查档案管理的过程中，委员会应充分考虑患者的隐私权、研究数据的伦理使用等问题，确保档案管理的伦理合规性。

3. 伦理审查档案的作用和价值

（1）档案管理在伦理审查过程中的作用

记录与证明。档案管理能够全面、真实地记录伦理审查的全过程，包括伦理审查的申请、受理、讨论、决定等环节，以及相关的会议记录、审查意见、修改建议等。这些档案是伦理审查工作成果的直接体现，为伦理审查提供了可靠的依据和凭证。

风险管理。档案管理有助于伦理委员会对医学研究项目进行全面的风险评估。通过系统地收集和整理与医学研究相关的信息和数据，伦理委员会可以及时发现可能存在的伦理风险，并采取相应的措施进行防范和纠正。同时，档案管理还可以为伦理委员会提供历史数据和经验教训，帮助其在未来的工作中更好地规避风险。

决策支持。档案管理中的信息可以为伦理委员会的决策提供有力支持。在审查过程中，伦理委员会需要了解研究的背景、目的、方法以及可能的影响等信息。通过查阅和分析档案中的相关数据和资料，伦理委员会可以更加全面、深入地了解研究项目的实际情况，从而作出更加科学、合理的决策。

沟通与协作。档案管理还有助于伦理委员会与其他相关部门和机构进行沟通和协作。通过共享档案中的信息和数据，伦理委员会可以与其他机构建立更加紧密的联系和合作关系，共同推动医学研究的健康发展。

（2）档案管理在伦理审查过程中的价值

保障受试者权益。档案管理的首要价值在于切实保障受试者的尊严和权益。通过规范、系统的档案管理，可以确保受试者的个人信息、隐私以及研究成果得到妥善保护，避免泄露和滥用。同时，档案管理还可以为受试者提供相关的法律保护和权益救济途径，确保其合法权益不受侵犯。

提升伦理审查质量。档案管理的规范性和制度化有助于提升伦理审查的质量。通过建立健全档案管理体系，可以确保伦理审查工作的科学性、规范性和效益性，提高审查结果的专业性和权威性。同时，档案管理还可以为伦理委员会提供持续改进的动力和依据，推动伦理审查工作的不断优化和提升。

推动医学研究创新。档案管理为医学研究的创新提供了有力支持。通过系统地收集和整理医学研究的相关信息和数据，档案管理可以为科研成果的推广及转化应用提供依据和凭证，推动医学研究的不断进步和创新。同时，档案管理还可以为医学研究提供历史经验和教训，帮助研究人员避免重复劳动和走弯路，提高研究效率和质量。

树立行业形象。档案管理的规范性和专业性有助于树立医学伦理审查行业的良好形象。通过建立健全的档案管理体系和制度规范，可以展示医学伦理审查行业的严谨性、公正性和权威性，增强公众对医学研究的信任和支持。同时，档案管理还可以为医学伦理审查行业提供交流和学习的平台，促进行业内部的合作与发展。

（二）伦理审查档案管理

伦理审查档案管理是临床研究伦理审查的重要组成部分。它涉及伦理审查过程中产生的各种文件、记录和资料，如伦理审查申请、审查决定、会议记录、跟踪审查报告等。这些档案不仅是伦理审查工作的记录和见证，也是保障受试者权益、维护医学研究声誉的重要依据。因此，建立科学、规范、有效的伦理审查档案管理制度，对于确保伦理审查工作的质量和效率具有重要意义。

临床研究伦理审查是对涉及人体试验的医学研究进行道德和伦理合理性的审查，以确保研究符合伦理原则，保护受试者的权益和安全。伦理审查档案管理则是对这些审查过程及其结果的详细记录和管理，旨在维护审查的透明性、可追溯性和合规性。

其重要性主要体现在以下几个方面：

确保研究合规性。伦理审查档案是评估研究是否符合伦理标准的重要依据。通过对这些档案的仔细管理，可以确保研究的每一步都遵循了正确的伦理原则，从而避免任何可能的伦理问题。

保护受试者权益。伦理审查档案中包含了关于受试者权益保护的详细信息。档案中包含的信息可能涉及受试者的隐私和医疗机构的机密。在整理、存储过程中，应严格保密，防止信息泄露。有效的管理可以确保这些信息得到妥善保存，以便在需要时随时查阅。这有助于确保受试者的隐私和权益在研究过程中得到充分尊重和保护。

提高研究质量。通过仔细审查伦理审查档案，可以发现研究设计或实施过程中可能存在的问题或不足。这些问题或不足可能影响到研究的科学性和可靠性。因此，有效的档案管理可以帮助研究人员及时纠正这些问题，从而提高研究的质量。档案收集应全面、完整，不得遗漏重要信息。同时，在整理、存储过程中，应确保档案的完整性和真实性。

促进研究透明度和可重复性。伦理审查档案是研究过程的重要记录，它详细记录了研究的伦理审查过程、结果以及任何相关的决策。这些记录对于确保研究的透明度和可重复性至关重要。通过查阅这些档案，其他研究人员可以了解研究的背景和过程，从而更容易地理解和评估研究结果。

应对监管要求。许多国家和地区都有关于研究伦理的监管要求。这些要求通常要求研究机构保存和提供伦理审查档案以供审查。因此，有效的档案管理可以帮助研究机构满足这些监管要求，避免因违反规定而面临罚款或其他法律后果。

促进知识共享和合作。伦理审查档案是研究领域的重要知识资源。通过共享这些档案，可以促进不同研究机构之间的合作和知识交流。这有助于推动研究的进步和发展，提高整个领域的水平。

1. 伦理审查档案的归档范围

伦理档案的归档内容通常涵盖了涉及伦理审查的各个方面和阶段的记录与文档。这些档案是伦理委员会在履行职责、进行伦理审查以及监督和保障研究活动符合伦理标准过程中所形成的宝贵资料。

以下是伦理审查档案的主要归档范围：

（1）管理类文件

法律法规与指南；管理制度，指南与 SOP；委员文档（任命文件，委员专业履历，培训文件，保密协议）；委员通讯录；独立顾问文档（简历，保密协议，利益冲突声明）；主要研究者文档（专业履历，GCP 培训证书）；会议记录文件夹（会议议程与日程，会议签到表，会议记录）；工作日志文件夹（实地访查记录，受试者抱怨记录，接受检查的相关文件和记录）；培训记录；经费收支管理记录；年度工作计划与工作总结等。

（2）项目审查文档

初始审查申请递交的文件，包括但不限于：

① 完整的研究方案

临床研究方案的内容包括但不限于标有日期、版本号和页码的完整研究方案，包括项目简介、研究目标、研究设计和方法、纳入和排除指南、受试者的保护措施（研究受试者选择的理由，招募计划及程序，对征得知情同意过程的说明；以及对受试者隐私保护和保守受试者机密信息的措施；对研究受试者合理补偿的计划；不良事件报告的计划）。如适用，还应该包括数据和安全监测计划、使用和贮存生物样本的计划等内容。

·研究背景和目的：

介绍研究的背景、研究问题及其科学和临床价值。

阐述国内外研究现状及发展动态，目前存在的争议及尚未达成一致的看法。

明确研究目标，与研究目标无关的内容不应涉及。

·研究设计：

描述试验的整体设计，包括试验类型（如随机对照试验、前瞻性研究等）。

确定研究期限、样本大小估计等。

·研究对象和样本规模：

明确试验的研究对象，包括疾病类型、年龄范围、性别要求等。

确定试验的样本规模，即试验所需的研究对象数量。

·干预措施：

详细描述试验中所采用的干预措施，如药物治疗、手术操作、非药物治疗等。

如果有对照组或安慰剂组，也需要详细说明。

·研究终点和测量：

列出主要和次要研究终点，即试验的主要关注点和预期的测量结果。

说明如何测量这些终点。

·数据收集和分析：

详细描述数据的收集方法、时间点和频率。

说明统计分析计划，包括使用的统计方法和假设检验。

·伦理和法律问题：

解释试验的伦理方面，包括人体试验伦理审查委员会的批准、知情同意程序等。

阐述研究涉及的法律问题。

·不良事件监测：

说明试验中如何监测和记录不良事件，以及处理不良事件的方法。

·数据管理：

描述数据收集、存储、验证和管理的方法，以确保数据质量和完整性。

·计划和进度：

详细说明试验的计划和进度安排，包括试验开始和结束时间，数据分析和报告的时间等。

·参考文献：

列出在研究方案中引用的文献和参考资料。

·其他：

可能还包括研究流程图、缩略词表、经费预算清单、参加研究的主要成员等内容。

② 知情同意文件

适当时，伦理审查委员会可要求提供知情同意书的翻译文件（如受试者为少数民族时）。知情同意文件内容包括：

·研究目的、研究背景和产品介绍，以及受试者参与研究的预计持续的时间；

·对研究过程和招募受试者大致数量的说明；

·对可预见的风险及受试者可能遭受的不适或不便的说明，并估计其发生的可能性。适当的话，说明采取的预防、减轻和处理这些风险或不适的措施；

·对受试者从研究中预期的任何获益的说明；

·如果可能，对受试者可能有好处的、适当的替代程序或疗程；

·对受试者隐私和机密信息的保护措施，对谁可能接触或获得研究记录的说明；

·如果研究涉及可能超过最低风险限度，对于一旦发生的伤害，受试者可获得的医疗以及补偿或赔偿的说明；

·回答受试者有关研究涉及的科学问题、研究受试者的权利问题的联系人及其联系方式；

·说明参与研究是自愿的，受试者拒绝参与研究或在任何时候退出对研究的参与，不会受到不公正对待，不会影响受试者与临床医生的关系和正常医疗，也不会因此而丧失任何应得的健康受益；

·适当时，伦理审查委员会可以要求研究者对受试者提供下列额外的信息：

·治疗或研究程序可能对受试者（或对胚胎或婴儿，如果受试者是孕妇或可能怀孕的妇女）有风险，而风险是目前还无法预见的。

研究者可以未经受试者同意而可能终止预期受试者参与研究或者终止该研究。

研究过程中新的重大发现，可能关系到研究受试者继续参与的意愿，新的发现信息将被提供给研究受试者。

关于研究方案中研究者是否存在潜在利益冲突的申明，以及对潜在利益冲突的说明和解释。

③ 项目科学性审查通过文件

项目负责人所在医疗机构研究项目管理部门对拟申请伦理审查研究项目的科学性审查通过的文件。

④ 项目负责人履历文件

包括研究者的专业履历、资格证明文件等，用于评估研究者是否具备进行研究的资格和能力。

⑤ 资金来源证明文件

临床研究资金来源证明是确保临床研究获得稳定、合法经费支持的重要文件。它通常包括政府资助、企业投资、慈善捐助等来源，用于证明研究项目的资金合法性和透明度。拥有这份证明能够确保临床研究的顺利进行，并促进科研成果的产出。

⑥ 研究者手册（如有）

研究者手册，通常是由申办方（药物或器械的研发、生产商）编制并提供给临床研究参与人员的一份详尽文件。它包含了与药物或器械在临床试验期间必须遵循的安全性、有效性和科学合理性相关的信息，以确保临床研究能够遵循科学的原则，保障受试者的权益和安全。在申办方发起的药物和器械注册类临床研究中，研究者手册通常由申办方提供给参与研究的研究机构和研究人员。需要注意的是，研究者发起的临床研究一般没有研究者手册，研究者发起的临床研究通常是基于自己的兴趣和研究目标开展研究，而不是为了注册药物或器械。因此，在这类研究中，研究者需要自行收集和分析相关文献和数据，以评估药物或器械的安全性和有效性。

⑦ 招募广告（若有）

招募符合条件的健康志愿者或者受试者加入临床研究，共同推动医学进步，改善人类健康。

⑧ 药物与器械资料（若有）

包括试验用药的药检报告、医疗器械的相关证明文件等，确保使用的药物和器械符合安全标准。

⑨ 国家相关法律法规所要求的其他文件。

（3）跟踪审查需要向伦理审查委员会提交的文件

① 研究进展报告

跟踪审查要求研究者定期或不定期提交研究进展报告，这通常是一个最长不超过 12 个月的过程。这些报告应包括研究的最新状态、任何重大发现或任何偏离原计划的情况。

② 研究计划的变更（方案或者知情同意书等文件的变更）

审查委员会会审查研究过程中的方案 / 知情同意书 / 招募广告等文件的变更。这些变更可能影响研究的有效性、安全性或伦理性。

③ 严重不良事件

跟踪审查还包括对任何严重不良事件的记录和评估。这包括对受试者安全和权益的保护，以及在发生严重不良事件时是否及时采取了适当的措施。

④ 方案偏离

如果研究中发生了任何方案偏离，伦理委员会需要评估这些偏离对受试者的影响，确保这些变更仍然符合伦理标准。

⑤ 结题时需要向伦理审查委员会提交的文件

研究项目负责人向伦理审查委员会提交项目结题报告。

⑥ 终止研究时需要向伦理审查委员会提交的文件

研究项目负责人向伦理审查委员会提出终止试验方案的申请时，应递交：

　·一份完整的终止研究申请；

　·终止原因的简单说明；

　·终止研究对已经接受干预治疗的受试者的影响；

　·对目前仍在研究随访中的受试者的后续安排。

（4）伦理审查过程文件

包括伦理审查申请表、伦理审查评审单、审查会议记录、投票单、伦理审查批件 / 通知单等。这些文件详细记录了伦理审查的全过程，包括审查的标准、方法、结论以及审查中的讨论和决策。

（5）伦理培训和教育材料

包括伦理委员会成员和相关人员的培训记录、培训材料以及伦理教育活动的记录等。这些材料有助于提升相关人员的伦理意识和素养。

（6）政策法规更新与解读资料

伦理审查工作需遵循相关的政策法规，因此政策法规的更新和解读资料也应作为伦理档案的一部分。这有助于确保伦理委员会及时了解和掌握最新的政策法规要求，以便更好地指导研究工作。

（7）伦理委员会内部管理制度与决策记录

伦理委员会的内部管理制度、决策流程以及会议记录等也应归档保存。这有助于规范伦理委员会的运作，确保其决策的公正性和透明度。

（8）其他相关文件

包括独立顾问的资料、伦理委员会的运行和决策文件、与其他机构或部门的沟通文件等。这些文件有助于全面了解伦理委员会的运作情况和决策过程。

2. 伦理审查档案管理标准

（1）在医院开展的所有临床研究均应有相应的档案，每份档案要保证其内容的完整性、准确性及真实性。

（2）应建立独立的档案室，专门存放临床研究/试验资料。

（3）档案资料保存必须满足防火、防水、防盗，及恒温恒湿要求（温度一般控制在 10～30℃，湿度一般控制在 40%～70%）。

（4）在每项新药临床研究/试验结束后及时对资料及文件进行整理、分类、编目、登记归档，并妥善保管。

（5）遵守国家保密法规，对方案涉及的有关新处方、制剂工艺、受试者信息、试验数据等内容进行保密，不得擅自对外泄密。

（6）已结束的临床研究/试验项目资料，按《药物临床试验质量管理规范》《医疗临床试验质量管理规范》等要求，依据临床试验准备阶段、进行阶段、完成阶段所必需保存的文件目录，由研究者整理后交伦理办公室归档。

（7）伦理管理人员对归档的临床试验资料进行检查，并记录在案；对临床试验资料不全的档案可延缓归档，在规定时间内整理后重新归档。

（8）经相关部门同意，借阅档案的人员可以阅读、查看，不得私自带走、撕毁、修改、复印。特殊情况下需带走资料者，应做好借阅登记，并在限定时间内归还。

（9）根据《药物临床试验质量管理规范》，伦理委员会应当保留伦理审查的全部记录，包括伦理审查的书面记录、委员信息、递交的文件、会议记录和相关往来记录等。所有记录应当至少保存至临床试验结束后5年。根据《医疗器械临床试验质量管理规范》，伦理委员会应当保存伦理审查的全部记录至医疗器械临床试验完成或者终止后10年。一般的临床研究项目，伦理资料的保存期限通常要求至少至项目结束后5年。干细胞临床研究资料包括伦理审查资料需要至少保存30年。

3. 伦理审查档案管理要求

（1）保密性要求

档案管理人员必须严格遵守保密法规，确保档案信息不被泄露给未经授权的人员。档案存储和传输过程中应采取加密、访问控制等安全措施，以防止信息被非法获取。档案中的敏感信息应进行脱敏处理，确保在必要情况下不会泄露个人隐私或商业机密。

（2）完整性要求

档案管理人员应确保档案的完整性，不得随意删除、修改或损坏档案内容。档案应定期进行备份和恢复测试，以防止数据丢失或损坏。对于电子档案，应建立严格的版本控制机制，确保档案内容的可追溯性和可审计性。

（3）真实性要求

档案管理人员应确保档案内容的真实性，不得伪造、篡改或隐瞒档案内容。对于涉及重要决策或法律纠纷的档案，应进行严格的审核和验证，确保其真实性和可靠性。档案管理人员应建立档案真实性保障机制，如采用数字签名、时间戳等技术手段，确保档案内容的不可篡改性。

（4）合规性要求

档案管理人员应遵守国家法律法规和行业规范，确保档案管理工作符合相关规定。在处理涉及个人隐私、商业机密或敏感信息的档案时，应遵守相关法律法规和隐私政策。档案管理人员应定期参加培训和学习，了解最新的法律法规和行业规范，确保档案管理工作始终符合合规要求。

（5）可访问性和可用性要求

档案管理人员应确保档案信息的可访问性，方便用户查询和使用档案信息。档案存储和检索系统应具备良好的性能和稳定性，确保用户能够高效、准确地获取所需信息。对于长期保存的档案，应采取适当的存储和保管措施，确保档案信息的长期可用性和可读性。

（6）伦理规范要求

档案管理人员应遵守职业道德规范，尊重和保护档案中涉及的各方权益。在处理涉及利益冲突或道德问题的档案时，应秉持公正、公平和透明的原则，确保档案管理工作的公正性和公信力。档案管理人员应积极参与行业交流和合作，推动档案管理行业的健康发展。

4.伦理审查档案管理体制

（1）组织结构

伦理委员会是临床研究伦理审查的主要机构，伦理审查委员会的委员应当从生命科学、医学、生命伦理学、法学等领域的专家和非本机构的社会人士中遴选产生，人数不得少于7人，并且应当有不同性别的委员，民族地区应当考虑少数民族委员。伦理委员会下设伦理办公室，负责档案的收集、整理、保存与利用。档案管理需遵循相关法规，确保每一环节都有章可循。

（2）制度规范

伦理审查档案管理应遵循相关的法律法规和规章制度，如《涉及人的生命科学和医学研究伦理审查办法》《涉及人的生物医学研究伦理审查办法》等。同时，还应制定伦理审查档案管理的内部规范，明确档案管理的基本原则、政策目标和责任分工，为档案管理工作提供指导和依据。

医院应当建立档案信息安全管理制度，规定档案管理人员在处理档案信息时应当遵守的保密原则和保密措施，确保档案信息的安全和保密性。

（3）档案管理流程

医院应当规范档案管理工作的流程和操作规范，明确档案的收集、分类、编号、整理、存储、利用和销毁等环节的规范要求，确保档案管理工作的有效性和高效性。

（4）信息技术支持

随着信息技术的发展，伦理审查档案管理也逐渐向数字化、网络化方向发展。采用先进的临床研究项目管理系统，可以实现对伦理审查档案的电子化存储、检索和利用，提高档案管理的效率和便捷性。

（5）管理人才培养

档案管理人员应当具备相关的专业素质和技能，熟悉档案管理法规和伦理审查流程，能够熟练地进行档案的收集、整理、归档和查询等操作；应当具备高度的责任心和保密意识，能够严格遵守档案管理规定和保密要求，确保档案的安全性和完整性；应当定期接受培训，提高档案管理人员的专业素养和业务水平；定期对档案管理人员进行考核和评估，提高档案管理队伍的综合素质和工作能力。

（6）安全保障

伦理审查档案涉及的信息敏感且重要，因此，我们必须强化档案的安全保障工作。这包括加强物理安全、网络安全和信息安全等多个方面。在物理安全方面，我们应确保档案存储场所的安全可靠，采取防火、防盗、防潮等措施，确保档案的实体安全。在网络安全方面，我们应建立完善的网络安全防护体系，采用先进的技术手段，防止黑客攻击、数据泄露等网络安全事件的发生。在信息安全方面，我们应加强对档案信息的保密管理，建立严格的权限控制机制，确保只有经过授权的人员才能访问和使用档案信息。

（三）高校附属医院伦理审查档案管理实践

在伦理审查档案的管理中，四川大学华西医院拥有一支专业的团队，由医务部、临床研究管理部和临床试验中心等部门协同工作。医务部负责临床新技术研究档案管理和档案专业技术培训管理；临床研究管理部负责研究者发起临床研究档案的管理和记录；临床试验中心负责新药临床试验和医疗器械注册类临床试验的档案管理和培训档案管理。伦理办公室则负责伦理审查过程的档案和记录管理，严格执行档案的保管、查阅、借阅及保密制度。

伦理档案库房的建设有足够的空间来存放和管理档案，同时考虑档案的分类、检索和取用方便性，医院设置有伦理审查档案的专用库房，库房内设置档案架、档案柜等设施，确保档案的安全存放和有效利用。库房建设满足"八防"要求。

为提高伦理审查工作的效率和质量，确保伦理审查过程的透明、公正和规范，医院建设有临床研究及新技术项目管理平台（CTMS 系统），对全院新技术以及临床研究项目进行管理。系统实现了电子化存储伦理审查相关文件，包括申请材料、审查意见、审批结果、跟踪审查记录等。伦理办公室管理人员按照项目类别、项目编号归档。每个项目单独建档。

医院严格执行一系列完善的伦理审查档案管理制度，制度内容涵盖档案的收集、整理、保管、借阅、利用和销毁等各个环节。全部伦理审查档案严格按照统一的标准进行分类和编号，确保档案的规范化和标准化。同时，在制度中明确规定医务部、临床研究管理部和临床试验中心科等各部门和人员的职责和权限，确保档案管理的责任明确、流程清晰。

医院实行定期检查和不定期抽查相结合的方式，对伦理审查档案的管理情况进行监督和检查。同时，建立档案管理的反馈机制，及时收集和处理相关问题和建议，不断改进和优化档案管理工作。此外，加强与其他医院和机构的交流和合作，借鉴他们的先进经验和管理方法，不断提升医院的伦理审查档案管理水平。

三、职业卫生档案

按照《中华人民共和国职业病防治法》第二十条的规定，各个职业卫生单位要建立职业卫生档案，这是作为职业健康和职业病诊断的良好依据和材料分析，对于其他职业病防治工作的顺利进行提供可行性的参考建议。《职业卫生档案管理规范》规定，用人单位职业卫生档案，是用人单位在职业病危害防治和职业卫生管理活动中形成的，能够准确、完整反映本单位职业卫生工作全过程的文字、图纸、照片、报表、音像资料、电子文档等文件材料。实际工作中，各职业卫生单位按照所涉及职业卫生的范畴体系和业务活动相关文件的形成规律，自行建立职业卫生单位。针对医院而言，若不是职业病防治医院，一般的高校附属医院只对接触放射源的职工进行放射健康监护档案管理，并对职业卫生管理、培训等活动中的文件材料进行立档管理。

（一）职业卫生档案归档范围

《职业卫生档案管理规范》规定，职业卫生档案包括以下主要内容：

1. 建设项目职业卫生"三同时"档案

（1）建设项目职业卫生"三同时"审查登记表。

（2）建设项目批准文件。

（3）职业病危害预评价委托书与预评价报告。

（4）建设项目职业病防护设施设计专篇。

（5）职业病危害控制效果评价委托书与控制效果评价报告。

（6）建设单位对职业病危害预评价报告、职业病防护设施设计专篇。

（7）职业病防护设施控制效果评价报告的评审意见。

（8）安全监管部门审核、审查、验收批文。

（9）建设项目职业病危害防治法律责任承诺书。

（10）全套竣工图纸、验收报告、竣工总结。

（11）工程改建、扩建及维修、使用中变更的图纸及有关材料。

2. 职业卫生管理档案

（1）职业病防治法律、行政法规、规章、标准、文件。

（2）职业病防治领导机构及职业卫生管理机构成立文件。

（3）职业病防治年度计划及实施方案（附：年度职业病防治计划

实施检查表）。

（4）职业卫生管理制度及重点岗位职业卫生操作规程。

（5）职业病危害项目申报表及回执（附：职业病危害因素申报基本情况表）。

（6）职业病防治经费。

（7）职业病防护设施一览表。

（8）职业病防护设施维护和检修记录。

（9）个人防护用品的购买、发放使用记录。

（10）警示标识与职业病危害告知（附：工作场所警示标识一览表、职业病危害告知内容包括规章制度、操作规程、劳动过程中可能产生的职业病危害及其后果、职业病防护措施和待遇、作业场所职业病危害因素检测评价结果、职业健康检查和职业病诊断结果等的告知凭证）。

（11）职业病危害事故应急救援预案。

（12）用人单位职业卫生检查和处理记录。

（13）职业卫生监管意见和落实情况资料（包括：现场检查笔录、行政处罚决定书、奖励等资料）。

3.职业卫生宣传培训档案

（1）用人单位职业卫生培训计划。

（2）用人单位负责人、职业卫生管理人员职业卫生培训证明。

（3）劳动者职业卫生宣传培训、年度职业卫生宣传培训一览表（附：培训通知、培训教材、培训记录、考试试卷、宣传图片等纸质和摄录像资料）。

（4）年度职业卫生培训工作总结。

4.职业病危害因素监测与检测评价档案

（1）生产工艺流程。

（2）职业病危害因素检测点分布示意图。

（3）可能产生职业病危害设备、材料和化学品一览表（附：化学品安全中文说明书、标签、标识及产品检验报告等）。

（4）接触职业病危害因素汇总表。

（5）职业病危害因素日常监测季报汇总表。

（6）职业卫生技术服务机构资质证书。

（7）职业病危害因素检测评价合同书。

（8）职业病危害检测与评价报告书。

（9）职业病危害因素检测与评价结果报告。

5. 用人单位职业健康监护管理档案

（1）职业健康检查机构资质证书。

（2）职业健康检查结果汇总表。

（3）职业健康检查异常结果登记表（附：职业健康监护结果评价报告）。

（4）职业病患者、疑似职业病患者一览表（附：职业病诊断证明书、职业病诊断鉴定书等）。

（5）职业病和疑似职业病人的报告（注：在接到体检结果、诊断结果 5 日内报告）。

（6）职业病危害事故报告和处理记录。

（7）职业健康监护档案汇总表。

6. 劳动者个人职业健康监护档案

（1）劳动者个人信息卡。

（2）工作场所职业病危害因素检测结果。

（3）历次职业健康检查结果及处理情况。

（4）历次职业健康体检报告、职业病诊疗等资料。

（5）其他职业健康监护资料。

7. 法律行政法规规章要求的其他资料文件

略。

（二）高校附属医院职业卫生档案管理

根据《中华人民共和国职业病防治法》、《工作场所职业卫生监督管理规定》（国家安全监管总局令第 47 号）、《用人单位职业健康监护监督管理办法》（国家安全监管总局令第 49 号）、《职业卫生档案管理规范》的要求，结合高校附属医院工作实际，其职业卫生档案主要包括职业卫生管理档案、职业卫生宣传培训档案和职业健康监护档案。

1.高校附属医院职业卫生档案归档范围

（1）职业卫生管理档案

用人单位职业卫生管理档案，是职业卫生监督管理、有毒有害作业场所监测、职工健康监护、预防性卫生学评价等多种活动中形成的，能够拥有大量的数据、材料以及录像形式。用人单位这种对职工身体状况的真实反应的信息，能够为其他行业以及行政执法部门提供参考依据。

用人单位的职业卫生管理档案要收集：

① 职业健康检查的计划、检出职业禁忌证、疑似职业病患者、职业病患者的处理与诊治措施等，实施方案则包括上述计划的具体实施时间，以及具体的防护措施等；

② 职业卫生管理制度与操作规程；

③ 工作场所的职业卫生制度、工作场所的职业卫生防护设施的维护措施、工作场所设备的操作规程、个人防护用品的发放制度以及使用、维修记录等，职业病危害事故应急救援预案、应急救援物品清单；

④ 职业卫生监督文书；

⑤ 用人单位的职业卫生基本情况资料，用人单位职业卫生技术服务委托书，职业病危害因素检测与评价现场勘察记录表，劳动者工作日写实调查表，设备设施及测点布局情况调查表，职业卫生培训人员与资料，包括人员工种、接害因素与接害工龄，录像与文字资料等，化学物质的定性分析结果、现场照片，职业病防治工作年度总结等。

（2）职业卫生技术培训档案

《工作场所职业卫生管理规定》要求，用人单位的主要负责人和职业卫生管理人员应当具备与本单位所从事的生产经营活动相适应的职业卫生知识和管理能力，并接受职业卫生培训，其培训内容应当包括下列主要内容：

① 职业卫生相关法律法规、规章和国家职业卫生标准；

② 职业病危害预防和控制的基本知识；

③ 职业卫生管理相关知识；

④ 国家卫生健康委规定的其他内容。

用人单位应当对劳动者进行上岗前的职业卫生培训和在岗期间的定期职业卫生培训，普及职业卫生知识，督促劳动者遵守职业病防治的法律法规、规章、国家职业卫生标准和操作规程。对职业病危害严重的岗位的劳动者，应进行专门的职业卫生培训，经培训合格后方可上岗作业。因变更工艺、技术、设备、材料，或者岗位调整导致劳动者接触的职业病危害因素发生变化的，用人单位应当重新对劳动者进行上岗前的职业卫生培训。

职业卫生技术培训档案是业务人员培训工作的真实反映。它记载了培训时间、内容、成绩、培训计划、资质证书、效果评价及技能培训等原始内容，具有规范性、有效性、真实性的特点。在教学、单位资质审批、续展和个人资质认证以及科研工作等方面都有着重要作用，是反映单位管理水平和专业技术水平的一个重要标志。

按照培训资料的形成规律，职业卫生技术培训档案包括以下方面：

① 筹备过程中形成的资料：包括上级卫生行政部门关于培训工作的指示、批复、培训通知、学员须知、培训方案、师资培训计划、教材、讲义等。

② 在培训过程中形成的教学资料、课程安排、讲课提纲、试卷、标准答案、考场及改卷记录、学员情况登记表、照片、通讯录、成绩单、考勤表、继续教育学分证书、资质证书、教学总结等。

③ 培训活动结束后，对培训效果跟踪调查、咨询服务、资质发放记录等。

④ 根据发放的个人资质情况建立数据库，便于查询、管理，为上级行政部门制定相关政策、法规提供基础性参考资料。

（3）职业健康监护档案

职业健康监护档案是职业病发生、发展、监测、防治、康复的记录，是职业病预防、治疗和管理工作中的一项重要工作内容，是区域职业病防治和管理的基础材料，有利于职业病防治规划和区域国民经济和社会发展计划的制订，有利于用人单位分清责任，明确职责，也有利于用人单位的工艺改革和经济发展，对于搞好职业病防治工作具有重要意义。

根据《中华人民共和国职业病防治法》《职业健康监护管理办》及《职业健康监护技术规范》（GBZ 188—2014）要求，职业健康监护档案的内容包括：

① 劳动者职业史、既往史和职业病危害接触史，其中劳动者的职业史是指劳动者工作经历，记录劳动者既往工作过的用人单位的名称、起始时间和从事工种、岗位；职业病危害接触史是指劳动者从事职业病危害作业的工种、岗位及变动情况、接触工龄和接触职业病危害因素的种类、强度或浓度等。

② 相应作业场所各种职业病危害因素监测结果。

③ 历次职业健康检查结果及处理情况，尤其是每次健康检查结果的评价。

④ 职业病诊疗等劳动者健康资料。

2. 高校附属医院卫生档案管理要求

高校附属医院卫生档案管理，需要依据职业卫生特点做好收集、整理工作。职业卫生档案的形成具有较强的时间性、连续性和系统性，这就是要求在收集整理时应把握收集材料的稳定性和技术性，做到及时、完整、系统地收集，按年代时间顺序和固定类别整理。然后准确地对原始资料进行清点，剔除无关资料，最大限度地保持职业卫生档案的完整、准确、系统、真实。使用标准规范、效果良好的职业卫生档案管理软件，进行辅助立卷、编目、检索、统计、借阅等工作。

高校附属医院应设立专项职业病防治机构，建立档案的借阅制度、保密制度等，建立符合"八防"要求的职业卫生档案专用库房，配备专人负责档案的建档与管理工作。建立完善档案质量评价标准，将档案管理工作纳入科室年度目标管理考核方案中。

职业卫生管理档案资料的整理与归档，一般每年归档一次，可以在每年的年末或某一个月份进行，在用人单位完成职业病危害因素检测与评价、职业性健康检查、职业健康宣传培训及职业卫生监督检查之后进行。按一定的顺序，整理归档，装订成册，逐一对照做好内容目录、档案的封面，注明档案的序号与保存期限等。

职业卫生技术服务培训材料内容繁多，在培训档案的管理日常工作中应根据培训的不同目的、专业和层次，分门别类进行整理和存储，严格按照目录分类、组卷、编目。广泛收集培训过程中各个环节的相关资料，确保培训档案完整性，在规定的时间内培训档案要及时归档，方便以后保存、统计及查询，对经常使用或具有较高参考价值的培训资料可以进行单独组卷、编目，使检索、查阅更加方便快捷。根据培训档案的内容建立分类体系，并将收集与整理的材料放入相应类别的档案盒内，记录所存培训档案的类别及培训时间、档案要规范完整、目录要清晰、时间要准确，便于科学管理，同时建立电子培训档案，实现电子档案和文本档案的关联管理，有利于检索和查阅，提高培训档案的管理水平。

职业健康监护档案管理，要求将应建档人员的上岗前体检表、在岗期间历年体检表、工种变动情况和其他企业的从业情况及接触有毒有害因素情况等统一进行收集整理，一人一档，每年不断积累充实。职业健康监护档案的内容应当精确可信，并能满足连续、动态观察劳动者健康状况，诊断职业病以及职业卫生执法的需要。职业健康监护档案中，劳动者职业史要调查清楚、记录明确，查体表要填写工整，查体结论要规范科学，查体报告要正规、有说服力。劳动者离开用人单位时，有权索取本人职业健康监护复印件，用人单位应当如实、无偿提供，并在所提供的复印件上盖章（以档案室提供为依据）。《中华人民共和国职业病防治法》第三十三条规定，职业健康监护档案的保存期限，应当按照国家档案管理部门的有关规定执行。

3. 高校附属医院职业卫生档案管理实践

四川大学华西医院统筹医务部、人力资源部和档案科协同管理职业卫生档案，医务部负责职业卫生管理档案和职业卫生技术培训档案，人力资源部负责职业健康监护档案的信息管理，档案科负责职业健康监护档案的实体管理，严格执行档案查阅、借阅及保密制度。

医院建设有医疗资质授权管理平台，对放射接触人员的健康监护进行统一管理，系统包括人员管理、培训记录、体检记录、剂量信息、证件管理、人员变动记录等模块，按照职工工号一人一档，可查看辐射安全及防护等培训记录。按季度进行的放射工作人员个人剂量监测结果，支持体检报告在线查阅、在线出具加盖电子公章的放射工作人员健康检查证明等需求。

医院设置有放射健康监护档案专用库房，满足"八防"要求，按照职工工号一人一档，分科室排放按照工号大小排序。每个案卷以年为单位放入新增材料，同时在系统对应上传体检结果。按照放射工作人员变化情况及时新增建档，离退休职工的放射健康监护档案从科室中抽出，按照工号的大小顺序集中存放。

第五节　数字档案室建设

围绕数字档案馆建设的目标，为最大化档案资源的价值，把档案室建设成为医院档案数字资源中心，实现档案存量数字化和增量电子化，建设符合国家标准、使用方便、安全、稳定的数字档案室，医院利用信息中心的网络基础设施，参照《中华人民共和国档案法》信息化专章的要求制定医院的《档案管理办法》，综合采用购买、外包、自建等形式，在档案资源建设、档案系统建设方面持续发力。

一、数字资源建设

（一）档案数字化

1.档案数字化产生背景

2014年10月，国家发布了《关于数字化战略的实施意见》，将数字化作为学校实现超常规、跨越式发展的一项根本性、全局性和长远性的重要战略，并明确地将"档案信息管理数字化"纳入数字化战略。根据国家档案局在印发的《全国档案事业发展"十三五"规划纲要》中第四项、第十三条的规定："在有条件的部门开展电子档案单套制（即电子设备生成的档案仅以电子方式保存）、单轨制（即不再生成纸质档案）管理试点"。

2019年4月30日，国家发布了《国务院关于在线政务服务的若干规定》(简称《规定》),《规定》明确了一体化平台建设,电子档案的法律效力,等等,电子文件不再以纸质形式归档和移交。

最新修订的《中华人民共和国档案法》新增了"档案信息化建设"和"监督检查"两个专章,指明了电子档案的真实性、完整性、可用性、安全性要求和可进行单轨制归档,确定了电子凭证的归档留存和后期利用价值。其中,第五章第三十五条"各级人民政府应当将档案信息化纳入信息化发展规划,保障电子档案、传统载体档案数字化成果等档案数字资源的安全保存和有效利用。档案馆和机关、团体、企业事业单位以及其他组织应当加强档案信息化建设,并采取措施保障档案信息安全。"第五章第三十七条"电子档案应当来源可靠、程序规范、要素合规。电子档案与传统载体档案具有同等效力,可以以电子形式作为凭证使用。"第五章第三十九条"档案馆应当对接收的电子档案进行检测,确保电子档案的真实性、完整性、可用性和安全性"。

2020年9月11日,国家档案局、科技部发布第15号令,公布《科学技术研究档案管理规定》,自2020年11月1日起施行。本次修订内容体现在以下七个方面:一是完善了科研档案的定义;二是进一步明确了科研档案管理责任;三是丰富了科研文件材料的归档内容;四是增加了科研电子档案的管理要求;五是对跨学科、跨领域、跨机构开展研究的科研项目的档案管理提出了要求;六是优化了科研档案验收制度;七是鼓励科研档案信息的共享利用。

2. 档案数字化工作流程

馆藏档案数字资源建设的内容包括:录入目录、目录核校建库、档案扫描、图像处理、图像质检、数据挂接、数据验收、扫描数据备份(数据格式转换及光盘备份)等工作。档案数字化工作流程见表12-58。一般情况下,档案管理系统均建有目录数据库,可省略录入目录环节。

表 12-58　档案数字化工作流程表

流程分类	流程描述
档案领取	从档案室接收档案。为保证客户档案的完整和安全，在档案交接及加工过程中运用规范的档案交接单，每一工序做到有迹可循
档案整理	将整卷档案拆开，检查原始档案的页码情况，重新补充或修改页码
目录校核	根据实物档案和档案系统目录进行校核，确保内容一致
全文扫描	卷内档案按顺序扫描，对过薄、过软、易损档案，扫描前要采取一定的保护措施，以免损坏档案；对有皱纹、卷角的档案进行平整处理；针对原件清晰度较低的应调整扫描参数，力求做到图像质量完整清晰
图像处理	对图片进行裁边、纠偏、去污、去噪、拼接处理；同时，核对图片数量及顺序是否与实物目录一致，核查是否有漏扫、错扫，发现问题及时补扫
质量检查（半成品）	检查扫描图片质量，对图像不清、歪斜、黑边等做出处理，需要重扫部分通知重扫；核对扫描图片数量及顺序是否与实物一致
出具质检报告	按质检标准，使用软件系统对成品数据进行全面机检；在全文质检软件系统中逐批出具并打印客观性质检报告
全文上载	将质检合格的全文数据上载到档案管理系统中
档案管理系统入库、挂接	根据目录数据对成品图像文件进行入库、挂接，使目录数据与图像数据建立一一对应的关系，便于查询利用
档案装订、归还	检查卷内档案是否完整，按标准装订还原
档案装盒	将装订还原后的档案，按照每卷档案相对应的盒号装盒
档案归还	将完成扫描装订还原后的档案归还给档案室，双方在档案归还单上签字
成果数据提交	采用DVD光盘/硬盘将档案成果数据分别刻录并提交，在光盘封面标注相关信息

3. 医院档案数字化

　　档案数字化是指利用计算机技术、扫描技术、OCR 技术、数字摄影技术等手段，将传统的纸质、胶片、录音带等载体上的档案信息转化为数字化的信息形式，存储在计算机系统中，以便于在线管理、查询和利用。

传统的档案材料以纸张为主要载体，占空间大，查找不便。档案数字化管理通过自动化、标准化的系统，可以迅速完成档案的整理、归档和检索，大幅提高工作效率；也可以使资料能及时归档，并尽快提供利用，满足了现代社会对档案信息的快速获取和高效利用的需求。此外，传统的纸质档案容易受到物理损坏，以及火灾、水灾等意外事件的影响。档案数字化将原始资料转化为电子文件，有效防止档案的丢失和损坏，并能通过数据备份和云存储等方式实现长期保存，并且历史久远的档案材料也能得到更好的保护，防止了部分档案篡改的行为。

档案数字化可以通过网络共享和云存储，实现多地点、多用户之间的档案共享和实时协同操作，从而提高了工作的协同性和响应速度。由于其支持全球范围内的传输和共享，不受地理位置的限制，也提高了档案的利用价值。档案数字化还可以通过对档案信息进行多维度的分类、索引和分析，进一步挖掘出其中蕴含的有价值的信息。

医院为了积极响应《中华人民共和国档案法》"鼓励和支持传统载体档案数字化"的号召，向"室藏传统载体档案数字化"的要求看齐，顺应信息时代的发展趋势，进一步丰富医（学）院的数字信息资源，通过多方调研，确定对外公开招标，以外包的形式开展档案数字化专项工作，建立档案目录数据库和档案全文数据库。

目前，医院已完成库存管理类文书档案的全部数字化工作，并持续对新增的文书档案周期性进行数字化转换。医院已形成超 70 万页的再生电子档案资源，以支持在线查阅及档案编研工作。

（二）档案全流程电子化

档案全流程电子化管理，是一个涵盖档案生命周期各阶段的全面变革过程。具体来说，它指的是在档案的收集、整理、鉴定、保管以及利用等各个环节中，全面应用电子化和数字化的手段，以实现更高效、准确和便捷的档案管理。2023 年 7 月，国务院办公厅印发《政务服务电子文件归档和电子档案管理办法》，从机制和流程上提出明确要求，强调"推动各行业各领域政务服务电子文件从形成办理到归档管理全流程电子化管理"。

1. 档案全流程电子化的特点

（1）实现档案的数字化存储。档案全流程电子化将传统的纸质档案转化为电子文件，以数字化形式存储在计算机系统中。这一转变极大地提高了档案管理的效率。相比传统的手工操作，电子化管理能够迅速完成档案的录入、检索和利用，减少了人工处理的时间和工作量，使档案管理工作更加高效便捷。

（2）确保档案的安全性。档案全流程电子化采用先进的加密技术和权限控制机制，系统可以对电子档案进行加密处理，防止未经授权的访问和篡改。同时，通过设定不同的权限级别，系统可以控制用户对档案的访问和操作，防止信息泄露和非法使用。这种安全性控制机制使得电子档案的管理更加安全可靠。

（3）可追溯与审计功能。系统可以详细记录档案的操作历史和变更信息，包括档案的创建、修改、删除等操作，以及操作人员的身份和时间等信息。这种可追溯性使得档案的管理更加透明和可控，方便进行审计和追溯。同时，系统还可以根据需要对档案进行备份和恢复，确保档案数据的完整性和可靠性。

（4）数据格式多样。电子档案中包含文本、图像、音频、视频等多种格式，这种多样化的数据格式使得电子档案能够更加丰富地展示档案信息。同时，电子档案管理系统通常具有高度的兼容性，能够与各种操作系统和应用程序相容，方便用户进行档案的分享和传递。

（5）数据共享与集中控制。所有用户可以同时存取数据库中的数据，并通过各种方式使用数据库。这种数据共享减少了数据的冗余度，维护了数据的一致性。同时，利用数据库可对数据进行集中控制和管理，通过数据模型表示各种数据的组织以及数据间的联系，确保了数据的安全性和可靠性。

2. 档案全流程电子化的实现设计

常用的档案全流程电子化实现设计为将档案管理软件与OA系统通过接口无缝连接，从而使档案管理软件能够直接共享OA系统中的数据。办公自动化环境下，档案管理人员将办理完毕的文件进行选择处理后，对文件基本信息如文件标题、作者、形成日期的核实标注后直接进入档案管理环节，按档案管理规范生成归档文件目录，在归档时依次按照目录内容把文件收集排序装盒就可以完成电子文件归档工作。因此档案工作内容一部分前移到文件处理过程，使得档案归档工作与电子文件形成同步，大大提高了档案管理工作效率。

这种数据共享和归档工作前移使得档案工作的重点变更如下：

（1）档案业务指导工作由过去的整理立卷转移到对文件流转流程的跟踪控制和档案价值的鉴定上，从文件形成开始就进行跟踪监督指导，确保归档文件的质量。

（2）把利用服务由过去的手工条件转换到提供网络环境下的在线查阅服务。

（3）通过"四性"检测等方式重视电子文件的数据安全。

（4）按照电子文件归档的顺序整理和打印纸质文件同步归档。

3. 高校附属医院档案全流程电子化实践

医院于 2023 年正式启动档案全流程电子化的试点。根据医院实际情况，充分考虑到接口的独立性、数据的透明性，在档案管理系统下建对接数据库以承接 OA 系统自动传递的数据，并进行档案数据整理和规范等工作。目前已初步完成收文、发文、会议、合同的在线登记与同步归档，具体实现方式如下。

在实现档案全流程电子化的过程中，首先需要通过分析和评估档案管理的需要，反向推进 OA 系统功能和数据项的改进和完善，比如统一收文编号、发文编号、档案管理中的文号等的对应关系，将 OA 系统的日期填写方式自动转换为档案管理资源中的八位数字，等等。

在 OA 系统的各项业务处理流程嵌入归档操作中，通过归档确认自动将包含文件基本要素、审批流转记录的数据项推送至对接库，并同步完成"四性"检测。

档案管理员按照归档文件整理需要在对接库调取数据项对应进行整编，移动到各部门归档整理页面下，各部门兼职档案员收集文件原件或者下载打印进行对应纸质材料的整理，后提交档案科审核完成归档移交手续。

二、档案系统建设

（一）档案管理系统

为了适应信息化发展需要，医院于 2009 年采购市场化的档案管理系统，上线所有馆藏档案条目，实现在线检索、查阅功能。该系统采用浏览器 / 服务器结构，无需安装客户端软件，客户端仅需一台联网计算机，具有操作简单、维护方便、安全可靠、功能齐全等特点。同时，包含全文管理与全文检索、图像、录像、录音等多媒体档案管理、档案信息统计、档案借阅利用等功能，支持公文图像的 OCR 识别。

2022 年，为配合智慧医院管理分级评估建设，加快存量档案数字化、努力实现增量档案电子化、建立和健全档案信息保障体系，医院对档案管理系统进行了全面升级。新系统包含档案收集、审批、归档、查询、统计、打印、鉴定、借阅、编研等基本功能，满足档案的收、管、存、用以及二级等保要求。其具体功能见表 12-59。

表 12-59　档案管理系统功能模块及其实现功能描述

功能模块	实现功能描述
档案管理模块	可自定义档案分类、界面管理、目录管理、全文管理、图片声像管理、数据的批量排序/更改/替换，等等
电子文件管理	可实现电子文件的批量上传，无需安装插件，上传的同时进行文件的真实性、完整性、可用性、安全性检测，防止上传不完整或者不安全的文件，上传时保留完整的档案元数据
归档流程	流程化控制归档流程，兼职档案员提交申请之后，档案审核员审核之后可以进行归档操作，审核通过之后兼职档案员无法修改，实体移交可以在系统内登记
打印模块	无须安装打印插件，可直接生成pdf或excel文件，可以直接打印，列宽、行高可以灵活调整；支持打印模板的自定义导入、修改等操作，支持在线处理文件后打印，支持遮挡打印、区域打印
权限分配	可以单个档案类别批量添加多个用户（部门）的权限，也可以单个用户（部门）添加多个档案类别的权限。

续表

功能模块	实现功能描述
查档登记	线下查/借档人员可通过身份证读卡器、签名版和高拍仪完成系统登记工作，系统自动记录需要查/借档案的信息、用途、去处等信息；能完整统计档案的查/借信息
操作日志	全面记录档案系统内的操作记录，包括系统登录、（批量）修改数据、删除数据、数据归档流程等操作记录
智能录入模块	用户对上传进系统的电子文件进行选取划定，系统会自动著录档案目录，如题名、责任者、单位、时间、文号等
OCR识别模块	系统集成OCR识别模块，可以将pdf、jpg等格式的文件进行OCR文字识别处理并提取到系统数据库，实现全文检索
归档章管理模块	对系统内或OA对接过来的电子文件添加归档章，归档章可以图形化自定义，归档章的内容如档号、页码之类的可以自动读取档案条目里面的字段自动生成
电子文件四性检测	真实性检测、完整性检测、可用性检测、安全性检测
电子文件格式封装	遵照《基于XML的电子文件封装规范》（DA/T 48—2009），提供电子文件封装功能，对电子文件的流转信息、利用信息等元数据进行跨平台的封装，封装后的文件可以脱离系统应用，并支持封装文件向系统还原。
元数据管理	依据《文书类电子文件元数据方案》（DA/T 46—2009），结合国际国内的标准组织和行业提供的元数据标准实现元数据的标准制定和管理，要求实现如下目的：通过对元数据的管理来保证电子文件的真实性、完整性、可靠性、可用性，保证电子文件证据特征，便于对电子全文的理解、管理、交换和利用。

（二）档案系统功能扩展

国家卫生健康委办公厅于 2021 年 3 月发布《关于印发医院智慧管理分级评估标准体系（试行）的通知》，对医院办公管理下含的档案管理提出以下评估标准，见表 12-60。

表 12–60　医院智慧管理对档案管理的分级评估标准

业务项目	主要评价内容	级别
档案管理要点：各类文件、合同等档案的流转、管理	采用手工方式完成档案管理	0
	管理部门使用信息化手段进行管理，记录档案的名称、编号、简单描述等，支持检索查找	1
	（1）管理部门应用档案管理系统登记管理各类档案的最终文件，所管理内容至少包括医院的发文、院级会议决策记录（"三重一大"等重要事项决策）、合同、医院重要设施与设备档案、重要事项的审计记录等；（2）档案的登记记录能够在管理部门内部各岗位共享；（3）系统具有归档记录、检索、借阅登记等功能	2
	（1）档案登记电子记录可供相关业务部门查阅，对档案登记记录具备分类权限管理功能；（2）具备档案的管理制度，系统流程与制度一致；（3）对医院产生的重要档案内容能够用信息系统进行管理	3
档案管理要点：各类文件、合同等档案的流转、管理	（1）档案管理系统能够与重点的产生档案相关业务信息系统共享信息，及时进行档案归档与控制，相关系统如：合同管理、协同办公管理、设备与设施的采购管理、审计管理、会议管理等；（2）能够从产生档案的相关业务信息系统中获取档案产生重要处理过程信息，如审批记录、会签记录、重要批示等，并在档案管理系统中进行管理	4
	（1）实现医院运营相关档案内容的院内统一服务功能；（2）档案服务系统具备对档案的权限管理、申请审批与查阅日志处理功能；（3）权限管理应当细化管理到文档、借阅人、访问时间等	5

　　为配合智慧医院评级工作，医院对购置的档案管理系统进行接口建设。通过重新设计和优化档案管理的业务流程，实现档案信息的全流程管控和跟踪。引入电子化审批和自动化归档的流程，减少人工干预，提高档案管理的效率和透明度。实现档案系统中的数据与业务系统之间的无缝对接，使得两系统之间的数据能够实时、准确地传递和共享。通过对接，业务系统产生的数据可以直接导入档案系统，保证档案信息的实时性和准确性。目前，医院所有外单位收文、院内发文、

合同登记与会议决议均通过 OA 系统实时归档至档案管理系统，并附带审核签批原生信息及对应电子文件，基本实现全流程电子化。

同时，通过对接功能，优化用户在使用档案管理系统和业务系统时的体验。根据信息化建设的统一要求，所有信息系统要与统一身份认证平台对接，完成统一登录，避免信息系统孤岛现象、身份认证重复问题，通过统一身份认证来实现集中监控、统一审计，满足各系统的统一认证需求，实现登录"一体化"。目前，档案管理系统已接入医院内部的统一身份认证平台，实现了统一身份认证及单点登录，满足碎片化应用要求。医院所有兼职档案员可通过手机扫码、短信认证等形式快捷登录档案管理系统进行档案著录、档案检索、文件上传、在线查借阅等操作。